고대 이집트의 역사
태고부터 페르시아의 정복까지
1

서양편 · 787

고대 이집트의 역사 1
태고부터 페르시아의 정복까지

제임스 헨리 브레스테드(James Henry Breasted) 지음

김태경 옮김

한국문화사

지은이 | 제임스 헨리 브레스테드(James Henry Breasted)
미국의 고고학자이자 이집트학자, 역사학자이다. 1899년부터 1908년까지 이집트어 사전을 간행하기 위해 이집트에서 현지 조사를 하기도 했다. 1919년에는 그가 백방으로 노력한 끝에 시카고대학에 오리엔탈연구소가 설립되었다. 브레스테드는 하워드 카터가 발굴한 투탕카멘 무덤의 문장(紋章) 해독을 도왔다. 20세기 초 고대역사 연구의 발전에 지대한 공헌을 한 인물로 평가받고 있으며, 1985년 미국역사협회에서는 제임스 헨리 브레스테드 상을 제정하여 해마다 A.D. 1000년 이전의 역사를 기술한 영문서적에 시상하고 있다.

옮긴이 | 김태경
연세대학교 신문방송학과를 졸업하고, 동대학원 중어중문학과를 졸업했다. 저서로는 <쉽게 배우는 중국어음운학>, <상고중국어 음운체계와 한국어 어휘의 어원>이 있고 역서로는 <십족을 멸하라>, <한어음운사십강>(漢語音韻史十講)(공역)이 있다.

한국연구재단 학술명저번역총서 서양편 · 787

고대 이집트의 역사 1
태고부터 페르시아의 정복까지

1판 1쇄 발행 2020년 2월 10일
1판 2쇄 발행 2025년 10월 15일

원　　　제 | A History of Egypt: From the Earliest times to the Persian Conquest
지 은 이 | 제임스 헨리 브레스테드(James Henry Breasted)
옮 긴 이 | 김태경
펴 낸 이 | 김진수
펴 낸 곳 | 한국문화사
등　　　록 | 제1994-9호
주　　　소 | 서울시 성동구 아차산로49, 404호(성수동1가, 서울숲코오롱디지털타워3차)
전　　　화 | 02-464-7708
팩　　　스 | 02-499-0846
이 메 일 | hkm7708@daum.net
웹사이트 | http://hph.co.kr

ISBN 978-89-6817-827-6　94930
ISBN 978-89-6817-049-2　(전2권)

· 이 책의 내용은 저작권법에 따라 보호받고 있습니다.
· 잘못된 책은 구매처에서 바꾸어 드립니다.
· 책값은 뒤표지에 있습니다.
· 이 저서는 2016년 대한민국 교육부와 한국연구재단의 지원을 받아 수행된 연구임 (NRF-2016S1A5A7021332)

오류를 발견하셨다면 이메일이나 홈페이지를 통해 제보해주세요.
소중한 의견을 모아 더 좋은 책을 만들겠습니다.

저자 서문

 겨울철마다 나일 계곡을 찾는 사람들이 점점 늘어나는 것만으로도 이집트 역사에 관한 최신 저작물이 나와야 하는 충분한 이유가 될 것 같다. 그러나 이 운 좋은 여행객들 외에도 인류 역사에서 초기 근동의 중요성을 깨닫기 시작한, 점차 커지는 또 다른 집단이 있다. 나일이 생명을 주는 물을 넓은 지중해의 한복판에 쏟아붓듯이, 미개함에서 그토록 일찍 벗어난 나일 유역의 멋진 사람들의 문명이 이집트로부터 남유럽으로 전해졌다. 서방세계의 우리는 이집트에서 남유럽으로 전해진 이 풍성하고 다양한 문화의 영향에 여전히 고마워하고 있다. 유프라테스강이 마찬가지로 지중해로 흘러들었다면 우리가 바빌론에 진 빚도 나일 계곡에 진 빚만큼 그렇게 컸을 것이다. 남부유럽의 초기 인류 역사를 통틀어, 또한 태고 시대가 보다 나은 문화에 의해 대체되고 나서 오랫동안, 군사적 우위로 보든 순전히 문명의 우월성으로 보든 우리가 지중해 유역의 지배세력으로 보아야 하는 것은 이집트이다. 문명에 있어 초기 유럽의 후손인 우리에게, 커튼을 올리고 우리 조상들에게 그토록 귀중한 유산을 물려준 시대를 들여다보는 것은 매우 중요하다. 마지막으로 이집트의 역사에 대한 지식을 갈망하는 제삼의 아마도 가장 나수 집단인, 즉 구약성서를 연구하는 사람들이 있다. 이 책을 쓰면서 이 연구자들을 모두 고려했다.

 이 역사서가 쓰인 방식은 어느 정도 그 사용을 전제로 한 것이다. 나일 계곡 사람들의 초기 생활에 대한 우리 지식의 출처는 매우 빈약하고 성격상 부적절하다. 정보 자료는 여기에서 그리고 필자의 Ancient Records of Egypt(『이집트의 고대 기록』) 제1권 pp. 3-22에서 더 논의될 것이다. 오늘날 역사학자들의 연구실에서 사용되듯이, 자료들은 주로 출판물 형태로 이용할 수 있다. 이 출판물은 대부분 그러한 작품의 제작에 필수적이라 여겨지는 비문의 정확성과 조심성을 확보하기 전에 편집되었다. 어떤 종류의 비문이든 정확하게 옮기기는 쉽지 않다. 러스킨같이 중요한 문서들을 그토록 꼼꼼하고 뛰어나게 관찰한 사람도 짧은 라틴어 비문을 놀라울 정도로 부정확하게 옮길 수 있다. 그의 유례없는 Mornings in Florence(『피렌체의 아침』)에서, 그는 자신이 산타크로체 성당에서 그토록 감탄했던, 무덤을 덮은 대리석 판 위의 짧은 비문을 재현한다. 나는 그가 옮긴 이 여덟 줄의 짧은 비문을 원본과 비교했다. 그는 한 단어의 철자를 잘못 쓰고, 중세의 라틴어 두 단어("et magister")를 완전히 누락시켰다. 위대한 예술비평가의 이 같은 경험은 훈련받은 신중한 고문서학자의 경험만큼 흔하다. 잘 알려진 폴리타르크(Politarch, 선출된 행정관) 비문들은 8가지 다른 출판물에 등장하는데, 이 출판물들은 각각 정확한 사본을 얻기 전에, 어느 정도 중요한 부분에서 다른 것들과 달랐다. 뉴욕에 있는 오벨리스크 아랫부분의 청동 게 위에 새겨진 그리스어와 라틴어 비문은 오랫동안 잘못 읽혀 왔다. 연도를 잘못 추정해 몸젠(Mommsen)은 이집트가 초기 로마의 지방이었다는 잘못된 이론을 이끌어냈다. 상형문자에 대한 해독이 불가피하게 초보적이었던 이집트학 초창기에는, 오늘날에도 신뢰할 수 있는 사본을 제작할 특출한 능력을 가진 사본 담당자가 필요했다. 이집트학이 빠르게 이 초기의 불충분함에서 벗어났다면 지금 모든 것이 다 잘 되었을 것이다. 그러나 그러한 부적절한 방법들은 오늘날까지 계속해서 내려왔다. 비록 완전히 정확한 상형문자 문서가 현재 매년 발행되고 있지만, 그래도 필자의 견해로는, 간행된 표준 이집트 문서 다수가 금석학의 다른 분야에서는 발견되지 않는 불완전함과 부정확함을 어느 정도 보이는 것도 사실이다.

   이러한 상황하에서 필자의 첫 번째 책무는 가능한 모든 경우에 있어 출판물을 넘어 원래 기념물 자체를 들여다보는 것이었다. 이러한 작업을 위해 많은 세월을 소비하고 유럽의 많은 수집품 속에서 오래 체류해야 했다. 관련 사업이 이러한 작업에 가장 큰 도움이 되어왔다. 네 곳의 독일 로열 아카데미(베를린, 라이프치히, 괴팅겐, 뮌헨) 위원회를 위해 이집트 기념물을 수집하고, 독일 황제가 기금을 마련한 이집트 사전에 이 기록물들이 쓰일 수 있게 하려고 유럽 박물관으로 파견된 덕분에, 필자는 유럽에 있는 이집트의 역사적인 기념물을 모두 실질적으로 원본을 보고 모사할 수 있었다. 아직 이집트에 있는 자료들의 경우, 필자는 많은 자료를 직접 베껴서 이용할 수 있었다. 특히 테베와 아마르나에서는 그곳 무덤에서 모든 역사적인 비문을 모사했고 기자(현 카이로)의 박물관에서도 모사할 수 있었다. 필자의 사본에 포함되지 않은 이집트 기념물 중에서 탁본은 대부분 렙시우스(Lepsius)가 만들고 현재 베를린 박물관에 있는, 막대한 소장품에서 발견한 것이다. 다른 것들의 경우 필자는 위에서 언급한 사전을 위해 진행한 광범위한 조사를 이용할 수 있었다. 이따금 동료가 필요한 조사를 제공했고, 자료를 얻지 못한 곳에서는 내가 모든 중요한 사례에 대규모 원본 사진을 확보할 수 있었다. 그밖에 필자가 출판에만 의존한 기념물은 매우 적다. 그리고 그러한 출판물은 대부분 현대적인 방법으로 만들어졌고, 원본만큼 훌륭하다. 그러므로 대체로 이집트인들의 역사에 대한 본서의 설명은 현존하는 원본 기록 자체에 근거하고 있다고 할 수 있다.

   이 언어에 대한 우리 지식은 지난 20년간 엄청난 발전을 이룩했다. 그러나 이 지식은 아직 대체로 역사적인 기록물을 다룬 포괄적인 연구에 적용되었다고 할 수 없다. 따라서 수집된 자료를 역사학적으로 활용하기 위해, 우리의 향상된 언어학 지식을 고려해 초기 연구 결과와 관계없이 처음부터 기록물에 관한 연구를 시작하는 것이 필수적이다. 대부분은 편견 없이 연구한 후에야 기록물에 대한 더 이전의 번역이나 설명을 참조했다. 기록물에 대해 새롭게 문법적으로 연구하고 원본에서 개정된 사본을 참고해, 역사적인 기록물을 번역해 몇 권의 책으로 출간할 수 있었다. 이렇게 출간된 번역서들은 최초의 기록에서 시작해 기원전 525년 페르시아인들에 정복당해 이집트가 국가적 독립을 최종 상실할 때까지 연대순으로 정리된 것이다. 사실에 대한 특별한 주장이 어떤 기록에 근거하는지 알고 싶은 독자는 역사적인 서문 및 주석과 함께, 쉽게 얻을 수 없는 수백 가지 간행물에 흩어진 원본 문서들을 영어로 이용할 수 있다. 이 역시책에서 각주에 있는 숫자

Ⅰ, Ⅱ, Ⅲ, Ⅳ는 번역서¹의 권수를 나타낸다. 네 개의 로마자 뒤에 오는 아라비아 숫자들은 '쪽수'를 나타내는 'p.'가 있는 경우 외에는 번역문 내에서 나누어져 번호가 매겨진 단락을 나타낸다.

번역된 기록물 네 권에, 연구 자료에 대해 이렇게 전문적으로 논의함으로써, 필자는 그렇지 않았다면 이 역사서에 부담이 되었을, 연구 자료와 관련된 의문점들이 해결되었기를 바란다. 동시에 제시된 모든 사실의 근거자료를 쉽게 이용할 수 있기를 바란다. 보통의 독자들에게는 이집트학계 내부 인사들에게만 알려진 전문적이고 진기한 간행물의 수많은 각주는 전혀 의미가 없다. 비록 독자 중 극소수만이 인용된 자료를 입증하려 하겠지만, 다른 한편으로 이 책의 기록과 기록의 출처와의 모든 연관성을 분리하는 극단적인 조치도 필자의 견해로는 마찬가지로 나쁘다. 그 극소수 독자에게 그러한 인용문은 아주 귀중하다. 왜냐하면 필자가 연구자이던 시절에, 현재 받아들여진 학문적 사실들을 얼마나 어렵게 원본 자료까지 추적할 수 있었는지 기억하기 때문이다. 만일 이 연구가 이 분야의 현대 지식에 어느 정도 공헌했다면, 그것은 원 자료의 재검토, 각 기록물과 관련된 모든 자료의 수집 및 참고를 위해 편리한 형태로 이 자료들을 모으고 번역한 데 있다. 이 책의 새로운 결과는 어떤 것이든 이 과정과 방법을 따른 것이다.

다른 한편으로 기록문서와 대조되는 어마어마한 유형(有形)의 기록물의 경우, 이 저서는 이용할 수 있는 방대한 자료에 대한 재검토를 시도하지 않았다. 이집트 고고학은 발달 초기에 있고, 고대 그리스·로마의 고고학에서 이미 완성된 근본적인 연구와 조사는 이 영역에서 거의 이루어지지 않았다. 이따금 기록문서는 내가 활용해 온 이 방면에서 새롭고 예상 밖의 빛을 비춰 왔다. 고고학과 문헌학의 역량을 다 갖춘 사람은 이집트학의 결

---

¹ 제임스 헨리 브레스테드 *Ancient Records of Egypt: The Historical Documents*(1905년, 시카고대학 출판부)를 보라. 제1권은 제1왕조에서 제17왕조, 제2권은 제18왕조, 제3권은 제19왕조, 제4권은 제20왕조에서 제26왕조에 대해 기술했고, 제5권은 색인이다.

과물을 만드는 작업에서 연구되어야 할 것들을 많이 찾을 것이다. 또한, 종교 영역에서는 양만 따져도 너무 많아서 문서의 철저한 재검토가 불가능했다. 이집트 종교에 관한 연구는 시작되었을 뿐이다. 예비 연구조차 완성되려면 수십 년이 지나야 할 것이다. 예비 연구는 연구자가 경이로운 기록물들에 대해 전반적인 조사와 균형 잡힌 재구성을 하게 해 줄 것이다. 필자는 오로지 아마르나 시기와 태양에 대한 신앙에만 특별히 관심을 쏟아 왔다. 이크나톤의 유례없는 종교개혁에 대한 모든 문서와 이집트 역사를 통틀어 알려진 모든 태양 찬가가 수집되고 검토되었다. -전자의 경우 원본에서 수집한 것이다. 그러나 전체적으로 이집트 종교에 대해서는 필자가 각주와 전문 독자가 자주 접하는 다른 저작물에 종종 밝혔듯이 에르만의 감탄할 만한 안내서(Handbuch)에서 많은 도움을 받았다. 비록 20년이 넘었지만 에르만의 Aegypten(『이집트』)는 여전히 이집트인의 삶에 대한 표준 필수 안내서이다. 이 책은 이 저서를 쓰는 데 귀중한 도움을 주었다. 나는 물론 에두아르트 마이어(Eduard Meyer)의 총망라된 결정적인 Chronologie(『연대학』)에서도, 특히 더 이른 시기 역사에 대해서 도움을 받았다. 나는 또한 그가 Geschichte des alten Aegyptens(『고대 이집트의 역사』)에서 사이스 시대를 분석적으로 다룬 부분에 영향을 받은 것도 고맙게 생각한다. 나는 나의 Ancient Records(『고대 기록』)의 서문에서 밝혔듯이 마스페로(Maspero)와 비데만(Wiedemann)의 엄청난 노력에서, 특히 서지학 분야에서 도움을 받았다. 그러나 여기에서 다시 한번 그 은혜에 대해 감사를 표한다. 이집트 역사를 연구하는 모든 사람들처럼, 나도 빈클러(Winckler)의 귀중한 아마르나 편지 번역본의 도움을 받았다.

삽화의 경우, 출판된 삽화와 필자가 가진 사진 외에, 필자는 많은 친구와 동료들로부터 사진, 그림, 복원도 등을 제공받았으며, 이에 감사를 표한다. 필자는 특히 베를린에 있는 친구 Schaefer에게 감사드리며, 또한 Borchardt, Steindorff, 피트리, Zahn, Messerschmidt와 탬워스(Tamworth)의 W. MacGregor 목사와 Caroline Ransom 박사에게도 사진과 복원도를 조건 없이 사용할 수 있게 해 주신 것에 대해 감사드린다. 이집트 현지 기념물의 수많은 훌륭한 사진을 사용하게 허락해 준 Underwood & Underwood에게 특별한 감사를 표하고 싶다. 동시에 나일 계곡으로의 여행이 여의치 않은 사람들을 위해, 이 아름다운 실물 사진에 제시된 여행 시스템은 실제 경험을 거의 해보지 못한 사람도 나일강을 따라 여행하는 것을 가능하게 한다는 점을 덧붙인다. 마지막으로 나는 Lenoxvale, Belfast의 John Ward씨의 친절함에 대단히 감사드린다. 그가 카르나크에서 최근 발굴된 유물을 찍은 멋진 사진들에서 나는 숫양의 길(2권 사진22) 같은 많은 사진을 고를 특권을 누렸다.

나는 라이프치히의 Herr Karl Baedeker의 비할 데 없이 훌륭한 이집트 안내서, 나일 여행객들에게서 뗄 수 없는 안내서에서 두 장의 지도(2권 지도3, 8)를 가져다 쓰는 특혜를 받았다. 또한 유럽의 베를린, 런던(대영박물관, 대학, 피트리 수집품), 파리(루브르, 국립도서관, 기메 미술관), 빈(Hofmuseum), 레이덴, 뮌헨, 로마(바티칸, 카피톨리니), 피렌체, 볼로냐, 나폴리, 토리노, 피사, 제네바, 리옹, 리버풀 박물관 그리고 다른 곳의 박물관 당국에, 나는 이 저서를 쓰는 동안 한결같이 베풀어 준 친절과 특혜에 대해 이 자리를 빌려 깊은 감사를 표한다. R. S Padan군과 Imogen Hart양이 교정을 도왔다. 나의 아내가 지속적으로 꼭 필요한 사무를 도왔고 계속 교정을 도왔다.

또한 출판 관계자들이 인쇄와 삽화가 잘되도록 최선을 다해 흔쾌히 협조해 준 것에 대해서도 이 자리를 빌려 감사드린다. 이분들의 도움으로 이렇게 책이 완성되어 출판되었다.

제임스 헨리 브레스테드
윌리엄스 베이, 위스콘신
1905. 9. 1

차례

- 저자 서문 ··· v

제1권 서론
　1장　영토 ··· 3
　2장　예비 조사, 연대기와 기록자료 ·· 18
　3장　초기 이집트 ··· 32

제2권 고왕국
　4장　초기 종교 ··· 71
　5장　고왕국: 정부와 사회, 산업과 예술 ································· 94
　6장　피라미드의 건설자들 ·· 140
　7장　제6왕조: 고왕국의 쇠퇴 ·· 168

제3권 중왕국: 봉건시대
　8장　북부의 쇠퇴와 테베의 흥기 ·· 189
　9장　중왕국, 봉건시대: 국가, 사회와 종교 ·························· 202
　10장　제12왕조 ·· 225

제4권 힉소스: 제국의 흥기
　11장　중왕국의 몰락, 힉소스 ·· 271
　12장　힉소스의 추방과 테베의 승리 ···································· 287

- 왕들의 연표 ··· 298
- 참고문헌 ··· 304
- 찾아보기 ··· 305

• **일러두기** •

- 로마자 I, II, III, IV와 뒤의 아라비아 숫자는 저자가 쓴 『Ancient Records of Egypt』의 권수와 단락을 나타낸다. 저자 서문 viii쪽을 참조하라.
  BT = Brugsch, Thesaurus (브룩쉬, 시소러스)
  Rec. = Recueil de Travaux, 마스페로 편집.
  RIH = de Rougé, Inscriptions hiéroglyphigues.
  다른 약어는 추가 설명이 없어도 알아볼 수 있다.

제1권
서론

01 영토

근대 문명은 6천여 년 전 동부 지중해 유역과 그 동쪽의 인접한 지역에서 세력을 형성한 민족들의 매우 고되었던 삶에 깊이 뿌리박고 있다. 유프라테스강이 실로 그런 모양새로 시작한 것처럼 보이듯이 마지막에 지중해 쪽으로 흘러들었다면, 우리가 언급하려는 두 초기 문명은 당시 지중해 유역에 포함되었을 것이다. 사실 초기 근동(近東)[1] 역사의 현장은 지중해 유역에 국한된 것은 아니고, 동부 지중해 지역으로 정의되어야 한다. 초기 근동 역사의 현장은 광대한 사막의 고원 한가운데에 위치하는데, 대서양으로부터 동쪽으로 아프리카 북단 전체를 가로질러 홍해의 저지대를 건너고, 몇 군데 험한 지형을 넘어 멀리 북동쪽으로 아시아의 중심부까지 펼쳐져 있다. 그 여정에서 남쪽과 북쪽에서 하나씩 큰 두 강의 계곡이 이 사막을 가로지르고 있다. 바로 아시아의 티그리스, 유프라테스강의 계곡과 아프리카의 나일강의 계곡이다. 유럽 문명의 시작을 기점으로 지구상의 어떤 곳보다도

---

[1] **[역주]** 저자는 동양(orient)으로 지칭했으나 저자가 가리키는 곳은 유럽에 가장 가까이 있는, 지중해 연안 및 동쪽의 나라들이다. 따라서 동아시아 지역과 반드시 구분해야 하는 경우 근동(Near East)으로 바꾸어 표기했다. 근동은 지중해로부터 페르시아만까지 걸쳐 있는 유럽에서 가장 가까운 지역을 가리켰으며, 중동(中東)은 페르시아만에서 동남아시아에 걸쳐 있는 지역을, 극동(極東)은 태평양을 마주 보고 있는 지역을 가리켰다. 지금은 근동과 중동을 혼용하는 경우가 많다.

더 먼 옛날로 인간의 발자취를 거슬러 추적할 수 있는 장소가 이 두 강의 계곡에서이다. 또한, 고도로 발달한 그러나 다양한 문화에서 나오는 영향력이 지금에 와서 더 분명하게 추적될 수 있는 곳이 바로 이 두 인류의 요람에서인데, 그것은 우리가 이러한 영향력이 소아시아와 남부 유럽의 초기 문명에 수렴되어 있는 것을 발견하기 때문이다.

나일강은 초기 이집트인들의 거주지인 계곡을 만들었다. 나일강은 남위 3도에서 발원하여 북위 31.5도 위쪽의 지중해로 흘러 들어간다. 강의 길이는 약 6,437km로 수량(水量)이 아니라면 길이로는 세계에서 가장 긴 강의 자리를 다툰다.[2] 적도 아프리카의 호수에서 발원한 강은 상류에서는 백나일(White Nile)로 알려져 있다. 바다로부터 약 2,173km 떨어져 있고 북위 16도 바로 남쪽에 위치한 하르툼(Khartum)[3]에서, 백나일은 청나일(Blue Nile)로 알려진 동쪽에서 흘러온 지류와 합류한다. 청나일은 아비시니아(Abyssinia)의 높은 산악지대에서 발원한 산간(山間) 급류이다. 두 나일이 합쳐지는 곳에서 아래로 225km 떨어진 곳에서 청나일 같은 물줄기로 유일하게 다른 지류인 아트바라(Atbara) 강이 합류한다. 강이 사하라 사막 밑의 누비아 사암의 고원지대로 흘러 들어가는 것도 하르툼이나 또는 바로 그 아래쪽에서이다. 여기서 강은 사막의 구릉 사이를 구불구불 돌면서(사진1) 방향을 바꾸어 가끔 정남쪽으로 흐르기도 하며, 그런 다음 마침내 북쪽으로 돌진해 나갈 때까지 물길은 거대한 S자를 연출한다.

이 지역을 통틀어 각각 여섯 곳에서, 강물은 지금까지 딱딱한 암석을 제

---

[2] [역주] 나일강의 총 길이는 6,614~6,690km로 자료마다 조금씩 다른데, 리마지리학회는 6,671km로 밝혔다. 세계에서 가장 긴 강에 대한 논란은 지금도 지속되고 있는데, 2008년 리마지리학회는 아마존강의 전체 길이가 7,062km로 나일강보다 391km 더 길다고 밝혔다.

[3] [역주] 하르툼은 수단의 수도로 청나일과 백나일의 합류점 바로 아래에 있다. 아비시니아는 에티오피아에 위치한 고원지대인데, 에티오피아의 옛 이름이기도 하다. 하르툼은 코끼리의 '코'라는 뜻이다.

사진 1. 이브림의 고지에 있는 폐허가 된 이슬람 요새에서 바라본 누비아 지역의 나일강
(사진의 저작권은 뉴욕 언더우드 앤 언더우드 소유)

대로 뚫지 못해 완벽한 물길을 만들지 못하고 강줄기의 여기저기에 규모가 다른 돌무더기들을 쌓아놓는데, 비록 나이아가라 폭포만큼 크고 세찬 폭포는 아니지만 퇴적된 돌 사이의 물줄기를 나일강의 폭포라 부른다(사진2). 퇴적된 돌들은 특히 첫 번째, 두 번째, 네 번째 폭포가 있는 지역에서 가장 심하게 항해를 방해한다. 그곳만 아니면 거의 전 지역을 강을 따라 항해할 수 있다. 엘레판티네(Elephantine)[4]에서 강줄기는 울퉁불퉁한 산등성이를 이룬 화강암 장벽을 지나는데, 이곳이 첫 번째 폭포, 즉 제1폭포이다. 거기서부터 강줄기는 막힘없이 바다로 흘러 들어간다.

---

[4] **[역주]** 엘레판티네는 상이집트 지방의 아스완주 아스완시 맞은편에 있는 나일강의 섬이다. 오늘날 이 섬에는 누비아 마을 두 곳이 있다.

사진 2. 제1폭포의 수로 중 한 곳
필라이(Philae) 섬에서 북쪽을 바라본 전경: 앞쪽이 필라이 섬 위의 잔해이다.

제1폭포 아래의 계곡부터가 이집트 본토이다. 폭포에서 아래쪽으로 109km 떨어진 에드푸(Edfu)에서 사암이 없어져 강물이 자유롭게 흘러간다. 북부 사막의 고원지대를 형성하는 이곳의 화폐석 석회암은 강물에 의해 쉽게 그 바닥이 침식된다. 그래서 사하라의 동쪽 끝을 가로질러 북부 바다까지 거대한 협곡이 생겼다(사진3,4). 절벽에서 절벽까지 계곡의 폭은 16km 또는 19km에서 약 50km 정도까지 다양하다. 협곡의 바닥은 검은 충적토로 덮여 있다. 강은 그 위를 지나 북쪽으로 굽이져 흐른다. 시속 4.8km 가량의 속도로 충적토를 통과하며 깊은 물길(수로)을 만든다. 강폭은 두 군데에서만 최대 약 1km에 달한다. 서쪽의 바흐르 유수프(Bahr Yusuf)[5]는 두 번째 작은 수로로 길이가 약 322km인데, 시우트(Suit)[6] 근처의 주요 강줄기에서 나와 파이윰(Fayum)[7]으로 흘러들어간다.

---

[5] [역주] 바흐르 유수프는 나일강에서 파이윰까지 연결된 수로이다.
[6] [역주] 시우트는 지금의 아시우트(Asyut)로, 아시우트 주의 주도이며 상(上)이집트 지방 최대의 도시이다. 카이로와 아스완의 중간 지점으로 나일강 서안에 있다.

이 수로는 고대에는 거기서 '노르트(North)'라고 알려진 물길로 흘러들어갔다. 노르트는 멤피스(Memphis)의 서쪽지역에서 북쪽으로 흐르며, 후에 알렉산드리아가 들어선 곳의 바다까지 흘러갔다.[8] 바다에서 161km보다 조금 더 떨어진 곳에서 주요 강줄기는 남쪽에 꼭짓점을 가진 역삼각형의 넓은 삼각주로 들어간다. 그리스인들은 이 삼각주를 그 모양을 따서 델타[9]라고 불렀다. 이곳은 강물이 실어온 흙으로 점차 채워졌으며 선사시대에는 만(灣)이었다. 강줄기는 한때 이 지점에서 갈라져서 일곱 개의 좁은 하구(河口)를 통해 바다로 흘러갔다. 그러나 지금은 꼭짓점의 양쪽으로 흩어져 삼각주를 지나 해안선을 뚫고 바다로 흘러드는 두 개의 주요 지류만 있다. 서쪽 지류는 로제타(Rosetta) 하구라고 하고 동쪽의 것은 다미에타(Damietta)[10] 하구라고 불린다.

사진 3. 나일강을 가로질러 바라본 테베 인근의 서쪽 절벽
낮은 해안은 뒤의 절벽까지 뻗어있는 충적토의 높이를 나타낸다.

---

[7] [역주] Fayum, Faiyum 또는 El Faiyūm로도 표기된다. 카이로에서 남서쪽으로 100km 떨어진 곳에 위치한 중이집트 오아시스 도시이다.
[8] IV, 224, 1. 8, note.
[9] [역주] 델타는 그리스 알파벳의 네 번째 글자로 Δ라고 표기하다.
[10] [역주] 원서에 Damiette라고 표기되어 있다. Damiata, Domyat 등으로도 알려져 있다.

사진 4. 나일 협곡의 절벽
테베의 서쪽 한 지점에서 계곡을 내려다 본 전경
(뉴욕 언더우드 앤 언더우드가 사진 저작권 소유)

삼각주를 형성한 충적토의 깊이는 매우 깊고, 그곳에 한때 번영했던 많은 고대 도시가 들어섰던 지역에 천천히 충적되었다. 한때 북부 삼각주에 거대한 늪을 조성했을 옛 침수지는 삼각주 안쪽부터 흙으로 점차 채워져서 습지가 줄어 습지의 경계가 바깥쪽으로 밀려났다. 고대에는 분명히 습지가 삼각주에서 지금보다 훨씬 넓은 지역을 차지했을 것이다. 위쪽 계곡 토양의 깊이는 10m에서 약 11.6m로 차이가 나고, 때로 너비도 최대 16.1km에 이른다. 이런 식으로 폭포와 바다 사이에 형성된 경작지는 면적이 2만5900km^{2}보다 작은데, 이는 미국의 메릴랜드주의 면적과 비슷하거나 벨기에 면적의 90% 정도이다. 양쪽의 절벽은 높이가 대개 1~2백m 정도이지만, 약 305m나 되는 거의 산만큼 높은 절벽들도 여기저기 산재한다(사진3). 물론 절벽은 나일강이 가로지른 사막에 연해 있다. 서쪽으로는 리비아 사막과 사하라 사막이 황량하고 끝없는 구릉을 이루며 펼쳐져 있다. 두 사막의 구릉들은 나일강에서 198~305m 높이로 모래, 돌, 바위로 이루어져 있다. 서쪽의 다른 광활하고 건조한 지역에는 강과 거의 나란히 위치한 오아시스, 즉 물웅덩이가 비뚤배뚤한 선을 그리며 산재해 있다. 물론 샘과 우물은 나일강이 스며들어 생긴 것이다. 물웅덩이 가운데 가장 큰 것이 계곡에 매우 가깝게 위치하여 한때 물웅덩이들을 분리시켰던 바위벽이 점차 무너지게 되었고, 바흐르 유수프로부터 물이 흘러 들어가 파이윰이 비옥한 땅이 되었다. 그 외에 서부 사막은 초기 나일 지역 거주자들에게는 경제적인 가치가 없었다. 동쪽, 즉 아라비아 사막은 조금 덜 황량해서 아바브데(Ababdeh)[11]의 유목 민족은 부족한 물자이지만 조금은 수확할 수 있었다. 홍해의 해안과 나란히 뻗은 화강암 산맥은 금을 함유한 석영 정맥이 묻혀 있었고, 금이 나오는 산들이 나일강과 홍해 사이 여기저기에 산재해 있었다. 설화석고와 다양한 양질의 단단한 화성암이 대량으로 매장된 광상(鑛床)을 이용하기 위해 이곳에도 채석장이 들어섰었다. 한편 홍해의 항구로는 이 사막을 가로질러야만 갈 수 있었는데, 사막을 가로지르는 길이 그쪽으로 만들어졌던 흔적을 일찍부터 찾을 수 있었다. 훨씬 더 북쪽에도 비슷한 광물 자원이 매장되어 있어 그 먼 옛날에도 시나이 반도와 그 사막 지역이 알려져 있었다.

이 좁은 계곡에 의해 만들어진 환경은 이례적으로 고립된 환경이었다. 양쪽으로 광대한 사막이 펼쳐져 있었고, 북쪽으로는 항구가 없는 삼각주의 해안선이 있었으며, 남쪽으로는 폭포와 바위벽이 연이어져 있어 아프리카 내륙으로부터 인구가 유입되는 것을 막았다. 주로 삼각주 북부의 양 끝에서 외부의 영향력과 이질적인 요소가 끊임없이 나일 계곡으로 스며들어 이집트로 전해졌다. 동북 모퉁이에서는 이웃의 아시아에서 중간에 위치한 위험한 사막을 건너 밀고 들어온 선사시대의 셈족 인구가 유입되었다. 서쪽 모퉁이로는 유럽인이 조상이었을 리비아 민족이 들어왔다. 비록 폭포가 있었지만, 남쪽의 산물도 강 하류 쪽으로 점점 더 많이 유입되었다. 제1폭포 아래 끝자락은 후에 '스완'(아스완)[12], 즉 '시장'으로 알려진 상거래 지점이

---

[11] [역주] Ababda, Ababde로도 표기한다. Ababdeh는 나일강과 홍해 사이, 이집트의 아스완 부근과 북수단 지역에 사는 유목 민족이다. 베자어(Beja)와 아라비아어를 사용하며 이슬람 수니파 주민들이 거주한다.
[12] [역주] 고대 콥트어 스완(Suan)은 아랍어 아스완(Assuan)으로 바뀌어 오늘날까지 사용

되었다. 그곳에서 남쪽에서 온 흑인 상인들이 이집트의 상인들과 만났다. 따라서 나일강 상류는 점차로 수단(Sudan)과의 정기적인 상거래 통로가 되었다. 그러나 이집트의 자연 장벽은 항상 침입자일지도 모르는 이들을 막는 데 대단히 효과적이어서 이집트인들은 이민자들에게 밀려나지 않고 그들을 천천히 동화시킬 수 있었다.

국토의 두드러진 지형이 정치의 발전에 강력한 영향을 미치는 것은 의심의 여지가 없다. 삼각주 지역을 제외하고 이집트의 국토는 약 1,207km 길이의 좁은 지형이었다. 강을 따라 좁고 긴 지역에 흩어져 살고, 삼각주 지역으로 아무렇게나 퍼져 살았기 때문에 안정된 정치 조직에 필요한 간편함이 부족했다. 북쪽과 남쪽에만 이웃이 있는 좁은 생활권이어서 지역감정이 강했고 지역의 차이가 지속적으로 유지되었다. 삼각주 지역 사람들은 제1폭포 지역 사람들의 말을 거의 알아들을 수 없었다. 오로지 강이 제공한 교통의 편의가 국토가 두드러지게 길어서 생긴 영향을 어느 정도 상쇄시켜 주었다.

강의 수송능력은 상거래에 도움을 준 것처럼 생산에도 도움을 주었다. 비가 전혀 내리지 않는 기후는 아니지만, 남쪽에서는 비가 몇 년간 내리지 않기도 할 정도로 드물다. 더 자주 비가 내리는 삼각주 지역도 농사를 짓기에는 턱없이 부족하다. 이집트 토양의 놀랄 만한 생산성은 청나일의 수원에서 눈이 녹거나 봄비가 내려 강이 해마다 범람하기 때문이다. 봄에 불어난 물이 아비시니아 고원지대의 비옥한 토양을 싣고 누비아 계곡을 세차게 흘러내리면, 6월 초쯤 제1폭포의 수위가 조금 상승한 것을 식별할 수 있다. 물은 빠르게 지속적으로 불어난다. 9월 말부터 거의 한 달가량은 물이 늘지 않지만 대개 다시 불어나서 10월 말이나 11월까지 최고 수위가 지속된다.

되고 있다. 성경의 수에네이다. 출처: 크리스천투데이 2012년 10월 3일 자.

제1폭포 지역의 물은 이때에는 수위가 낮을 때보다 거의 15m가량 높다. 카이로에서는 수위가 제1폭포의 절반가량 상승한다. 광대하고 정교한 관개 시스템인 수로와 저수지는 불어난 물을 먼저 수용했다가 다음에 필요한 만큼 밭으로 보낸다. 물은 청나일의 상류에서 온 비옥한 검은 토양을 쌓을 만큼 충분히 오랜 시간 주어진다. 이 시기에 이집트의 경치는 그림같이 아름답다. 마을을 가리키는, 여기저기 흩어져 있는 흔들리는 짙푸른 야자수 밭 옆으로 반짝반짝 빛나는 물결은 이제 관개 시스템인 둑을 따라서만 접근할 수 있게 되었다(사진5). 관개 시스템이 없었다면 토양은 해마다 엄청난 수확을 내는 데 필요한 성분이 부족해졌을 텐데, 이 시스템 덕분에 토양은 변함없이 신선한 영양분을 공급받을 수 있다.

사진 5. 기자의 피라미드로 가는 길에서 본 범람한 강물.
오른쪽으로 길이 있다. 멀리 피라미드가 있는 사막 고원이 보이고, 피라미드 앞에는 카프르라는 마을이 있다.

사진 6. 삼중 샤두프
밭에 물을 대기 위해 나일 강물을 끌어올리는 장치. 뉴욕 언더우드 앤 언더우드가 사진 저작권 소유.

다시 강의 수위가 밭보다 낮아지면 인공적인 장치로 수로에서 물을 끌어올려서 바깥쪽 밭에서 자라는 농작물에 계속 물을 대야 한다. 바깥쪽 밭은 너무 높아서 강물을 흡수해 양분을 오래 공급받을 수 없다(사진6).[13] 따라서 양질의, 비옥하지만 까다로운 토양을 경작하기 위해서 생명수의 공급을 위한 고급 기술이 개발되어야 했다. 아주 이른 시기에 나일 계곡의 주민들은 강물의 효율적인 사용과 관련된 복잡한 문제들을 놀라울 만큼 잘 다룰 수 있었다. 만일 이집트가 기계 기술의 어머니(창조자)가 되었다면 강은 이를 가능하게 한 주된 자연의 힘 가운데 하나였을 것이다. 계속 채워지는 토양, 양분 보충을 해 주는 거의 변함없는 강물과 같은, 이 자연이 주는 자산으로 이집트가 누리는 부(富)는 주로 농업에 기반을 둔 것일 수밖에 없었다. 이 사실은 우리가 자주 언급할 것이다. 물론 이 같은 풍요로운 비옥함은 많은 인구를 부양할 수 있었다.—로마 시대에도 약 700만 명을 부양했고[14]—우리 시대[15]에도 900만 명 넘게 부양하는데, 인구 밀도는 유럽의 어

---

[13] '샤두프(shadûf)'라 불리는 이 장치는 우리 조상들의 방아두레박과 비슷하다. 사진6에서 볼 수 있듯이 두레박의 한 끝에는 가죽으로 만든 양동이가 매달려 있고, 다른 한 끝에는 말린 거대한 진흙 덩어리가 추 역할을 하고 있다. 수위가 매우 낮으면 샤두프가 세 개 또는 네 개까지 있어야 층층이 물을 끌어 올려 밭의 높이까지 물을 끌어 올릴 수 있다. 100일 동안 한 농작물을 재배하려면 1에이커(약 4,050m^2) 당 1,600~2,000톤의 물을 들어올려야 한다.

느 곳보다도 훨씬 높다. 계곡의 다른 천연자원에 대해서는 역사적인 발전 과정에서 자원들이 어떻게 개발되었는지 살펴보면서 거슬러 올라가 볼 것이다.

기후에 있어서 이집트는 진정한 낙원이다. 오늘날에도 점점 더 많은 수의 겨울 관광객이 이집트의 해안으로 몰리고 있다. 이집트의 공기는 이집트가 속해 있는 사막의 공기 그대로이다. 아주 깨끗하고 건조해서 지나치게 높은 기온도 약간의 불쾌함만을 일으킬 뿐이다. 몸의 수분이 발산되는 대로 거의 다 증발하기 때문이다. 겨울철 삼각주의 평균 온도는 섭씨 약 13.3도이고, 그 위 계곡에서는 5~6도 더 높다. 여름에 삼각주의 평균 기온은 섭씨 약 28.3도이다. 계곡에서의 여름철 기온은 때때로 섭씨 50도까지 치솟지만, 대기는 같은 온도일 때 다른 지역에서 겪는 숨이 막힐 듯한 무더움과는 거리가 멀다. 여름에도 밤에는 항상 서늘하며, 초목이 자라는 드넓은 땅은 온도를 상당히 낮춰준다. 겨울철 동트기 직전의 극한(極寒)은 같은 계절 한낮의 따뜻함과 극명하게 대비된다. 비가 거의 내리지 않는 것에 대해서는 앞에서 이미 언급했었다. 상이집트에 비가 내리는 것은 남부 지중해나 북부 사하라의 강한 저기압이 서쪽으로부터 나일 계곡으로 비를 머금은 구름을 밀어낼 때에만 발생한다. 동쪽으로는 홍해를 따라 높은 산맥이 이어져 있어 구름이 계곡으로 가지 못하고 위쪽으로 가서 비를 뿌린다. 그러나 지형이 낮은 삼각주는 북부의 우기(雨期) 지역 안에 포함된다. 침수로 인해 물이 괴어있는 습지가 넓지만, 사막의 건조한 공기가 끊임없이 계곡으로 불어와서 토양을 빠르게 건조시키기 때문에 상이집트에는 말라리아 같은 전염병이 없다. 삼각주의 광활한 습지에서도 말라리아는 거의 알려져 있지 않다. 따라서 열대 지방의 바로 바깥쪽에 위치한 이집트는 북방 겨울의 혹한이 없이 아주 쾌적

---

[14] Diodorus, I, 31.
[15] **[역주]** 책이 쓰인 시기는 1905년이다.

하고 온화한 기후를 나타낸다. 또한, 그러면서도 사람을 무기력하게 하는 열대 기후 특유의 더위도 없는 시원한 날씨를 보인다.

나일 주민들 앞에 펼쳐진 이 좁은 계곡의 전망은 오늘날처럼 고대에도 다소 단조로웠다. 나일강의 선물인 평평한 강바닥은 짙은 초록의 초원으로, 양쪽이 누런 절벽으로 막혀 있었다. 이따금 있는 우아한 야자수 밭을 제외하고는 언덕진 곳이나 숲은 없었다. 야자수 밭은 강둑의 둘레에 늘어서거나 음침한 흙집 마을에 그늘을 드리웠는데(사진7), 이따금 무화과나무, 타마리스크,[16] 아카시아 등도 심어져 있었다. 관개 수로망은 방대한 동맥계통과 같이 국토의 모든 방향으로 뻗어있었다. 협곡 뒤쪽 황량한 사막의 모래는 절벽을

사진 7. 테베 카르나크의 오두막집과 야자수 숲
콘수 신전의 지붕에서 바라본 전경. 앞쪽에 에우에르게테스(Euergetes) 1세(프톨레마이오스 3세, 247-222 B.C.)의 기념문이 보인다. 카르나크와 룩소르를 이어주는, 아멘호테프 3세가 만든 스핑크스의 길이 문까지 이어져 있다.

---

[16] [역주] tamarisk, 중국의 위성(渭城)에서 흔히 볼 수 있는 버들이란 의미에서 위성류(渭

넘어 대개 푸른 초원까지 바람에 날려갔다. 그래서 한쪽 발은 계곡의 푸른 풀을 딛고, 다른 쪽 발은 사막의 모래를 디딜 수 있을 정도였다. 따라서 이집트인들에게 세상은 "생명이 없는 사막 사이에 길이 구불구불 나 있고, 세상의 다른 어떤 곳에도 없는 놀라운 환경을 만들어 준, 비할 데 없이 비옥한 좁고 깊은 계곡"으로 뚜렷이 명시되었다. 이러한 환경은 이집트인들의 마음과 생각에 강력하게 작용하여, 세상에 대한 그들의 생각과 세상을 지배하는 신비한 힘에 대한 그들의 인식을 좌우하고 결정했다. 계곡의 두드러진 특징인 강은 방향에 대한 그들의 생각을 결정지었다. 북쪽과 남쪽은 이집트어로 각각 '하류'와 '상류'였다. 이집트인들이 자신들과 아시아를 갈라놓았던 장벽을 뚫고 유프라테스강에 도착했을 때, 그들은 유프라테스강을 "올라가야 하는 강을 내려가는 거꾸로 흐르는 강"[17]이라고 불렀다. 그들에게 세상은 '검은 땅'과 '붉은 땅', 즉 나일 계곡의 검은 토양과 사막의 적색 표층으로 이루어져 있었다. 또는 '평야'와 '고지'로 이루어져 있었는데, 평야는 평평한 나일강 '바닥', 고지는 높은 사막의 고원을 의미했다. '고지대 주민'은 외국인과 비슷한 말이었고 '올라가다'는 계곡을 떠난다는 뜻이었다. 반면 '내려오다'는 해외에서 귀국하는 것을 뜻하는 관습적인 말이었다. 사막의 끝없는 고독은 삶에 대한 이집트인의 시야와 전체 경제에 끈질기게 파고들어 두 세계에 대한 그들의 인식을 형성했고, 그러한 세상을 지배하는 위대한 신들에 대한 그들의 생각을 다소 어둡게 만들었다.

城柳)로 부른다. 위성은 산서(山西)성의 성도 서안(西安)에서 동북으로 약 25km 떨어진 곳으로 진시황이 중국을 통일하고 수도를 세운 함양(咸陽)의 옛 이름이다. 조선시대 『물명고(物名攷)』에는 당버들로 표기되어 있다.

[17] II, 72.

사진 8. 에드푸의 최신 마을에서 바라본 나일 계곡
마을 너머로 강이 '강바닥'을 굽이쳐 흐르고 있고, 그 뒤로 동쪽 절벽이 올라와 있다.

    동부 지중해 유역을 지배했던 문화를 발전시킨 나일 주민들의 활동 무대는 간략하게 이러했다. 그 시기 유럽은 문명의 두 번째 단계에서 모습을 드러내고 초기 근동의 문화와 친밀하게 접촉하기 시작했다. 위대했지만 지금은 소멸된 문명의 증거가 나일강둑을 따라 너무나 풍부하게 보존되어 있는데, 이러한 예는 지구상 그 어디에도 없다. 삼각주만 해도 전쟁의 폭풍이 위쪽 계곡보다 더 거셌고, 해마다 강물이 범람하여 천천히 퇴적함으로써 문명의 증거가 점차 매몰되었지만, 파라오의 훌륭한 도시들에는 화강암, 석회암, 사암의 거대한 돌덩이, 산산이 부서진 오벨리스크, 거대한 탑문의 토대로 막힌 길게 펼쳐진 구역들이 남겨져 있어, 잊힌 시대의 부와 권력을 분명히 보여 주고 있다. 오늘날 점점 늘어나는 대규모 관광객들이 거대한 유적들을 보러 상류 계곡으로 몰리고 있다. 유적들은 강줄기의 거의 굽이마다 감탄하는 여행자들을 맞이한다. 고대 사회에서 그토록 거대한 석조 건축물이 세워진 곳은 없다. 또 비도 거의 오지 않아 건조한 환경에서 고대인들의 삶을 통해 그처럼 최상의, 최고의 부가 남겨진 경우는 그 어디에도 없었다. 물질적인 형태로 생명이 흔적을 남긴 한에서 본다면 그렇다. 이집트 문명의 화려함은 대부분 유럽 문명의 고대 그리스·로마 시대로 이어졌다. 이 때문에 이집트가 점차로 서방세계에 압도당하고 흡수됨에 따라 서쪽과 동쪽의 삶의 흐름이 이곳에서 섞였다. 이 같은 일은 다른 곳에서는 절대 일어나지 않았다. 나일 계곡에서든, 계곡 너머에서든 서방세계는 여러 세기 동안 이집트 문명의 온전한 영향을 느꼈고, 그로부터 다양한 문화가 주는 모든 것을 얻었다. 이집트가 이민족들의 유산을 풍부하게 해 준 것과 후세에 남긴 너무나 귀중한 유산에 대해서는 다음 장에서 살펴볼 것이다.

02 예비 조사, 연대기와 기록 자료

　나일 계곡 주민의 역사를 시대순으로 구분하는 데 도움이 되는 외적인 특징만을 대충 살펴보는 것도 우리가 연구 과정에서 특정한 시대들을 다룰 때, 이 시기들을 보다 현명하게 연구할 수 있도록 해 준다. 이 같은 연구에서, 우리는 지중해 유역에서 알려진 유일한 문명이 나일강 해안의 태곳적 인류 사이에 서서히 발달하기 시작한 때로부터 4천 년간의 인류 역사를 살펴보게 된다. 자신들의 물질문명에 오랜 기간 흔적을 남긴 남부 유럽인들이 B.C. 13세기에 이르러 역사상 처음으로 이집트의 기록 문서에 등장할 때까지, 우리는 각 시대를 결정짓는 외부의 사건들을 간략하게 훑어볼 수 있다. 특히 어떻게 외국인들이 대대로 이집트와의 통상권 내로 점차 들어왔고, 그 결과 서로 어떤 영향을 주고받았는지에 주목할 것이다. 파라오의 운이 기울기 시작한 것은 유럽인들이 등장하던 그때였다. 처음에는 동쪽의 문명과 힘이, 그 후에는 고대 그리스·로마 시대 유럽의 문명과 힘이 서서히 발달하면서, 이집트는 처음에는 페르시아에, 그 후에는 그리스와 로마에 지배당하면서 마침내 지중해 열강들의 세계에서 침몰했다.
　나일 계곡에 거주했던 민족들의 역사는 어느 정도 분명하게 시대순으로 구분된다. 각 시대는 앞선 시대에 깊이 뿌리내리고 있고 다음 시기의 기원과도 연관되어 있다. 다소 자의적이고 인위적이지만 역사시대부터 시작해서 편리하게 시대를 세분한 것이 이른바 마네토(Manetho)의 왕조 분류이다.

이 이집트 태생의 역사가는 세벤니토스(Sebennytos)[1]의 사제이기도 했다. 그는 프톨레마이오스(Ptolemy) 1세(305-285 B.C.) 밑에서 활발히 활동하며 조국의 역사를 그리스어로 기록했다.[2] 그의 저서는 소실되었으므로, 우리는 율리우스 아프리카누스(Julius Africanus),[3] 에우세비우스(Eusebius)[4]의 요약본과 요세푸스(Josephus)[5]가 발췌한 것을 통해서만 알 수 있다. 이 저서의 가치는 그리 크지 않다. 초기 왕들에 대한 민간 설화와 민간에 널리 퍼진 전설에 의거해 쓰였기 때문이다. 마네토는 그가 알고 있는 파라오들을 30왕가 또는 30왕조로 나누었다. 비록 그가 분류한 많은 부분이 임의적이고, 그가 전혀 언급하지 않은 왕조의 변화도 많지만, 왕들을 적당한 그룹으로 나누었기 때문에, 이집트의 역사를 연구하는 현대 학문에서도 오랫동안 사용해 왔고 지금도 그 방법들을 참조하지 않을 수 없다.

---

[1] **[역주]** 세벤니토스는 나일 삼각주의 다미에타 지류에 위치한 고대 도시이다.

[2] **[역주]** 프톨레마이오스 왕조는 기원전 305년부터 기원전 30년까지 이집트를 다스린 헬레니즘 계열의 왕가를 말한다. 기존 이집트의 전통과 연속성이 있기 때문에 이집트 제32왕조라고도 불린다. 알렉산드로스 대왕의 부하 장군이자 그의 계승자인 프톨레마이오스는 기원전 323년 알렉산드로스가 죽은 후 이집트의 총독으로 임명되었는데 기원전 305년에 이르러 스스로 '프톨레마이오스 1세 소테르'로 칭하고 이집트의 왕이 되었다. 이집트인들은 즉시 그를 독립 이집트 왕국의 파라오로 인정했고 그의 후손들이 기원전 30년 로마 공화정에 의해 멸망할 때까지 약 300년을 이집트의 통치자로 군림했다.

[3] **[역주]** 율리우스 아프리카누스(180?-250?)는 예루살렘 출생이다. 세계사 연대기를 남긴 최초의 그리스도교 역사가로, 그의 생애에 관한 기록은 거의 없지만 알려진 바에 따르면 그는 아시아·이집트·이탈리아 등지를 상당 기간 여행했고 나중에는 주로 팔레스타인의 엠마우스에서 살면서 지방장관을 역임했다.

[4] **[역주]** 에우세비우스(263~339)는 로마의 역사가이자 성서 석의학자이다.

[5] **[역주]** 플라비우스 요세푸스는 예루살렘의 귀족 제사장 가문에서 태어났다. 로마에 의해 예루살렘이 함락되고 성전이 파괴된 뒤 우여곡절 끝에 요세푸스는 로마에 거주하면서 그곳에서 평생 황제의 후원을 받으며 글 쓰는 일에 전념했다. 66~70년에 일어난 유대인 반란과 고대 유대교의 역사에 관해서 중요한 책들을 썼다. 그의 저서 가운데 본서에서는 『아피온에 대한 반론』이 주로 인용되었다. 아피온은 이집트 출신의 유명한 학자로 유대인들을 적대시하며 혐오했던 인물이다.

원시 문명의 첫 시기와 작은 지방 왕국들의 시대가 있은 후, 나일 유역 문명의 여러 중심지는 점차 두 개의 왕국으로 병합되었다. 계곡에서 삼각주까지의 왕국과 삼각주 지역에 세워진 왕국이었다. 삼각주에서는 문명이 빠르게 발전했다. 365일로 이루어진 역년(曆年)[6]이 기원전 4241년에 도입되었는데, 이는 세계사상 최초의 고정 책력으로 알려져 있다.[7] '두 나라'는 그 후 수 세기에 걸친 문명에 영원히 흔적을 남기면서, 통일된 이집트가 등장할 때까지 오랫동안 발전했다. 통일된 이집트는 기원전 약 3400년경에 메네스(Menes) 하에서 두 왕국이 한 나라로 통일되면서 역사의 지평선에 등장했다.[8] 그의 등장은 왕조의 시작을 알리는 것이고 그 이전의 가장 이른 시기는 왕조 이전 시대, 즉 선(先)왕조시대(predynastic age)로 편리하게 부를 수 있다. 지난 10년간 발굴된 유적에서 선왕조시대 문명이 점차로 물질적 증거로 나타났는데, 이러한 증거들은 결국 왕조 문화를 탄생시킨 완만한 발전 과정의 여러 단계를 보여준다.

온 나라가 티니스(Thinis)나 어쩌면 후의 멤피스(Memphis)였거나 그 근처에서 하나의 통치권 하에 있었던 것이 메네스의 자손들 하에서 이집트가 4세기 넘는 기간 동안 번영을 누렸던 비밀이었다. 티니스는 아비도스(Abydos) 근처에 있으며, 테베(Thebes) 아래 나일강 줄기가 크게 굽은 곳 가까이에 있었다. 물질문명에 있어서 이 4세기 동안 이룩한 두드러진 발전으로, 뒤이은 이집트 역사상 첫 번째 위대했던 시기 고왕국은 영화(榮華)와 권력을 누리게 되었다. 고왕국의 정부 소재지는 멤피스였고, 그곳에서 제3, 제4, 제5, 제6 왕조의 네 왕실이 500년 동안(2980-2475 B.C.) 계속해서 통치했다. 미술과 기술이 전무후무한 수준으로 발전했고, 정치와 행정도 전대미문의 고도의 발전

---

[6] [역주] 역년은 책력에서 정한 1년으로 평년 365일, 윤년 366일이다.
[7] I, 44-45.
[8] [역주] 오늘날에는 두 땅의 통일 연도를 기원전 3100년경으로 추정한다.

을 이루었다. 대외 사업은 왕국의 국경을 훨씬 넘어 추진되었다. 이미 제1왕조 때에도 운영된 시나이의 광산은 활발하게 개발되었고, 이집트 저지대에서의 무역은 페니키아(Phoenicia)의 해안과 북부의 섬들까지 도달했다. 남쪽으로는 파라오의 상선이 홍해의 소말리 해안까지 깊이 들어갔다. 下누비아 지역에서는 파라오의 외교 사절이 느슨한 통치권을 행사할 정도로 강했고, 또한 끊임없는 원정으로 수단까지 가는 무역의 길을 유지했을 정도였다. 제6왕조(2625-2475 B.C.)에서는 제5왕조(2750-2625 B.C.)에서 이미 관직을 세습하게 된 중앙 정부의 지방 통치자들이 자신들은 더 이상 그저 국왕의 관리가 아닌 토지를 소유한 귀족이나 제후라고 주장했다. 이미 봉건시대를 열 준비가 되어 있었던 것이다.

토지를 소유한 새로운 귀족들의 권력이 점점 커져서 마침내 파라오의 왕실이 무너지게 되었다. 기원전 약 2400년경 제6왕조가 몰락하자 멤피스의 주권은 약화되었다. 뒤이은 내부 혼란에 대해 마네토의 기술에서는 아무것도 얻을 수 없다. 마네토에 의하면 단명한 제7왕조, 제8왕조는 멤피스에서 길어야 30년 정도 존속했다. 그러나 제9왕조와 제10왕조 시기에 헤라클레오폴리스(Heracleopolis)의 귀족들이 왕좌를 얻고 그 왕가에서 18명의 왕이 계속해서 왕권을 잡았다. 테베가 강력한 왕실의 소재지로 처음 등장한 것은 바로 이때다. 남부가 승리할 때까지 이 테베 왕실이 헤라클레오폴리스와 북부의 권력을 점차적으로 장악한다. 고왕국의 몰락으로부터 남부의 승리까지 그 사이에 경과한 기간은 현재로서는 확인할 수 없지만 약 275년에서 300년 정도로 추정되며[9] 오차 범위가 양쪽으로 100년가량이 될 수 있다.

기원전 약 2160년경 제11왕조의 테베 영주들을 중심으로 이집트가 다시

---

[9] I, 53.

통일되면서 고왕국 말기에 이미 확실해진 봉건적 추세가 뚜렷하게 두드러졌다. 전국적으로 지방의 영주와 귀족들은 그들의 영토에 굳건히 자리 잡고 있었고, 이제는 파라오가 이 세습 가신(家臣)들을 중요하게 여겨야 했다. 이 봉건제도는 두 번째 테베 가문인 제12왕조가 출현할 때까지 확실히 자리 잡지는 못했다. 제12왕조의 시조인 아메넴헤트(Amenemhet) 1세는 아마도 왕권을 강탈했을 것이다. 200년이 넘는 기간 동안(2000-1788 B.C.) 이 강력한 왕가의 왕들은 봉건국가를 통치했다. 이 봉건시대는 이집트 역사에서 고전적(古典的)인 시기였다. 문학이 흥성했으며 언어의 철자법이 처음으로 규정되었고, 시는 벌써 고도로 예술적인 형식을 갖추게 되었다. 오락을 위한 최초의 작품으로 알려진 문예 작품이 만들어졌고 조각과 건축물이 쏟아져 나왔다. 산업 미술은 그때까지의 모든 업적을 능가했다. 국토의 자원은 특히 나일강과 나일강의 범람을 자세히 관찰하면서 정교하게 개발되었다. 또한, 거대한 수력을 이용하여 파이윰에 대규모 경작지를 개간했고, 이 파이윰 인근에서 제12왕조의 왕들인 아메넴헤트 왕들과 세소스트리스(Sesostris) 왕들이 살았다. 해외에서는 시나이에서의 광산 개발이 이제는 그곳에 있는 영구적인 식민지에서 끊임없이 제공되는 노동력에 의해 이루어졌다. 신전이나 방어시설, 물 공급을 위한 저수지도 함께 지어졌다. 약탈을 위한 군사 행동도 시리아까지 이어졌고, 셈족들과의 무역 및 상호 교류는 끊임없이 지속되었다. 북 지중해에서는 초기 미케네 문명의 중심지와의 물물교환이 분명히 이루어졌다. 푼트(Punt)와 홍해 남부 해안과의 교류도 계속되었다. 한편 제1폭포와 제2폭포의 사이에 있는 나라 누비아는 제6왕조 시기에는 느슨하게 통제되었는데, 이제는 정복되어서 파라오의 속국이 되었고, 따라서 누비아 동부의 금광도 파라오의 국고를 끊임없이 채우는 재원이 되었다.

    기원전 1788년 제12왕조가 몰락하고 영주들이 왕좌를 차지하기 위해 다투면서, 두 번째 무질서와 혼돈의 시기가 도래했다. 이따금 공격적이고 유능한 지도자가 잠깐 동안 통치를 위한 지배권을 얻기도 했다. 이러한 지도자 가운데 한 사람이 上누비아를 정복하여 제3폭포 위의 지점까지 진군했지만, 그의 정복은 그와 함께 사라졌다. 아마도 그러한 내부 갈등이 1세기 정도 이어진 후에, 나라는 아시아에서 온 일군의 통치자들에 의해 점유되고 그들의 손으로 넘어갔다. 그들은 아시아에서 이미 광범위한 통치권을 확보한 것처럼 보였다. 이 외국의 침입자들은 지금은 힉소스(Hyksos)로 알려져 있는데, 이는 마네토가 지칭한 것을 따른 것이다. 그들은 아마도 1세기 가량 세력을 유지했다. 그들이 거주하던 곳은 동부 삼각주의 아바리스(Avaris)였는데, 적어도 그들이 집권한 후반기에 남쪽의 이집트 귀족들이 어느 정도 독립을 쟁취하는 데 성공했다. 마침내 한 테베 가문의 수장이 대담하게 자신을 왕이라고 선언했다. 그리고 몇 해 사이에 이 테베의 영주들은 힉소스를 그들의 나라로부터 내쫓고 그들이 아시아의 변경으로부터 시리아로 되돌아가도록 했다.

　수천 년간 이어온 보수주의가 나일 계곡에서 무너져 내린 것은 힉소스 통치하에서 그들과의 싸움을 통해서였다. 이집트인들은 처음으로 공격적인 전쟁에 대해 알게 되었고 전차 제도를 포함한 잘 조직된 군사 체제를 도입했다. 힉소스인들은 전차에 말을 도입하여 사용했는데, 이제는 이집트인들이 사용할 수 있게 되었다. 이집트는 군사제국으로 바뀌어갔다. 힉소스와의 전투에서 또한 그들끼리의 싸움에서 봉건시대의 가문들은 사라져 버렸거나 지배 세력인 테베 가문의 지지자들 속으로 흡수되었다. 이 테베 왕실에서 제국의 혈통이 나왔다. 제18왕조의 위대한 파라오들은 따라서 황제가 되었고, 북부 시리아와 상유프라테스로부터 남쪽으로는 나일의 제4폭포까지 정복하고 통치했다. 전례 없는 부와 영예를 누리면서 그들은 광대한 영토를 지배했고, 고대 세계에서는 처음으로 이 영토를 작은 제국으로 점차 통합했다. 테베는 최초의 기념비적인 중심도시로 성장했다. 근동지역과 지중해 세계와의 무역은 광범위하게 발전했다. 미케네의 상품이 이집트에서 흔했고, 미케네의 미술품에서 이집트의 영향이 뚜렷하게 감지되었다. 230년 동안(1580-1350 B.C.) 제국은 번영했다. 그러나 나라 안팎의 불리한 영향들이 서로 결합해서 마침내 붕괴했다. 젊고 재능 있는 왕인 이크나톤(Ikhnaton)[10]의 종교 개혁이 나라가 그때까지 경험하지 못했던 내부 격변을 초래했다. 소아시아에서 밀고 들어온 히타이트인들의 공격 하에 제국의 북부는 점차 와해되었다. 동시에 파라오의 아시아 영토 중 북쪽과 남쪽 모두에서 베두인 이민자들이 몰려들어 위험을 더 가중시켰다. 이 베두인 이민자 가운데 일부 종족은 나중에 확실히 고대 헤브라이인과 합쳐진 것으로 보인다. 여기에 히타이트인들이 끈질기게 진격해 와, 이집트의 아시아제국은 동북 삼각주의 변경에 이르기까지 마침내 완전히 분해되었다. 한편 국내의 혼란으로 제18왕조는 무너지고 첫 번째 제국 시기는 막을 내렸다(기원전 1350년).

무너진 왕조하의 유능한 지휘관 가운데 하나였던 하름합(Harmhab)[11]은 위기에서 살아남았고 마침내 왕좌를 차지했다. 그의 강력한 통치하에, 조직이 와해된 국가는 점차로 질서를 회복했다. 그의 뒤를 이은 제19왕조(1350-1205 B.C.)의 계승자들은 아시아에서 잃어버린 제국을 다시 찾기 시작했다. 그러나 히타이트는 시리아에서 견고히 자리를 잡고 이집트의 공격에 굴복하지 않았다. 세티(Seti) 1세의 공격과 람세스 2세의 반(半) 세대에 걸친 끈질긴 군사작전에도 제국의 북쪽 국경을 팔레스타인 변경 너머로 확대하지는 못했다. 그 상태로 시리아는 끝까지 회복하지 못했다. 셈족은 이제 강력하게

---

[10] [역주] 주로 아크나톤(Akhnaton)으로 알려져 있다. 아멘호테프(Amenhotep) 4세이다. 아톤(Aton)을 새로이 유일신으로 숭배하는 의식을 확립했으며, 자신의 이름도 '아톤에게 이익이 되는 사람'이라는 뜻의 아크나톤으로 지었다.

[11] [역주] 주로 호렘헤브(Horemheb)로 알려져 있다. 하렘하브(Haremhab)로도 표기한다. 이크나톤의 아톤 신 숭배를 폐지하고 전통적인 아몬 신 숭배를 되살렸으며, 파라오 가운데 아몬 신을 숭배하지 않은 왕들의 이름을 지웠다.

이집트에 영향을 미쳤다. 이 중대한 시기에 남유럽의 사람들이 처음으로 근동의 역사 무대에 등장했다. 그들은 리비아인 무리와 함께 서쪽으로부터 삼각주를 함락하려고 위협했다. 그렇지만 그들은 메르넵타(Merneptah)에게 쫓겨 갔다. 내부적으로 혼란과 약탈의 시기가 있었고, 그러는 동안 제19왕조가 무너지자(1205 B.C.), 람세스 3세의 아버지 세트나크트(Setnakht)가 제20왕조(1200-1090 B.C.)를 세웠다. 람세스 3세는 히타이트를 평정한 북방 민족들의 끊임없는 공격과 리비아인들의 계속된 이주에 맞서서 제국의 국경을 그대로 유지했다. 람세스 3세의 죽음(1167 B.C.)과 더불어 제국은 누비아만 남긴 채 빠르게 분열되었다. 따라서 기원전 12세기 중반에 두 번째 제국의 시대는 아시아의 영토를 완전히 잃고 막을 내렸다.

약해진 람세스 왕가 아래에서, 나라는 급속히 기울었고 강력한 아몬(Amon) 대사제들의 희생물이 되었다. 아몬의 대사제들은 더 강한 상대인 삼각주 타니스(Tanis)에 있는 람세스 왕가의 경쟁자들에게 거의 곧바로 굴복했고, 제21왕조(1090-945 B.C.)가 설립되었다. 두 번째 제국 시기에 군대를 구성했던 용병들이 기원전 10세기 중반까지 삼각주의 도시들에서 강력한 가문을 설립했는데, 이 가운데 리비아인들이 당시 최고였다. 리비아 용병들의 사령관이었던 셰숀크(Sheshonk)[12] 1세가 기원전 945년에 제22왕조의 설립자로서 왕좌를 차지했고 나라는 잠시 번영을 누렸다. 셰숀크는 팔레스타인을 다시 찾으려고도 했다. 그러나 왕실은 난폭한 용병 사령관들을 통제할 수 없었다. 이들은 삼각주의 보다 큰 도시들에서 각기 왕조를 세웠고, 나라는 이들이 세운 군사 공국(公國)들끼리 서로 끊임없이 싸우는 상황으로 점차 되돌아갔다. 리비아인들이 통치한 제22왕조, 제23왕조, 제24왕조 기간 동안(945-712 B.C.) 불행한 국민은 그러한 잘못된 통치하에서 신음했고, 경기 악

---

[12] **[역주]** 구약성서에 나오는 '시삭'으로 셰숑크(Sheshonq)로도 잘 알려져 있다.

화로 끊임없이 고통을 겪었다.

　누비아는 이제 이들에게서 떨어져 나왔다. 아마도 테베 출신이었을 왕들의 왕조가 제4폭포 아래의 나파타(Napata)에 세워졌다. 이 새로운 누비아왕국의 이집트인 통치자들은 이제 이집트를 침공했다. 비록 나파타에 수도를 세웠지만, 그들은 두 세대 동안(722-663 B.C.) 부침(浮沈)을 겪으면서 이집트에서 자신들의 통치권을 유지했다. 그러나 그들은, 누비아 대군주의 종주권을 인정하면서 자신들의 지역을 통치하는 지방 군주들을 진압하거나 전멸시키지 못했다. 아시리아(Assyrian)인들이 마침내 삼각주로 들어와 이집트를 정복하고 자신들에게 조공을 바치게 한 것도 누비아 왕조와 하이집트 지역의 용병 영주들이 이같이 한창 충돌하고 있을 때였다(670-662 B.C.). 이러한 시기에 서부 삼각주에 위치한 사이스(Sais)의 유능한 군주인 프삼티크(Psamtik) 1세가 마침내 그의 경쟁자들을 무너뜨리는 데 성공하고 니네베(Nineveh)¹³의 주둔군들을 쫓아냈다. 누비아 사람들은 벌써 아시리아인들에게 쫓겨났기 때문에, 그는 강력한 왕조를 세우고 국가를 복구할 수 있었다. 그는 기원전 663년에 즉위했다. 기원전 약 1150년 제국이 마지막으로 와해된 때부터 기원전 663년 복구를 시작하기까지의 이 5백 년 가까운 기간은 편의상 쇠퇴기(Decadence)로 부를 수 있다. 기원전 1100년 이후 쇠퇴기는 편의상 타니스·아몬(Tanite-Amonite) 시기(1090-945 B.C.), 리비아 시기(945-712 B.C.), 에티오피아 시기(722-663 B.C.), 아시리아 시기로 나눌 수 있다. 아시리아 시기는 에티오피아 시기의 마지막 시기와 동시대에 속한다.

　권력의 소재지가 삼각주에 위치했던 다른 시기와 마찬가지로, 복구가 이루어진 시기의 삼각주의 거의 모든 기념물은 소실되어 이 시기에 대해 이집트의 자산으로부터 알 수 있는 것이 거의 없다. 헤로도토스¹⁴나 이후 나

---

¹³ [역주] 니느웨라고도 한다. 고대 아시리아 제국의 수도였다.

일 계곡을 방문한 그리스인들로부터도 알 수 있는 것이 거의 없다. 겉으로는 권력과 영예의 시대였다. 이 시기에 이집트 원주민들은 제국 이전의 고전 시대의 옛 영광을 회복하려고 애썼다. 반면 그리스 용병들에 의존하는 왕들은 근대적인 정치가로서 새로운 그리스세계의 방법들을 채택하여 그들 시대의 세계 정치에 접목했고, 옛것에는 별로 공감하지 못했다. 그러나 그 같은 결합은 이집트를 페르시아의 야망으로부터 구해내지 못했다. 이집트 토착민 왕조의 역사는 예외적인 경우도 있지만, 기원전 525년에 캄비세스(Cambyses)[15]가 이집트를 정복하는 것으로 끝이 났다.

독립국으로서의 이집트의 역사를 시대별로 구분 지어주는 순수하게 외적인 사건을 기계적으로 검토하면 위와 같았다. 이 시대들은 연도와 함께 다음과 같이 요약할 수 있다.[16]

> 태양력의 도입, 기원전 4241년
> 선왕조시대, 기원전 3400년 이전
> 메네스의 즉위, 기원전 3400년
> 제1왕조, 제2왕조 기원전 3400-2980년
> 고왕국: 제3왕조-제6왕조, 기원전 2980-2475년
> 18인의 헤라클레오폴리스 군주 시대, 기원전 2445-2160년

---

[14] [역주] 원서에는 헤로도투스(Herodotus)로 표기되어 있다. 기원전 5세기에 활약한 그리스의 역사가이다.
[15] [역주] 캄비세스는 이란을 중심으로 서아시아 전역을 통일했던 고대 페르시아 왕조인, 아케메네스 왕조의 페르시아 왕(529-522 B.C.)이다.
[16] [역주] 저자가 밝힌 연도는 현대 이집트 학자가 제시한 연도와 차이를 보인다. 클레이턴(2009)에 정리된 연도는 제1왕조, 제2왕조 시기가 기원전 3150-2686년, 고왕국 시기가 기원전 2686-2181년, 중왕국 시기가 기원전 2040-1782년, 제18왕조가 시작된 연도는 기원전 1570년으로, 중왕국부터는 저자가 추정한 연도와 크게 차이 나지 않는다. 저자가 추정한 연대가 현대 학자들과 차이가 나는 것은 책이 쓰이던 시기에는 방사성 탄소 연대 측정법 등 선진 기술을 활용할 수 없었기 때문이다.

중왕국: 제11왕조, 제12왕조, 기원전 2160-1788년
봉신들의 내부 혼란, 힉소스 시기, 기원전 1788-1580년
제국: 첫 번째 시기, 제18왕조, 기원전 1580-1350년
제국: 두 번째 시기, 제19왕조, 제20왕조 일부, 기원전 1350-1150년

쇠퇴기

제20왕조의 마지막 두 세대, 기원전 약 1150-1090년
타니스·아몬 시기, 제21왕조, 기원전 1090-945년
리비아 시기, 제22왕조-제24왕조, 기원전 945-712년
에티오피아 시기, 기원전 722-663년(제25왕조, 기원전 712- 663년)
아시리아 우위 시기, 기원전 670-662년

복구, 사이스 시기, 제26왕조, 기원전 663-525년
페르시아의 정복, 기원전 525년

 독자들은 책의 마지막 부분에서 통치자들의 집권 기간을 적은 더 온전한 목록을 볼 수 있다. 위 목록의 연대는 별개의 두 과정을 통해 얻는다. 첫째는 '추정에 의한 계산'이고, 둘째는 이집트 역법(曆法)에 근거한 천문학적인 계산이다. 추정에 의한 계산은 모든 왕의 알려진 최단의 통치 기간을 합하고, 이렇게 해서 얻은 전체 통치 기간의 시작 연도를 (고정된 시작 연도로부터 거슬러 올라가) 간단히 계산하는 것을 의미한다. 최근에 발견한 가장 늦은 연도를 적용하여 계산해 보면, 제18왕조부터 기원전 525년 페르시아의 정복까지 파라오들은 모두 최소한 1,052년을 통치했다.[17] 그러므로 제18왕조의 시작은 아무리 늦어도 기원전 1577년 이후일 수는 없다. 천문학적인 계산은 시리우스별이 뜨는 날짜와 새 달이 나타나는 날짜에 근거했다.[18] 변동하는 이

---

[17] I, 47-51.
[18] [역주] 시리우스는 밤하늘에서 가장 밝은 별이다. 고대 이집트인들은 이 별을 천랑성(天狼星 Sothis)이라 불렀으며, 이 별이 나일 삼각주에서 해마다 되풀이되는 홍수가

집트 역법(曆法)에 따르면, 두 날짜에 근거한 계산이 모두 제18왕조의 시작 연도를 정확히 기원전 1580년으로 지목한다.[19] 제18왕조보다 더 이른 시기의 경우 추정에 의한 계산법을 단독으로 사용할 수는 없다. 왜냐하면, 그 시대의 자료가 부족하기 때문이다. 다행히 시리우스가 떠오른 또 다른 날짜는 제12왕조의 출현을 기원전 2000년으로 알려 준다. 오차 범위는 넓어야 양쪽으로 1, 2년 정도이다. 이 날짜로부터 제11왕조의 시작은 다시 "추정에 의한 계산"으로 얻어야 한다. 헤라클레오폴리스 군주 시대가 지속된 기간이 불확실하므로 고왕국과 중왕국 사이의 기간이 매우 불확실해진다. 만일 우리가 18명의 헤라클레오폴리스 군주들의 통치 기간을 각각 16년씩 계산한다면, 그들은 288년간 다스린 것이다.[20] 16년의 통치 기간은 그럭저럭 평화로운 상황에서 근동에서 얻을 수 있는 타당한 평균이다. 그들이 존속한 기간을 285년으로 계산하면 우리는 아마도 그 기간을 전후로 1세기 정도 잘못 계산한 것일 수도 있다. 고왕국의 기간을 계산하는 것은 그 당시의 유적이나 초기 목록에 근거한다. 이 경우 오차 범위는 그 기간을 전후로 아마도 한두 세대를 초과하지는 않을 것이다. 그러나 헤라클레오폴리스 군주들의 통치 기간이 불확실한 것은 그 이전 시대의 연도를 계산하는 데 영향을 미친다. 그래서 기원전 연도에서는 계산해서 얻은 기간 전후로 1세기가량 옮겨야 할 수도 있다. 팔레르모 비석(Palermo Stone)[21]에 실린 고대 연대기에 의하면 처음 두 왕조가 존속한 기간은 약 420년이고,[22] 메네스의 즉위와 이집트

시작될 무렵 일출 직전에 뜬다는 것을 알았다.
[19] I, 38-46.
[20] I, 53.
[21] [역주] 고대 이집트의 처음 다섯 왕조(BC 2925경~2325경)의 편년과 문화사에 대한 기본 자료로 꼽힌다. 1877년 이래 시칠리아의 도시 팔레르모에서 보존되고 있어서 이 이름이 붙었다.
[22] I, 84-85.

의 통일은 기원전 3400년이다. 그러나 헤라클레오폴리스 시기부터, 고왕국 시대와 같은 정도의 불확실한 오차가 여전히 남아있다. 독자들은 이 연표가 기원전 1200년 이전으로 추정되는 시대의 유적과 목록에 의거한 것임을 알게 될 것이다. 일부 사서(史書)에 보이는 왕조의 시작 연도가 지나치게 이른 것은 옛 이집트학자들에게서 비롯된 것으로, 마네토의 연대기에 근거한 것이다. 마네토의 연대기는 구식의, 부정확하고 무비판적인 편찬물로 대부분은 남아있는 그 시대의 유적에 의해 잘못된 것으로 판명된다. 왕조를 합한 연도가 전체적으로 터무니없이 높아서 잠시도 신뢰할 가치가 없다. 종종 그 시대의 유적으로부터 추정한 최대치의 거의 두 배에 가깝거나 정확히 두 배가 되어, 사소한 비판도 감당할 수 없을 정도이다. 그 같은 연도를 인정하는 현대 학자들은 현재 소수이며, 그 수도 꾸준히 줄고 있다.

연표와 같이 이집트 초기의 역사에 대한 지식도 그 시대, 그 지역의 유적으로부터 조금씩 모여야 한다.[23] 유적은 온전하고 완벽한 상태일 때조차도 기껏해야 위대한 성과나 중요한 시대에 대한 빈약한 윤곽만을 제공하는 불충분한 자료이다. 한 나라의 물질문명이 예술가, 공예가, 기술자의 훌륭한 작품에 적절히 표현되었다 하더라도, 국민의 내적인 생활은 물론 심지어 당시 전적으로 외적인 사건들조차도 어쩌다가 기록을 찾을 수 있을 뿐이다. 그러한 기록들은 물론 태고 시대에 관한 연구인 경우를 제외하고는, 유럽의 역사가들이 다루는 자료들과는 아주 다르다. 정치가들 사이에 오간 장문의 편지, 의사록, 일기, 국가의 서류와 보고서 같은 자료들은 유적에 거의 기록되어 있지 않다. 얼마 안 남아있는 그리스의 비문을 보고 그리스의 역사를 기술한다고 상상해 보라. 더욱이 우리는 이집트 원주민이 지은 초기 이집트에 관한 역사서도 없다. 기원전 3세기에 마네토가 미숙한 민간

---

[23] I, 1-37.

설화를 모은 책은 역사서라고 할 만한 가치가 별로 없다. 한편 우리가 다루려는 먼 옛날의 연대기 편찬자는 그가 역사적인 사건에 관한 온전한 연대기를 작성했다 하더라도 무엇이 미래 세대가 알아야 하는 중요한 자료인지에 관한 인식이 별로 없었을 것이다. 빈약한 역사기록이 초기에는 확실히 보존되었겠지만 두 가지 단편적인 자료를 제외하고는 모두 사라졌다. 이 가운데 하나가 그 유명한 팔레르모 비석으로[24] 처음부터 제5왕조까지 가장 이른 왕조들의 기록이 실려 있다. 다른 하나는 투트모세(Thutmose) 3세의 시리아에서의 전투에 대한 기록을 발췌한 것이다. 부수적인 성격의 유적 중에서는 아주 사소한 파편만이 남아있을 뿐이다. 이와 같은 상황에서 우리는 사건의 일반적인 흐름에 대한 어렴풋한 윤곽과 함께, 고왕국과 중왕국의 문명에 대해 기껏해야 밑그림 정도만 제시할 수 있을 뿐이다. 제국 하에서는 이용할 수 있는 기록이 양과 질 모두에서 처음으로 최소한의 요건에 도달한다. 즉, 유럽의 역사에서 그 나라의 역사를 온전히 기술하는데 적절하다고 볼 수 있는 최소한의 기록을 확보했다. 그러나 우리가 어느 방향으로 가든 수많은 중요한 문제들이 아직 해결되지 않은 채 남아있다. 그렇지만 정부 조직, 사회의 구성, 황제들의 가장 중요한 업적에 대한 대략적인 틀과 제한된 정도이기는 하나 시대의 정신은 알아낼 수 있고 그 대강을 그려낼 수 있다. 물론 여기저기 흩어져 있는 자료를 통해서만 세부적인 것들을 채울 수 있다. 그러나 쇠퇴기와 복구 시기의 경우 더 이른 시대를 기술할 때와 마찬가지로 자료의 부족으로 인해 역사가들은 다시 한번 가설과 그럴 것이라는 개연성에 의존해야 한다. 한정된 자료로 저자는 그러한 시대를 계속 기술해 나가면서 독자들이 모든 것이 부족한 자료 때문이라고 생각하기를 바랄 것이다.

---

[24] 사진 24와 I, 76-167 참조.

03 초기 이집트

황량하고 바람이 몰아치는 사막의 고원에 나일강은 물길을 만들었고, 그곳에 한 종족이 살았다. 그곳을 비옥하고 생산적인 땅이 되게 한 풍부한 비는 이제 더 이상 그곳에 내리지 않는다. 지질의 변화가 그 지역에 거의 비가 내리지 않게 하고, 식물과 흙을 없애버려 대부분의 지역에서 사람이 거주할 수 없게 되었다. 이것은 이집트 문명이 시작되기 수천 년 전에 발생했으며, 우리가 연구해야 할 부분이다. 그러나 이러한 변화가 발생하기 전, 그 고원에 거주했던 선사시대의 종족들은 자신들의 존재를 증명할 유일한 기념물로 다수의 조악한 석기(石器)를 남겼고, 이제는 침식으로 노출된 사막의 표면 위에 흩어져 누워있다. 구석기시대의 이 사람들이 우리가 알기로는 이집트에 거주한 최초의 사람들이다. 이들은 이집트의 역사시대나 선사시대의 문명과는 아무런 관련이 없다. 그들은 전적으로 지질학자들이나 인류학자들의 연구 영역에 들어간다.

우리가 다루어야 할 사람들의 조상은 한편으로는 리비아 사람들이나 북아프리카 사람들과 연결되어 있고, 다른 한편으로는 지금은 갈라(Galla), 소말리(Somali), 베가(Bega)족 및 다른 종족들로 알려진 동아프리카 사람들과 연결되어 있다. 아시아에서 온 유랑인 셈족도 나일 계곡을 침입하여 그곳의 아프리카 사람들의 언어에 중요한 특징을 분명하게 남겼다. 우리가 알 수 있는 이집트어의 초기 층이 셈어와의 합성의 기원을 분명히 드러낸다. 아프리카 조상 언어들의 색채가 여전히 섞여 있지만, 이 언어는 구조적으로 셈어이다. 게다가 가장 초기의 층이 보존된 예 가운데 관찰할 수 있는 완벽한 것이다. 그러나 리비아와 동아프리카 사람들이 나일 계곡의 주민들과 섞인 것은 역사시대에도 계속 진행된 일이다. 리비아인들의 경우에는 고대의 역사기록에서 3천 년 이상 그 발자취를 추적할 수 있다. 아시아로부터 셈족이 이주한 것은 역사시대에도 있었지만, 우리가 추적할 수 있는 가장 오랜 역사의 지평에서조차 보이지 않는 훨씬 더 먼 과거에도 있었다. 우리는 언제 그리고 어떤 경로를 통해서 이 같은 이주가 이루어졌는지 알 수 없으나, 가장 그럴듯한 경로는 역사시대에 아라비아 사막으로부터 비슷한 인구 유입을 관찰할 수 있는 수에즈 지협[1]으로, 이슬람교도들이 이곳을 통해 이집트로 쳐들어왔다. 그들이 가져온 셈어는 나일 계곡 사람들에게 지울 수 없는 흔적을 남겼지만, 침입자들이 남긴 사막에서의 유목 생활은 분명히 그렇게 지속적인 것이 아니었다. 그리고 항상 환경의 영향을 받는 삶의 요소인 이집트의 종교는 사막 생활의 흔적을 보이지 않는다. 리비아인들의 경우에는 언어에서 볼 수 있는 그 같은 유사성이 초기 도기(陶器)와 같은 나일 계곡의 고대 문명이 남긴 유물에 의해 확인되는데, 이 도기들은 리비아의 카바일(Kabyle)족[2]이 아직도 만들고 있는 도기와 매우 유사하다. 이집트 유적에 묘사된 초기 푼트와 소말리 사람들은 이집트 사람들과 놀랄 만큼 비슷하다. 나일 계곡에 있는 고대 무덤에서 발굴한 시신을 검사하면, 우리는 문제를 해결할 증거를 더 찾을 수 있을 것으로 기대했다. 그러나

---

[1] **[역주]** 이집트의 수에즈 지협은 지중해와 홍해 사이의 좁은 땅으로, 수에즈 지협을 물길로 건널 수 있도록 수에즈 운하가 건설되었다.

[2] **[역주]** 알제리의 베르베르족으로, 카바일이라는 이들의 언어는 함셈어족에 속하는 베르베르어이다. 인구는 1970년대 후반 약 200만 명으로 조사되었으며, 소수 그리스도교도를 제외하고 거의 이슬람교를 믿는다. 대부분 곡물 및 올리브를 재배하면서 염소를 사육한다.

자연(형질) 인류학자들이 너무나 다양한 의견을 내놓는 바람에 역사가들은 그들의 연구에서 결정적인 결과를 얻을 수 없었다. 한때 일부 역사가들이 제시한 이집트인들이 아프리카 흑인에서 기원했다는 추론은 지금은 인정되지 않고 있다. 이미 언급한 다른 종족의 형질 외에 기껏해야 흑인의 피도 약간 섞였다는 것만 분명히 말할 수 있다.

그림 1. 최초로 알려진 벽화
선왕조시대 무덤의 벽에 그려진 수채화이다. 작은 배, 동물, 사냥하는 모습 등을 보여 준다(히에라콘폴리스, 퀴벨에서 인용).

오늘날 초기 무덤에서 발견한 대로 선왕조시대 이집트 사람들은 머리가 검고, 벌써 문명의 흔적을 지니고 있었다. 남자들은 어깨 위에 가죽옷을 걸치고 있었고 때때로 가죽 속바지를 입었거나, 짧은 흰색의 리넨 킬트만을 입고 있었다. 여자들은 어깨에서 발목까지 오는 아마도 리넨 같은 섬유로 만든 긴 옷을 입고 있었다. 그러나 남자든 여자든 옷을 입히지 않은 작은 조상(彫像)들도 흔했다. 샌들도 더러 발견되었다. 그들은 때로 몸에 문신을 새겼고, 돌이나 상아, 뼈로 반지, 팔찌, 펜던트 같은 장신구도 만들었다. 이러한 장신구에는 부싯돌이나 석영, 홍옥수, 마노 등으로 만든 구슬이 달려 있었다. 여자들은 장식이 되어있는 상아 빗이나 핀으로 머리를 꾸몄다. 그들은 몸단장에 필수인, 눈과 얼굴 화장을 위해 점판암으로 깎아서 만든 팔레트를 가지고 있었는데, 팔레트 위에 초록색의 재료가 갈아져 있었다. 그

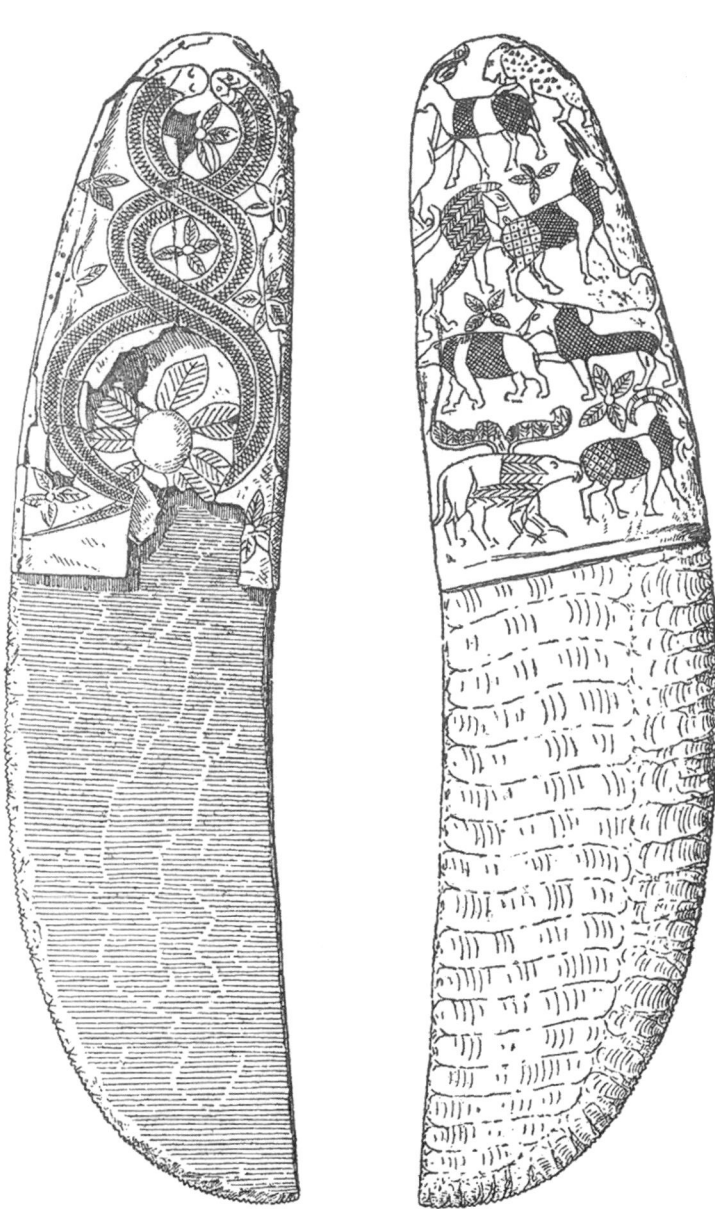

그림 2. 선왕조시대의 부싯돌 칼
양각의 부조로 장식한 금으로 된 판을 씌운 손잡이가 달려 있다(de Morgan).

들은 윗가지로 집을 지을 수 있었다. 윗가지는 때때로 진흙이 발라져 있었고, 아마도 윗가지보다는 나중이겠지만 햇볕에 말린 벽돌로도 집을 지을 수 있었다. 가재도구로 집안을 꾸미면서, 그들은 상당한 기계 기술과 이제 막 눈을 뜬 예술적 취향을 보여 주었다. 그들은 상아스푼을 사용했는데, 때로 동물의 형상이 환조로 화려하게 조각된 자루가 달린 상아스푼을 쓰기도 했다.[3] 바퀴는 처음에는 그들에게 알려져 있지 않았지만, 그들은 다양한 형태의 양질의 도기를 대량으로 생산했다. 현재 유럽과 미국의 박물관에는 윤이 나는 붉은색과 검은색의 도기, 또는 기하학적인 도안이 새겨진 가지각색의 도기, 때로 바구니 도안 도기 등이 가득 진열되어 있다. 우리에게 매우 중요한, 또 다른 도기에는 배, 사람, 동물, 새, 물고기 또는 나무들을 소박하게 그려 넣고 색칠해 놓았다(사진10). 그들은 유리로 물건을 만들지 않았지만, 유약을 칠해 윤을 낸 구슬, 장식 액자 등의 예술을 알고 있었다. 나무, 상아, 돌로 만든 투박한 작은 조각상은 초기 왕조시대에 큰 성과를 낸 조형 미술의 시작을 나타낸다. 콥토스(Coptos)[4]에서 피트리(Petrie)[5]가 발견한 거대한 민(Min)[6]의 세 석상은 우리가 지금 논의하고 있는 선왕조시대 문

---

[3] [역주] 스푼에서 손잡이 부분(자루)이 동물 모양의 조각품이라는 의미이다.

[4] [역주] 상이집트 지방 키나 주에 있는 농촌으로 키프트(Qift)로 불린다. 나일강의 커다란 만곡부 오른쪽에 자리 잡고 있으며, 룩소르 아래쪽에 있다. 키프트는 292년 디오클레티아누스에게 파괴당한 뒤 그리스도교 마을이 되었으며, 이 마을의 이름은 이집트의 콥트파 그리스도교도 및 이집트인 전체를 가리키게 되었다. 이곳은 중세에는 대상교역의 중심지로서 중요한 역할을 했고, 지금은 유적지로 유명하다. 우기에만 물이 흐르는 강인 함마마트 와디를 거쳐 홍해로 가는 유명한 길이 있는데, 이 와디 덕분에 키프트는 사막 가장자리 바로 동쪽의 중요한 출발점이 되었다.

[5] [역주] Sir (William Matthew) Flinders Petrie. 영국의 이집트학자, 고고학자(1853-1942). 유적 발굴의 기법 및 방법의 발전에 귀중한 공헌을 했고, 고대 유물에서 역사를 복원할 수 있게 해 준 순서연대 결정법을 고안했다. 1923년 기사 작위를 받았다. 원시 고대 이집트인의 무덤 3,000기를 발굴했고 이집트를 통치한 이크나톤(아멘호테프4세)의 도시도 발굴했다.

[6] [역주] 이집트의 출산과 수확의 신이다.

명의 소박한 힘을 보여 준다. 다작(多作)의 도공 예술은 어쩔 수 없이 숙련된 석공들에게 천천히 자리를 내주어야 했다. 석공들은 선왕조시대 말기 무렵 자신들이 점차 개량한 훌륭한 석기를 마침내 만들어냈다. 당시 섬록암과 반암(斑岩) 같은 가장 단단한 돌로 만든 주발과 단지들은 매우 훌륭한 솜씨를 보여 준다. 어느 민족에게서든 지금까지 발견된 것 중에 가장 정교하게 세공된 부싯돌이 이 시대의 것이다. 석공들은 마침내 조각한 상아 손잡이도 붙일 수 있었다. 또 그와 같은 기술로 돌과 부싯돌로 된 도끼를 만들고, 부싯돌로 만든 화살촉이 달린 낚시용 작살 등을 만들었다. 바빌로니아에서도 발견되는 머리 부분이 배(梨) 모양인 전곤(전투용 몽둥이)은 이 시대의 특색이다. 그 같은 무기나 도구들과 함께 그들은 구리로 된 무기와 도구도 생산하고 사용했다. 사실 석기시대에서 청동기시대로 천천히 바뀌는 시기였다. 금, 은, 납은 드물긴 했지만 사용되고 있었다.

사진 9. 무늬가 새겨져 있는 선왕조시대 도기(피트리의 사진)

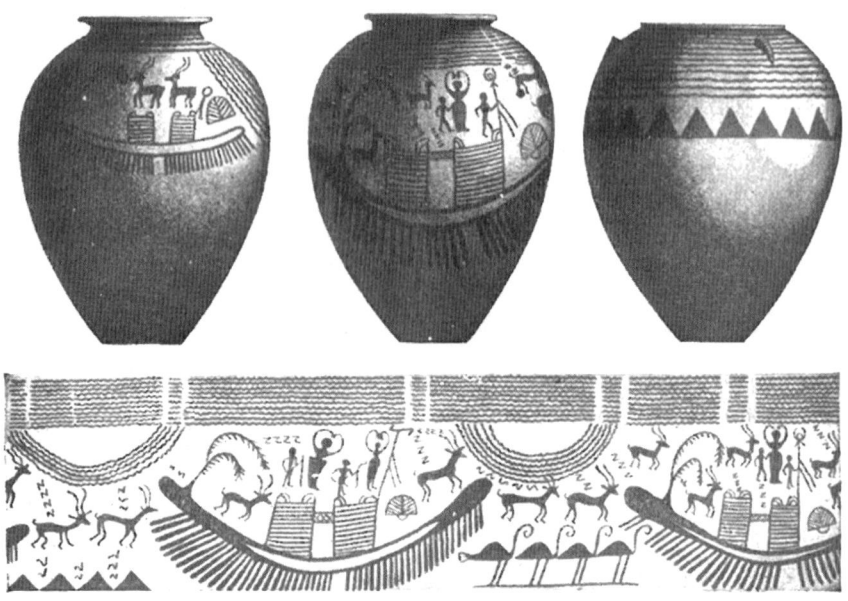

사진 10. 배, 동물, 남자, 여자 그림이 들어간 선왕조시대 도기(De Morgan, Origines, I, pl. X.)

 우리는 비옥한 나일 계곡에서 주로 농업에 종사하는 사람들 이외의 다른 사람들은 생각할 수 없다. 그리고 그들이 아득히 먼 선사시대에서 기원한 고대 종교를 가지고 농업인으로 역사시대에 출현한 사실, 그들의 상징과 외부로 표현된 것이 농사를 짓거나 목축을 하는 사람들의 소박한 상상력을 분명히 드러낸다는 사실은 모두 같은 결론에 이르게 한다. 정복되지 않은 나일의 정글에서 당시 동물들은 지금보다는 훨씬 풍부했을 것이다. 예를 들면 당시 사람들이 사용한 대량의 상아와 도기 위의 그림들은 코끼리가 여전히 그들과 함께 살았음을 보여 준다. 마찬가지로 기린, 하마, 세트(Set) 신으로 숭배된 생소한 오카피가 정글을 돌아다녔다. 물론 이 동물들은 나중에 모두 사라졌다. 그러므로 이 초기 사람들은 솜씨 좋은 어부이자 유능한 사냥꾼이었다. 그들은 활과 화살을 가지고 사자나 야생의 수소처럼 사막에서 가장 가공할 게임을 추구했다. 그들은 작고 가벼운 배에서 작살과 창으로 하마와 악어를 공격했다. 그리고 그들은 이 사냥 및 이와 비슷한 활동을 바위 위에 조잡한 낙서로 기념했는데, 이 낙서들은 나일 계곡에서 여전히 발견되고 있으며, 역사적으로 유명한 작품들에서는 볼 수 없는 풍화에 의해 갈색의 고색(古色)으로 덮여 있다. 따라서 그것들이 얼마나 오래된 것인지를 보여 준다.

그들의 산업은 초보적인 통상으로 귀결되었던 것 같다. 나일에서 사냥을 위한 작은 배 외에도 분명히 많은 수의 노를 저어 나아가고, 커다란 키로 방향을 잡은 것이 분명한 상당한 크기의 배를 건조했기 때문이다. 돛을 단 배는 드물었지만, 그렇다고 알려지지 않은 것도 아니었다. 배에는 출항지를 가리키는 것으로 보이는 깃발이 있었다. 왜냐하면, 그 가운데 사이스의 여신 네이트(Neit)[7]의 상징인 교차된 화살 같은 것이 있었기 때문이다. 한편 코끼리는 후의 엘레판티네 섬을 즉시 떠올리게 하는데, 엘레판티네는 이집트에서 코끼리가 멸종되기 전에 그곳에서 거래된, 남쪽에서 온 대량의 상아로 인해 유명해졌을 수도 있다. 이러한 깃발들은 지역사회의 깃발로, 어떤 경우에는 후에 상형문자로 표현된 표장들과 놀랄 만큼 비슷하다. 초기 선박에 그런 것이 보인다는 것은 선사시대에 그러한 공동체가 존재했음을 나타낸다. 그러므로 선사시대의 이러한 작은 국가들은 앞서 언급한 역사시대의 행정구역이나 분할된 영지에 아마도 그 흔적이 남아있어야 한다. 이 행정구역 또는 분할된 영지를 그리스인들은 노모스라 불렀는데, 노모스에 대해서는 종종 언급할 기회가 있을 것이다. 선사시대의 작은 국가들이 역사시대의 행정구역에 남아있는 것이 맞는다면, 아마도 상이집트에서는 나일강을 따라 약 20개 정도의 작은 국가들이 분포되어 있었다. 어쨌든 이들

---

[7] **[역주]** Neith로도 표기한다. 서부 삼각주 사이스에서 숭배되던 수호신이다.

은 벌써 상당히 변화한 성읍이 있는 문명의 단계에 있었다. 도시국가들은 바빌론(Babylon)에서처럼 족장이나 군주가 있고, 투박한 제단에서 숭배되는 지역의 신이 있었으며, 지류와 외진 곳에서도 사람을 끌어올 정도의 시장이 있었을 만큼 발전했을 것이다. 그러한 공동체들이 긴 과정을 거쳐 성장한 것은 다른 곳의 유사한 발전 상황으로부터 유추해 추정할 수 있을 뿐이다. 그러나 작은 왕국과 도시국가들이 마침내 통합된 것은, 바빌론에서와는 달리 역사시대에 이루어진 것은 아니다.

이 작은 국가들이 두 개의 왕국, 즉 삼각주에 위치한 왕국과 위쪽 계곡의 소국들로 이루어진 왕국으로 점차 병합된 과정에 대해서는 마찬가지로 결코 알 수 없을 것이다. 영웅과 정복자들에 대해, 전투와 정복에 대해서도 단서가 전혀 없고, 이 과정이 진행된 기간에 대해서도 사소한 증거조차 없다. 어쨌든 기원전 4000년 전에 대해서는 거의 결론을 내릴 수가 없다. 긴 선사시대의 마지막 시기에 등장한 두 왕국에 대한 지식은 이보다는 아주 조금 나은 편이다. 역사시대를 통틀어 삼각주는 삼각주 서쪽에 살았던 리비아인들의 침입에 개방되어 있었다. 이 경로로 사람들이 끊임없이 유입되어 서부 삼각주 지역은 뚜렷한 리비아의 특징을 보였는데, 이는 헤로도토스 시대까지도 보존되었다. 삼각주의 상황을 유적을 통해 알 수 있는 가장 이른 시기에, 파라오는 리비아의 침입자들과 투쟁하고 있었다. 그러므로 북부왕국이 리비아인에게서 비롯되지는 않았다 하더라도 북부의 초기 왕국은 리비아인의 왕조였을 가능성이 크다. 서부 삼각주에 있는 사이스는 이집트에서 리비아의 영향력을 보여 주는 중심지인데, 그곳의 신전은 '하이집트(삼각주) 왕의 집'이라는 명칭을 가지고 있었다. 그리고 리비아인들은 사이스의 주요 여신인 네이트의 상징을 팔에 문신으로 새기고 있었다. 그러므로 그곳은 삼각주의 리비아 왕의 초기 거주지였을 가능성이 있다. 아부시르(Abusir)[8]에 있는 사후레(Sahure)[9]의 피라미드 신전에서 최근 발견된 부조에서는 네 명의 리비아 족장들이 이마에 파라오가 쓰는 뱀 모양의 휘장을 달고 있다. 그러므로 이것은 삼각주의 초기 리비아 왕들로부터 파라오에게 전해져 내려왔을 것이다. 북부왕국은 문장(紋章)이나 상징으로 습지에 많이 자라서 그곳의 특징이 된 파피루스의 장식 술을 썼다. 왕 자신은 벌로 지칭되었고 머리에 색깔이든 모양이든 북부왕국 특유의 붉은 왕관을 썼다. 이 모든 상징은 후에 상형문자에 매우 흔하게 나타났다. 붉은색은 북왕국의 독특한 색깔이었고, 그곳의 국고(재무부서)는 '붉은 집'이라 불렸다.

불행하게도 삼각주는 나일강이 실어 온 진흙 퇴적층이 너무 깊이 쌓여서 초기 문명의 유적들이 우리의 시야에서 영원히 묻혀버렸다. 이 삼각주 문명이 아마도 위쪽 계곡의 문명보다 더 이르고 더 발전된 것이었을 것이다. 벌써 기원전 43세기에 삼각주의 사람들은 1년이 365일인 것을 알고, 해가 뜰 때 시리우스가 떠오르는 날을 시작일로 이 길이의 날짜 계산법, 즉 역법(曆法)을 도입했다. 일출 시에 시리우스가 뜨는 날은 기원전 4241년, 이 초기 천문학자들이 살았던 남부 삼각주의 위도에서 확정된 것이다. 그러므로 세계사에서 우리에게 최초로 고정된 날짜를 갖게 해 준 것은 삼각주의 문명이다. 역법의 발명과 도입은 당시 그 지역의 문화가 얼마나 발전했는지 보여 주는 놀라운 증거이다. 태고부터 유럽의 고대 그리스·로마 시대에 이르기까지, 고대의 어떤 나라도 태음력과 태양년이 너무 차이가 커서 생기는 불편함이 없는 역법을 생각해 내지 못했다. 태음력은 일정하지 않고 태양년을 똑같이 나누지도 않는다. 이 최초로 알려진 책력에서는 보완이 필요한 부분이 놀라우리만치 제대로 파악되어, 태음력은 버려지고 그것이 30일이라는 형식적인 달로 대체되었다. 역법을 고안한 사람들은 달력이 인위적

---

[8] [역주] 아부시르는 나일강 서안의 기자와 사카라 사이에 위치한다.
[9] [역주] 이집트 제5왕조의 파라오로, 사후레의 의미는 '레에게 가까운 자'이다.

인 고안물이어야 한다는 것을 처음으로 깨달은 사람들이었다. 그들은 그것을 자연으로부터 분리하여 다만 하루와 한 해(1년)의 개념만을 수용했다. 따라서 그들은 1년을 30일로 구성되는 12개의 달과 5일 동안의 성찬(聖餐) 기간으로 나누고, 한 해의 마지막에 끼워 넣었다. 1년은 해가 뜰 때 시리우스가 동쪽 지평선에 처음으로 뜨는 날부터 시작되는데, 우리 달력에서는 7월 19일이다.[10] 그러나 이 역년(曆年)[11]은 실제로 태양년보다 하루의 약 1/4 이 짧다. 그래서 4년마다 하루가 남게 된다. 따라서 이 역법으로는 천문년(태양년)보다 1,460년에 완전히 한 바퀴씩 한 번 더 돌게 된다.[12] 시리우스가 태양과 동시에 뜨는 것과 같은 천문학적인 사건이 이집트 역법으로 연대가 추정되면, 우리의 계산법에 따라 기원전의 연대 안에서 4년 범위로 날짜를 계산해 연대를 추정할 수 있다. 이미 이 까마득한 시대에 사용되었던 이

---

[10] 우리 달력은 율리우스력(Julian)을 의미한다. [역주] 율리우스력은 고대 로마의 정치가 율리우스 카이사르가 개정한 역법이다. 알렉산드리아의 천문학자인 소시게네스의 조언에 따라 카이사르는 태음력이 아닌 새로운 태양력을 만들어 1태양년의 길이를 365.25일로 했다. 1년은 2월을 제외하고 모두 30일이나 31일씩 12개월로 나누었다. 2월은 평년(365일)에는 28일, 4년(366일의 윤년)마다 29일이었다. 이 달력은 의견의 불일치로 인해 8세기까지 순조롭게 운영되지 않았다. 소시게네스가 1년의 길이를 11분 14초 길게 계산했기 때문에 1500년대 중반에 이르러서 이 오차가 축적되어 카이사르 시대와 비교하여 약 10일 정도 차이가 났다. 1582년 교황 그레고리우스 13세는 개정력 그레고리력을 선포하고, 10일을 조절하여 325년까지 복원시켰다. 1582년 이후 그레고리력이 사용되면서 율리우스력은 점차 사용되지 않았다.

[11] [역주] 역년은 전문용어로 1월 1일부터 12월 31일까지의 기간을 가리킨다.

[12] [역주] 태양년은 1년이 약 365일 6시간(실제로는 5시간 48분 46초)인데, 이집트인들은 1년을 365일로 계산하였으므로 천문년으로 1,460년은 이집트 달력으로는 1,461년이라는 뜻이다. 0.25일(6시간)×1460년=365일이다. 이처럼 달력이 실제로 천문력과 차이가 난 것에 대해서는 고대 이집트의 기록을 통해서도 알 수 있다. 클레이턴(2009:14)에 의하면 아메넴헤트 3세(기원전 1842-1797) 때의 한 비문은 왕의 재무장관이 터키석을 채취하기 위해 시나이를 방문했을 시기가 겨울의 세 번째 달이었는데, 실제 날씨는 한여름으로 그와 부하들이 '살갗을 태울 듯한 산'에서 몹시 고생했다고 적고 있다. 또한, 람세스 시대의 파피루스는 기원전 13세기에 "겨울이 여름에 왔으며, 달이 반대로 되었고 시간이 혼란에 빠졌다"라고 적고 있다.

놀랄 만한 역법은 당시 가장 편리한 역법으로 알려져 율리우스 카이사르가 로마로 도입했고, 로마인들에 의해 우리에게 전해졌다. 그래서 이 역법은 6천 년이 넘는 기간 동안 중단되지 않고 사용됐다. 우리는 기원전 43세기에 살았던 삼각주 왕국 사람들의 덕을 보고 있는 셈이다. 달력은 이런 면에서 로마인들의 손을 통해 불규칙한 수정을 거친 후보다 30일씩 12개월이라는 훨씬 더 편리한 형태로 그들에게서 남겨졌다.

상이집트 왕국은 삼각주의 왕국보다 더 이집트다운 특색을 지니고 있었다. 수도는 현재의 엘 카브(El Cab)인 네케브(Nekheb)였다. 깃발 또는 상징은 백합이었고, 또 다른 남부의 식물이 왕의 표장으로 쓰였다. 왕은 크고 하얀 왕관으로도 구분되었는데, 흰색은 남왕국의 색이었다. 남왕국의 국고는 따라서 '하얀 집'으로 알려졌다. 네케브로부터 강을 가로질러 건너편에 네켄(Nekhen)이라 불린 왕의 거주지가 있었는데, 훗날의 히에라콘폴리스(Hieraconpolis)이다. 이와 대응되는 곳으로 북왕국에서는 페(Pe)라 불린 부토(Buto)의 교외지역이 있었다.[13] 두 수도는 각기 수호성녀 또는 수호여신이 있었다. 북왕국에는 뱀의 여신 부토(Buto)가, 남왕국에는 독수리 여신 네크베트(Nekhbet)가 있었다. 그러나 두 곳 모두에서 매의 신 호루스(Horus)[14]가 두 왕의 뚜렷한 수호신으로 숭배되었다. 당시 사람들은 내세를 믿었으므로, 현세와 똑같은 생활용품이 필요했다. 그들의 묘지는 상이집트에 있는 사막의 가장자리를 따라 넓게 분포되어 있다. 최근 수천 기의 무덤이 발굴되었다. 무덤은 대개 바닥이 평평한 타원형 또는 직사각형의 구덩이로, 구덩이

---

[13] [역주] 수도였던 부토의 교외지역인 페가 북왕국에서 왕의 거주지였다는 뜻이다.
[14] [역주] 호루스는 고대 이집트 신으로 이집트의 신 중에서 다양화된 모습으로 등장한다. 보통 매의 머리를 한 남성으로 표현되나, 호루미오스라고 불릴 때는 사자의 외관을 취하며, 하르마키스라고 불릴 때는 스핑크스의 모습으로 등장한다. 호루스는 대기와 불을 상징한다.

그림 3. 선왕조시대 무덤

안에는 사체(死體)가 '쭈그리거나' '태아의' 자세로 구부린 채 옆으로 누워 있다(그림3). 초기 무덤에는 사체가 가죽에, 나중에는 직물에도 싸여 있었는데, 사체를 방부처리한 흔적은 없다. 사체 밑에는 흔히 골풀로 엮은 깔개가 깔려 있다. 종종 사체의 손에 또는 가슴께에 얼굴 화장을 위해 재료를 갈기 위한 점판암 팔레트가 놓여 있고, 초록색의 공작석이 작은 자루에 담겨 그 근처에 놓여 있다.[15]

그밖에 몸단장이나 장식을 위한 용품도 있었고, 내세에서의 망자(亡者)를 위한 재 또는 유기 물질, 남은 음식, 마실 것, 화장 크림이 들어있는 도기나 석기들이 빙 둘러 놓여 있었다. 망자가 몸단장이나 신상에 필요한 물건들뿐만 아니라 사냥으로 고깃간을 채울 수 있도록 부싯돌로 만든 무기나 끝부분이 뼈로 된 작살도 있었다. 또한, 망자가 필요로 할 것 같은 물건을 진흙으로 만들어 모형으로 함께 넣어주기도 했는데, 이 가운데 특히 배(舟)도 있었다. 구덩이는 때로 나뭇가지들로 대충 덮여 있었고, 그 위를 사막의 모래와 자갈 더미가 덮고 있어 그럭저럭 무덤의 형태를 갖췄다. 나중에 무덤 안쪽은 햇볕에 말린 조악한 벽돌로 내부가 발라졌다. 때때로 반구형의

---

[15] **[역주]** 고대 이집트에서는 여성뿐 아니라 남성도 공작석을 잘게 부순 푸른색 가루를 눈꺼풀에 발랐다. 이집트는 한낮에 내리쬐는 태양 빛이 매우 강렬한데, 푸른색 아이섀도가 직사광선을 좀 더 부드럽게 만들면서 눈을 보호해주었다고 한다. 또한, 공작석에는 살충제에 사용하는 강한 독성을 지닌 탄산동이 들어있어 눈병을 전염시키는 파리의 접근을 막기도 했다고 한다. 『색깔의 수수께끼』(2006) 참조.

거대한 도기가 구덩이 안에 놓인 사체 위에 엎어져 놓여 있었다. 이 무덤들은 우리가 선왕조시대를 연구할 때 이용할 수 있는 그 시대의 유일한 자료이다. 사후세계의 신들에게 간청하기 위해 쓴 기도문과 불가사의한 제문은 결과적으로 관습적이고 전통적인 글의 형식을 갖게 되었다. 이러한 무덤에 쓰인 글의 단편들이 천년 후 왕조시대인 제5왕조와 제6왕조의 피라미드에 사용된 것이 발견되었다. 제6왕조의 왕인 페피(Pepi) 1세는 덴데레(Dendereh) 신전을 재건축하면서 그 지점에 선왕조시대 왕들의 성소(聖所)의 도면을 재현하고 있다고 주장했다. 그러므로 선왕조시기에 그런 종류의 신전은 분명히 존재했다.

물질문화의 모든 기초가 일찍이 갖추어졌으므로 그 시대의 사람들은 문자체계도 발전시켰다. 역법의 발견과 사용에 필요한 계산법은 기원전 4천년대의 마지막 수 세기 동안 글자가 사용되었음을 보여 준다. 이것은 또한, 거의 천년 후 제5왕조의 서기(書記)들이 북왕국의 왕의 명단을 아마도 남왕국의 왕의 명단과 함께 필사할 수 있었다는 사실에 의해서도 알 수 있다(사진24). 우리가 언급한 무덤에 쓰인 글은 똑같은 방식으로 옮겨 적지 않았다면 천 년 동안이나 보존되지 못했을 것이다. 북왕국과 북왕국의 왕, 국고를 표기하는 데 쓰인 상형문자는 왕조시대의 첫 번째 왕과 함께 갑자기 생겨난 것은 아니고, 제1왕조가 건립되기 훨씬 전부터 사용되었을 것이다. 왕조 초기에 흘려 쓴 필체가 존재한 것도 이 문자체계가 당시 막 생겨난 것은 아니라는 결정적인 증거이다.

기원전 3400년 전에 사라진, 북부와 남부 왕국의 옛 왕들의 업적에 대해서 우리는 아무것도 모른다. 그들의 무덤은 지금껏 발견되지 않았는데, 이 사실이 당시의 기록물 가운데 글이 쓰인 기념물이 부족한 이유를 말해 준다. 당시의 기록물들은 모두 왕조시대의 것조차 문자가 쓰이지 않은 가난한 계층의 무덤에서 얻은 것들이다. 삼각주의 왕 가운데 세카(Seka), 카유

(Khayu), 테시(Thesh) 같은 7명의 이름만이 전해진다. 그러나 남왕국에서는 전갈(Scorpion)을 제외하고는 단 한 명의 왕의 이름도 전해 내려오지 않았다. 전갈은 초기 시대의 얼마 안 되는 유적에 등장하는데, 남부 왕국의 강력한 지도자 가운데 한 사람의 이름으로 여겨져 왔다.[16] 그 왕가가 사라진 지 약 800년 후, 왕의 명단을 작성한 제5왕조의 서기들은 왕들의 이름만을 알았던 것으로 보인다. 그들은 왕들의 업적 중 어떤 것도 기록하지 못했다. 아니면 적어도 기록하지 않았다.[17] 북부와 남부 왕국의 왕들은 전체적으로 '호루스(Horus)의 숭배자'로 후손들에게 알려져 있다. 오랜 시간이 지나자 그들은 반쯤 신화적인 인물이 되었다. 점차로 반신(半神)의 속성이 부여되어서 신들의 왕조를 계승한 반신(半神)이자, 초기에 이집트를 지배한 위대한 신들로 여겨졌다. 초기 왕조에 알려진, 죽은 왕으로서의 본래 특성이 그들을 인간인 왕이 즉위하기 전 나라를 다스렸던 죽은 신들과 동족으로 여겨지게 했다. 마네토의 역사적인 작품에서는 그들은 단지 '죽은 사람들'로 등장한다. 이처럼 그들의 진정한 역사적인 특성은 마침내 완전히 방향을 돌려 비현실적인 신화로 녹아 들어갔다. 북왕국과 남왕국의 고대 왕들은 자신들이 한때 지배했던 수도에서 숭배되었다.

길고 완만히 이루어진 전국적인 통합의 다음 단계는 북부와 남부의 통일이었다. 그리스 시대에도 이집트에서 여전히 통용된, 두 왕국이 메네스라 불린 왕에 의해 통일되었다는 내용의 전설은 초기 유적들에 의해 완전히 입증되었다. 이 메네스라는 인물은 그보다 앞선 '호루스의 숭배자들' 모습만큼이나 모호하고 알기 어려웠고, 그가 틀림없는 현실이 된 지도 몇 년밖에 되지 않았다. 그리고 그는 마침내 역사 속으로 발을 내디뎌 우리가 검토해야 할

---

[16] 또 다른 이름이 팔레르모 비석과 메텐(Methen)의 무덤에 기록되어 있을지도 모른다. I, 166을 참조하라.
[17] I, 90.

파라오들의 긴 행렬의 선두에 서 있다. 메네스는 능숙한 전사이자 에너지 넘치는 행정가였음이 틀림없다. 그는 남왕국의 자원들을 잘 수집해서 삼각주를 침략하여 정복할 수 있었고 두 왕국을 한 나라로 통일함으로써 여러 세기 동안 진행됐던 중앙집권화의 긴 과정을 마무리했다. 그의 출신 도시인 티니스는 아비도스 인근에 있는 잘 알려지지 않은 곳으로, 그가 거주하기에는 새 왕국의 중심지와 그리 가깝지 않았다. 메네스가 큰 댐을 건설하여 멤피스 부지 위쪽에서 나일강 줄기의 방향을 돌려 그곳에 도시를 위한 공간을 확보했을 것이라는 헤로도토스의 이야기는 믿을 만하다. 이 성채는 아마도 당시 아직 멤피스라 불리지 않았을 것이다. 그것은 흰 왕국과 관련해 아마도 '하얀 벽'으로 알려졌을 것이고, 흰 왕국의 권력을 상징했을 것이다. 만일 우리가 헤로도토스 시대로부터 전해온 말을 믿는다면, 메네스가 자신이 세운 새 나라를 통치한 것은 두 왕국 사이의 경계에 적당히 위치한 이곳에서였을 것이다. 그는 무기를 또한 북(北)누비아에 대항해 남쪽으로 옮겼다.[18] 당시 북누비아는 제1폭포 아래의 에드푸 노모스 지역까지 북쪽으로 세력을 뻗었었다. 마네토의 전설에 따르면 메네스는 오랜 기간 통치했으며, 그의 위대한 업적에 대한 명성은 우리가 보아온 것처럼 사라지지 않았다. 그는 상이집트에 묻혔다. 그의 출신지인 티니스 근처의 아비도스나 그 위쪽으로 조금 떨어진 네가데(Negadeh)라는 지금의 마을 근처에 묻혔을 것으로 보이는데, 이곳에 아마도 그의 것일 수 있는 벽돌로 지은 거대한 무덤이 여전히 있기 때문이다. 이 무덤과 아비도스에 있는 그의 후계자들의 비슷한 무덤에서 그의 통치에 관한 기록이 적힌 기념물이 발견되었다. 독자들은 첨부한 그림에서 그의 이름이 들어간 왕의 장신구 한 점을 볼 수 있다. 이것은 이 고대 이집트 국가의 시조가 그의 몸에 부착하고 있었던 것이다(사진 11).

---

[18] Newberry-Garstang, History, 20(미출판 근거자료로부터).

사진 11. 메네스의 이름이 들어간 골드 바(기원전 3400년)
문자가 새겨진 최초의 보석류. 하스켈(Haskell) 박물관

이 까마득한 원시왕조 시기의 왕들은 몇 년 전만 해도 단순한 일련의 이름들에 불과했지만, 이제는 더 이상 그렇지 않다. 비록 우리가 결코 그들을 구별할 수 있는 개성을 가진 존재로 파악할 수 없더라도 우리는 적어도 왕들로서의 그들의 삶과 환경에 대해 많이 알고 있다. 그들은 그들 시대의 산물과 구분 없이 잘 섞인다. 그들이 한결같이 사용한 휘장은 이제 통일 왕국으로 수용되었다. 왕이 가장 좋아하는 칭호는 '호루스'였다. 이 칭호로 자신을 한때 왕국을 지배했던 위대한 신의 계승자로 인식했다. 왕실의 문서든 도장이든 곳곳에 매의 신 호루스가 왕권의 상징으로 등장했다. 호루스는 아마도 왕궁이었을 건물의 정면을 나타내는 직사각형 위에 그려져 있고, 직사각형 안에는 왕의 공식 이름이 쓰여 있었다. 통치자의 또 다른 개인적인 이름은 북부의 벌과 남부 왕의 식물 뒤에 기록되어서, 그가 당시 두 개의 칭호를 모두 차지했음을 나타냈다. 이 두 상징과 함께 종종 남왕국의 수도인 엘 카브의 독수리 여신 네크베트가 북왕국 수도의 뱀의 여신 부토와 나란히 등장했다. 당시의 조각품에는 수호신 독수리가 날개를 활짝 펴고 왕의 머리 위를 선회하고 있다. 그러나 왕은 여전히 자신이 원래 상이집트의 왕이라고 인식했기 때문에 나중에 가서야 북왕국의 신성한 뱀 모양 휘장을 이마에 썼다. 이와 유사하게 세트(Set)는 때때로 왕의 개인적인 이름 앞에서 호루스와 함께 등장한다. 북왕국과 남왕국을 대표하는 두 신은 신화대로 영토를 나누어 가졌는데, 이것은 뒤에서 논의할 기회가 있을 것이다. 군주는 두 왕국의 왕관을 쓰고 있었고, 종종 '이중 군주'라고 불렸다.

이처럼 그는 통일 이집트에 끊임없이 통치력을 미쳤다. 성대한 의식에 왕이 어떤 상태로 등장하는지 살펴보면, 네 명의 기수가 왕의 앞에 가고, 재상, 개인 시종들, 서기, 부채를 든 두 사람이 그를 수행한다. 왕은 상이집트의 흰 왕관이나 하이집트의 붉은 왕관을 쓰거나 심지어 두 왕국의 왕관을 흥미롭게 결합한 왕관을 쓰고, 한쪽 어깨 위에 걸쳐 있는 끈으로 매달은 단순한 옷을 걸쳤다. 옷 뒤쪽에는 사자의 꼬리가 붙어있었다. 그는 그렇게 차려입고 그렇게 시중을 받으며 승리의 개선의식을 지휘했다. 또는 수로의 개통식(사진12)이나 공공사업의 시업식을 지휘했다. 왕세자로서 아버지에 의해 왕국의 상속자로 임명된 지 30주년 기념일에, 왕은 '세드(Sed) 축제'라 불리는 성대한 축제를 거행했다.[19] 세드는 '꼬리'를 의미한다. 아마도 30년 전 임명되면서 왕실 사자의 꼬리가 된 것을 기념하는 것인 듯하다. 그는 힘센 사냥꾼이었다. 하마를 죽인 것 같은 업적이 자랑스럽게 기록되어 있다. 살펴보겠지만 그의 무기는 호화롭고 정교했다. 그의 여러 개

사진 12. 왕이 새 수로를 착공하고 있다
초기 왕조 시기(퀴벨로부터, *Hieraconpolis*, I, 26c, 4)

---

[19] **[역주]** 흔히 헤브세드 축제(Heb-Sed festival)라고 하는데, 왕의 재위 30주년을 기념해 축제를 열고 그 뒤 3년마다 개최했다. 메네스 왕이 시작한 것으로 전해진다. 축제의 진행 과정을 살펴보면, 왕이 여러 신에게 제물을 바친 후 먼저 상이집트의 흰 왕관을 쓰고 다음에는 하이집트의 붉은 왕관을 썼다. 그리고 동물의 꼬리가 뒤에 달린 짧은 치마를 입고 4번에 걸쳐 의식을 진행했으며, 마지막으로 대규모 행렬을 이끌고 호루스 신과 세트 신을 경배하는 신전으로 갔다.

의 궁전은 각각 이름이 있었고, 왕실의 땅에는 정원과 포도밭이 있었다. 포도밭도 이름이 있었고 포도밭에서 나오는 수입을 책임지고 있는 관리들이 정성 들여 운영했다. 그러한 궁전의 가구는 이처럼 까마득히 먼 옛날에도 화려하고, 훌륭한 예술적 특성을 보여 주었다. 그 가운데에는 약 18가지 또는 20가지의 다양한 돌과 특히 설화석고로 정교하게 만들어진 그릇이 있었다(사진13). 심지어 섬록암같이 가공하기 어려운 재료로 만든 훌륭한 주발은 반투명해질 정도로 얇게 갈아서 만들어졌다. 천연의 재료로 만들어졌음을 보여 주는, 무색의 수정으로 만든 단지는 비할 데 없이 정밀한 솜씨로 조각되었다. 한편 도기는 아마도 석기의 완벽함 때문인지 선왕조시대의 것보다 부족했다. 덜 튼튼한 가구는 대부분 썩어 없어졌지만, 상아를 박아 넣은 흑단나무 수납함, 상아로 다리를 황소 다리 모양으로 화려하게 조각해 만든 의자(스툴)는 조각조각으로 보존되었다(사진14). 광택제는 이제 전보다 더 능숙하게 사용되었고, 윤을 낸 장식판과 상아 명판(名板)이 제작되었다. 구

사진 13. 설화석고 그릇
제1왕조(피트리, *Royal Tombs*에서)

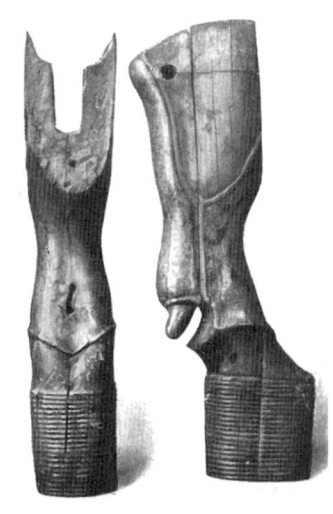

사진 14. 상아로 조각한 의자 다리
초기 왕조 시기. 베를린 박물관

사진 15. 구리 그릇
제1왕조 (피트리, *Royal Tombs*에서)

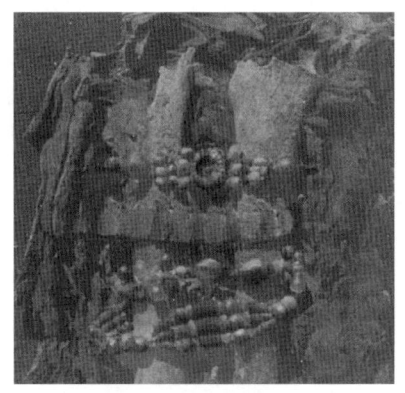

사진 16. 여성의 팔에 부착된 팔찌 네 개
제1왕조 유물. 피트리가 아비도스에서 발견했다. 카이로 박물관(67쪽 참조)

리 세공인은 구리로 정교하게 세공한 주발, 세면용 물항아리, 다른 그릇들을 궁전에 공급했다(사진15). 그는 구리로 된 뛰어난 도구들을 생산함으로써 석기의 제작이 완성되도록 실질적으로 도왔다. 금 세공인은 고도의 기술과 세련된 미적 감각으로 왕의 옥체와 왕실의 여자들을 위해 금과 보석으로 화려한 휘장(徽章)을 만들었다(사진11, 16).[20] 이를 위해서는 금속을 매우 섬세하게 땜질해야 하는데, 이 과정이 현대의 장인들조차 부끄럽게 여기지 않을 정도의 기술로 이루어졌다. 숙련공이 만든 제품이 탁월한 경지에 이르자 그것들은 예술작품으로서의 가치를 보여 주었고, 우리는 선왕조시대의 투박한 조각물과 그림들이 이제 전문적인 예술성을 분명히 보여 주는 부조와 조상(彫像)으로 발전했음을 발견한다. 왕들은 신전, 특히 히에라콘폴리스에 있는 호루스 신전에, 안정되고 숙련된 솜씨를 보여 주는 부조가 들어있는 예식용 점판암

---

[20] 사진16의 팔찌에는 자수정과 터키석이 금에 박혀 있다. 윗부분에는 정교한 솜씨로 만든 금으로 된 장미꽃 모양의 장식이 있다. 골드바(사진11)의 용도는 알려져 있지 않다.

사진 17. 화려한 조각이 새겨진 의식용 점판암 팔레트
히에라콘폴리스 신전에 (제1왕조) 나르메르 왕이 봉헌했다. 각주 22, 63쪽을 참조하라. (퀴벨, *Hieraconpolis*, I, 29)

팔레트, 전곤,[21] 그릇(사진17)을 바쳤다.[22] 인간과 동물의 형상에는 눈부신 자유와 활기가 표현되어 있어, 예술을 그 자체로 인식한 지 오래되었고, 여러 세기 동안 원시인들의 순박한 노고와는 거리가 멀었음을 보여 준다. 제3왕조 무렵에는 문명화된 삶의 관습이 이러한 예술에 어두운 그림자를 드리웠다. 비록 사실적인 스케치의 마무리와 힘은 히에라콘폴리스의 점판암의 그것을

---

[21] **[역주]** 전곤(戰棍)은 곤봉 모양으로 생긴 무기이다.
[22] 사진17은 이러한 최고의 팔레트의 양면을 보여 준다. 맨 윗줄(왼쪽)에서 왕의 뒤에는 샌들을 나르는 사람이 뒤따르고, 4명의 기수와 재상이 왕의 앞에 가고 있다. 왕은 쓰러진 적들의 목이 잘린 시체를 세심하게 살펴본다. 가운뎃줄에는 불확실한 의미의 괴상한 동물 두 마리가 그려져 있다. 맨 아랫줄에는 황소인 왕이 도시를 에워싼 성벽을 깨뜨리고 그의 적을 짓밟고 있다. 다른 쪽(오른쪽)은 왕이 쓰러진 적을 내리치는 모습을 보여 준다. 매의 신 호루스로서 그는 또한 북왕국을 나타내는 밧줄을 입에 문 머리인, 포로를 데리고 가고 있다. 맨 아래는 쓰러진 적들이다.

훨씬 능가하는 수준에 도달했지만, 옛날의 자유분방함은 사라졌다. 히에라콘 폴리스의 카세켐(Khasekhem) 왕의 눈부신 조상(사진 18-19)에서는 고왕국의 예술을 지배했던 엄격한 규범을 이미 분명히 식별할 수 있다.

사진 18. 두 각도에서 본 카세켐 왕의 두상
초기 왕조 시기 (퀴벨, *Hieraconpolis*, I, 39)

사진 19. 사진 18에 머리가 실린 카세켐 왕의 조각상
초기 왕조 시기 (상동).

고대 왕들이 묻혀 살았던 이 모든 화려함의 잔해는 피트리에 의해 보존됐다. 피트리는 가장 성실하고 헌신적인 노력을 쏟아부어, 아비도스에 있는 그들의 무덤으로부터 이 잔해를 건져냈다. 이러한 무덤들은 선왕조시대 사람들이 사체를 매장했던 구덩이로부터 자연스럽게 발전한 결과이다. 구덩이는 이제 정교해지고 커졌으며 직사각형 모양이 되었다. 가장자리를 벽돌

로 발랐고 또한 나무로 한 번 더 가장자리를 바른 경우도 빈번했다. 빙 둘러 놓여 있던, 음식과 음료가 들어있는 단지들은 가운데에 있는 방이나 구덩이를 둘러싼 작은 방들로 발전했다. 무덤이 너무 자주 약탈되고 훼손되어서 사체가 발견된 적은 한 번도 없지만(사진20-23), 가운데에 있는 방이나 구덩이에는 분명히 사체가 놓여 있었을 것이다. 무덤의 천장은 굵은 목재와 널빤지로 되어있었는데, 아마도 모래더미로 덮여 있었을 것이다. 묘의 동쪽 앞에는 왕의 이름이 쓰여 있는 두 개의 크고 좁은 석비(石碑)가 세워져 있었다. 한쪽의 벽돌 계단을 걸어 내려가면 중앙의 방으로 들어갈 수 있었다(사진21). 왕의 몸단장을 위한 가구, 주발, 단지, 그릇 일습, 금속으로 된 장식용 병, 세면용 항아리, 개인 장신구 등 사후세계에서 왕의 위엄을 유지하는 데 필요한 모든 것이 무덤 속에 그의 사체와 함께 놓았다. 중앙의 방을 둘러싼 보다 작은 방들에는 풍부한 음식과 포도주가 거대한 도기 단지들에 담겨 있었다. 단지들은 나일강의 진흙과 밀짚을 섞어 만든 거대한 원뿔로 막혀 있었고, 희미하기는 하지만 왕의 이름이나 그 음식들의 산지인 땅과 포도밭의 이름이 찍혀 있었다. 왕의 땅 일부에서 나오는 식량과 포도주로 번 수익은 무덤의 영구적 소득으로 전환되었다. 이 소득은 죽은 왕, 왕의 가족과 추종자들의 식탁을 영구히 유지하는 데 쓰였는데, 100 또는 200기에 달하는 이들의 무덤은 왕의 무덤 근처에 모여 있었다. 이렇게 해서 그는 죽어서도 그의 여자들, 경호원, 심지어 한가한 시간에 춤으로 자신을 즐겁게 해 주었던 난쟁이를 포함한 생전의 동반자들에 의해 둘러싸여 있었다. 그들은 모두 이승에서 그를 둘러쌌던 상태가 저승에서도 계속될 수 있게 그들의 군주 옆에 잠들어 있다. 내세의 삶을 적절히 유지하기 위한 이집트 상류층의 세심한 준비는 이렇게 일찍부터 시작되었다.

사진 20. 벽돌로 벽을 바르고 바닥은 나무로 만든 에네지브(Enezib) 왕의 묘실
(제1왕조, 아비도스, 피트리, *Royal Tombs*, I, 66, I로부터)

    왕가의 망자가 영원히 살 곳을 만들려는 욕망은 건축 예술의 발전에 강력한 영향을 미쳤다. 우리는 벌써 제1왕조 시기 왕의 무덤 중 하나인 우세파이스(Usephais)의 무덤 바닥이 화강암으로 되어있는 것을 발견한다. 제2왕조 말기의 카세켐위(Khasekhemui)[23] 왕의 무덤에서는 벽돌 방들이, 표면을 대충 다듬은 석회석으로 지어진 방을 둘러싸고 있다. 이것은 인류 역사에서 가장 이른 석조 건축 구조물로 알려져 있다(사진23). 아마도 그의 아버지였을 그의 전임자는 이미 석조 신전을 건축했고, 이 일을 중요한 일[24]로 기록했다. 카세켐위 왕 자신은 히에라콘폴리스에 신전을 지었는데, 신전의 화강암 문설주가 여전히 남아있다.

---

[23] [역주] 제2왕조 마지막 파라오로 알려져 있다. 카세켐위는 '두 강력한 자가 나타나다 (The two powerful ones appear)'를 뜻한다.

[24] I, 134.

사진 21. 우세파이스 왕의 벽돌 무덤
제1왕조, 아비도스 (피트리, *Royal Tombs*, II, 56, 5로부터)

사진 22. 음식과 음료가 담긴 봉인된 단지들
제1왕조 메르네이트(Merneit)의 무덤, 아비도스
(피트리, *Royal Tombs*, I, 38, 7로부터)

사진 23. 세계 최초의 석조 구조물
제2왕조, 카세켐위 왕묘의 석회석 묘실, 아비도스 (피트리, *Royal Tombs*, II, 57, 5로부터)

 숙련된 명장(名匠)과 건축가(수많은 왕실의 건축가들이 이미 궁전에 소속되어 있었다)의 이 같은 작품은 나라가 질서 있고 고도로 조직된 국가였음을 가리킨다. 그러나 국가의 성격에 대해서는 우리가 확보한 빈약한 자료로는 알 수 있는 것이 거의 없다. 정부에서 왕의 가장 중요한 보좌관이나 각료는 재상이었던 것으로 보인다. 우리는 그가 국가의 의식에서 왕을 시중드는 것을 보아왔다. 우리가 나중에 다룰 사법부의 역할을 하는 귀족인 관리들이, 북왕국과 남왕국 왕의 거주지인 페와 네켄에 소속되어 이 초기 왕조들에도 벌써 존재했다. 이 같은 사실은 잘 조직된 사법 행정과 사법 업무체계를 갖추었음을 의미한다. 재무 관리들도 있었다. 왕의 무덤에 납부한 자연의 생산품에서 그들의 인장이 발견되었는데, 진흙으로 만든 단지의 마개 위에 찍혀 있었다. 분명히 그러한 행정에 속하는 서기의 회계장부 단편이 아비도스의 왕의 무덤에서 발견되었다. 정기적으로 지급되는 소득이 있는 이 무덤의 기금은 질서 있고 효율적인 재무 조직이 있었음을 의미한다. 이 재무조직에 속하는 '공급 사무소' 같은 사무소 몇 곳이 인장에 언급되어 있다. 이 국가 부서(재무조직)는 옛 북왕국과 남왕국의 두 국고인 '붉은 집'과 '하얀 집'을 합친 것일 뿐이다. 우리는 왕의 무덤에 있는 인장 가운데 '왕의 자산 중 붉은 집의 포도밭'이라 표기된 것을 볼 수 있다. 분명히 두 왕국의 합병은 오로지 왕의 신상에만 일어난 일이었다. 그러나 '붉은 집'은 곧 사라졌다. 이중 행정은 전문 용어의 하나이자 이론이 되었을 뿐이다. 남왕국의 '하얀 집'이 통일 왕국의 유일한 국고로 이집트의 역사 내내 존재했다. 초기 국고의 이러한 역사는 두 왕국의 행정기관의 통합이 느리게 진행되었고 따라서 메네스가 완성할 수 없었음을 우리에게 알려 준다. 아마도 땅은 모두 왕의 소유지였을 것이고, 왕이 귀족 계급에 위탁했을 것이다. 바로 뒤이은 시기에서처럼 이러한 귀족들이 경영한 광대한 사유지가 있었다. 그러나 그들이 어떤 조건으로 땅을 관리했는지는 현재로서는 알 수 없다. 숙련공과 상인의 자유인 계급을 있을 수 있는 예외로 보면, 사람들은 이러한 사유지의 노예였을 것이다. 그들은 또한 햇볕에 말린 벽돌로 지은 두꺼운 벽의 보호를 받는 도시 안에서 지방 통치자의 지배하에 살았다. 당시의 주요 도시들로는 수도였던 엘 카브와 부토가 있었고, 왕의 거주지였던 네켄, 즉 히에라콘폴리스와 페가 있었다. 또한, 멤피스의 전신인 '하얀 벽', 첫 두 왕조의 출신 도시인 티니스, 근처의 아비도스, 헬리오폴리스(Heliopolis), 헤라클레오폴리스와 사이스가 있었다. 이보다 덜 중요한 여러 도시는 제3왕조에 등장한다.

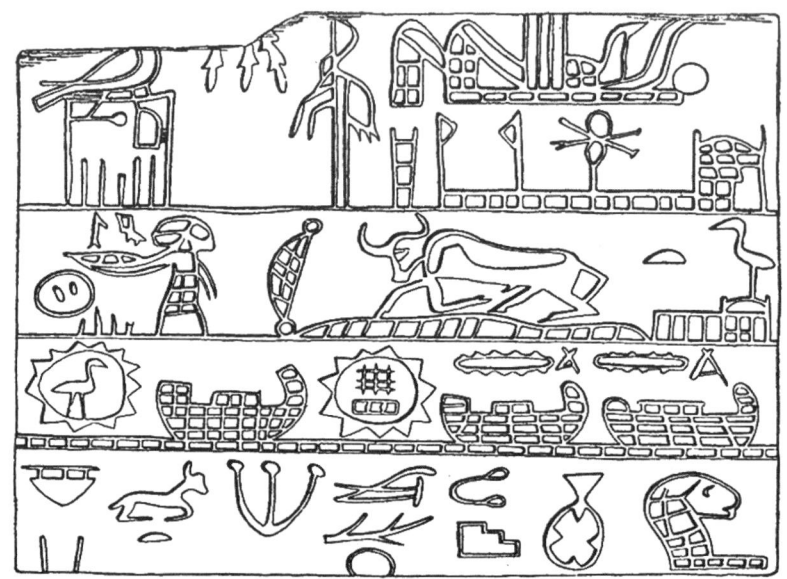

그림 4. 기원전 3400년 아비도스의 제1왕조 메네스의 흑단나무 서판(書板)
최초의 상형문자로 알려진 것 중 하나이다. 맨 윗줄 왼쪽에는 메네스 왕실의 매가 있다. 오른쪽에는 네이트 여신의 상징이 있는 제사실이 뜰 안에 있고, 그 위에 배가 한 척 있다. 두 번째 줄 왼쪽에는 왕이 '호박금'(금은 합금)이라 표기된 그릇을 들고 '네 번' 제주(祭酒)를 따른다. 오른쪽에는 불사조가 있는 사당 앞 울타리 안에 황소가 잡혀 있다. 세 번째 줄은 배, 마을, 섬이 있는 나일강이고, 네 번째 줄은 난해한 고대 상형문자이다.

2년마다 왕실 재산의 '계산 작업(numbering)'이 국고의 관리들에 의해 전국적으로 이루어졌다. 이 '넘버링'은 연대 계산을 위한 불완전한 기준이었다. 왕의 통치 연도는 '첫 넘버링의 해', '첫 넘버링의 다음 해', '두 번째 넘버링의 해' 등으로 불렸다. 보다 이른 방법은 그 해에 발생한 중요한 사건을 따라 연도를 지칭하는 것이었다. 예를 들면 '혈거인(Troglodytes)을 쳐부순 해'

와 같았다. 이 방법은 초기 바빌로니아에서도 발견되었다. 그러나 '넘버링'이 마침내 해마다 행해지게 되자 그들은 연도를 나타내기 위해 보다 편리한 기준을 만들었다. 연도를 해마다 세게 된 것은 서기들로 하여금 자체적으로 연도를 세던 것을 그만두게 한 것으로 추정된다. 이 같은 공식 연도와 함께 계절을 따르는 역년(曆年)이 분명히 있었다. 그리고 태음년[25]이 존재한 것으로 보이지는 않지만, 태음월이 신전에의 납부와 다수의 상거래의 기준으로 계속 사용되었다. 물론 이 같은 통치와 행정 제도는 문자체계가 없이는 이루어질 수 없었다. 우리는 정교한 상형문자(그림4)와 회계 서기가 빠르게 쓴 초서에 모두 문자체계가 사용된 것을 발견한다. 문자체계는 벌써 전체 음절이나 자음군을 나타내는 음성기호뿐 아니라 알파벳(자모) 기호도 갖추고 있었는데, 각각의 자모가 하나의 자음을 나타냈다. 따라서 진정한 자모가 다른 민족보다 2500년 앞서서 이집트에서 발견된 것이다. 이집트인들이 습관에 덜 얽매인 사람들이었다면, 그들은 BC 3500년에 음절 부호를 버리고 24자로 된 자모를 썼을 것이다. 초기 왕조의 자료는 아주 태고의 문자로 쓰여 있어서 우리가 확보한 당시의 빈약하고 단편적인 자료 다수가 여전히 해독되지 않는다. 그렇기는 하지만 그 문자는, 후대에 특유의 성스러움과 효율성을 갖추었다고 여겨진 의학과 종교적인 텍스트를 기록한 수단이었다. 해마다 주요행사들도 그 해의 명칭 밑에 몇 줄로 기록되었다. 이렇게 해서 왕이 통치한 모든 연도와 그가 얼마나 오랫동안 통치했는가를 다룬 연대기가 제작되었다. 이 연대기의 작은 단편만이 파괴되지 않았는데, 이것이 그 유명한 팔레르모 비석[26]으로, 현재 팔레르모 박물관에 있어서 그렇게 불린다(사진24).[27]

---

[25] **[역주]** 태음년은 태음력에서의 1년으로 약 354일이다.
[26] I, 76-167.
[27] 비석 조각의 앞면을 사진24에서 볼 수 있다. 첫 줄 다음의 각 직사각형은 한 해를

벌써 국가 종교 형태가 형성되고 있었고, 이 형태로만 알려져 있다. 일반 민중의 종교는 거의 또는 아예 흔적이 남아있지 않다. 후대 왕조에서조차 일반 민중의 종교에 대해서는 거의 알아내지 못해 영구히 기록할 만한 것이 거의 없었다. 메네스 시대의 왕실 신전은 여전히 단순한 구조였다. 윗가지를 엮어 만든 벽을 가진, 나무로 지은 사당이나 제사실 같았다(그림4). 신전 앞에는 울타리로 에워싸인 마당이 있었고, 마당 안 깃발에는 신의 상징이나 표장이 들어가 있었다. 울타리 앞에는 한 쌍의 장대가 있었는데, 아마도 역사시대에 신전의 입구에 세워진 돌로 만든 한 쌍의 오벨리스크의 전신일 것이다. 그러나 앞에서 살펴보았듯이 제2왕조의 후반기에는 석조 신전이 지어졌다.[28] 왕들은 신전의 설계도를 작성한 것이나 땅을 측량하고 착공할 때 사업의 시업식을 감독한 것에 대해 빈번히 연대기[29]에 기록했다. 위대한 신들은 후대에 친숙한 신들이었다. 간략하게 언급해 보면, 우리는 특히 오시리스(Osiris),[30] 세트, 호루스, 아누비스(Anubis),[31] 토트(Thoth),[32] 소카

나타낸다. 각 줄 위의 공간에는 그 연도들에 해당하는 왕의 이름이 쓰여 있다. 앞면에는 선왕조시대 왕들(윗줄)과 제1왕조에서 제3왕조까지 기록되어 있고 제5왕조까지 이어지는 나머지는 뒷면에 기록되어 있다. [역주] 팔레르모는 이탈리아에서 가장 큰 섬이자 자치주인 시칠리아(영어: 시실리)의 주도이다.

[28] I, 134.
[29] I, 91-167.
[30] [역주] 오시리스는 사후세계의 신이다. 세트와는 형제지간으로 호루스의 아버지이다. 제4장을 참조하라.
[31] [역주] 죽음의 신이다. 재칼의 머리를 지닌 인간의 모습으로 묘사되었다. 그의 주된 관심은 장례식과 시체의 보호였다. 그는 시체에 향을 넣어 부패를 막는 기술의 발명자로 알려졌으며, 오시리스의 시체에 처음으로 이 기술을 썼다고 한다. 세트의 아들로 알려져 있지만, 실제로는 오시리스의 아들이다. 그리스·로마 세계에서는 가끔 그리스 신화의 헤르메스와 합성되어 헤르마누비스라는 이름으로 불렸다.
[32] [역주] 이집트 종교에서 달의 신이었으나 나중에 계산의 신, 일반적으로는 학문의 신이 되었다. 따오기의 머리를 가진 사람의 모습으로 묘사되었다. 필기법을 발명했고 사회질서를 만들었으며, 지식, 과학, 언어, 시간, 달의 신으로, 신들의 자문역할을 했다. 지상에 있는 태양신 레의 대변자로 여겨졌다.

사진 24. 팔레르모 비석
선왕조시대부터 사본이 제작되던 시기인 제5왕조 중간기까지 초기 왕들의 연대기 사본 파편.
45쪽, 46쪽, 138쪽 참조

르(Sokar),[33] 민(Min), 프타(Ptah)[34]의 형상인 아피스(Apis)[35]를 알고 있다. 여신 가운데에는 하토르(Hathor)[36]와 네이트가 단연 유명하다. 이 가운데 몇몇은 호루스처럼 분명히 북왕국과 남왕국 이전의 선사시대 왕국의 수호신이었다. 따라서 매우 먼 시대로 거슬러 올라간다. 선왕조시대와 마찬가지로 호루스는 통일 왕국의 가장 위대한 신으로, 훗날의 레(Re)가 가졌던 그 위치를 차지했다. 히에라콘폴리스에 있는 호루스의 신전은 특히 사랑을 받았다. 2년마다 열린 '호루스의 숭배'라 불리며 그를 기렸던, 오래된 축제는 왕실의 연대기[37]에 정기적으로 기록되었다(사진24). 그러므로 왕들은 호루스의 계승자로서 '호루스의 숭배자'의 전통을 중단 없이 이어나갔으며, 자신들이 그 (호루스)의 계승자라고 여겼다. 티니스 왕실에서 왕위가 계속 이어진 동안은 호루스의 숭배는 정성 들여 지켜졌다. 그러나 멤피스의 왕실에서 제3왕조를 잇게 되자 이 전통은 점차 무너지고 잊혔다. 물론 고왕국에서처럼 성직자의 직무는 평신도들에 의해 유지되었고, 이들은 나중에 네 개의 교단과

---

[33] [역주] 고대 이집트의 신. 소카리스라고도 한다. 매의 머리를 한 인간상으로 표현되어 이미 B.C. 3000년경의 초기왕조시대부터 숭배된 죽은 자의 신이었다. 고왕국시대에는 프타와, 중왕국시대에는 오시리스와 동일시되어 각각 프타—소카르, 프타—오시리스라 불렸다.

[34] [역주] 이집트 종교에서 우주의 창조자, 만물의 제조자, 장인들, 특히 조각가들의 수호자이다. 원래 이집트 제1왕조 때부터 수도인 멤피스의 지역 신이었다. 멤피스가 정치적으로 중요했기 때문에 프타 숭배는 이집트 전역으로 퍼져 나갔다. 신성한 황소 아피스는 멤피스에 있는 거대한 프타의 신전에 거처를 두고 있었고, 신과 사람 사이의 중재자로 불렸다.

[35] [역주] 아피스(Apis, Hapis, Hapi-ankh)는 고대 이집트 멤피스지역에서 숭배되던 성스러운 소이다. 아피스 소에 대한 숭배는 제2왕조 때부터 시작된 것으로 보인다. 아피스는 이집트 전역에 있는 소 중 특별한 무늬를 기준으로 선별되었으며, 소가 죽으면 성대한 장례의식을 치러 주고 같은 무늬가 있는 소를 다시 찾아 부활한 아피스로 모셨다.

[36] [역주] 고대 이집트 종교에서 창공의 여신이다. 그리스 사람들은 하토르를 그들의 여신 아프로디테와 동일시했다.

[37] I, 91-167.

종족으로 나뉘었다.

첫 두 왕조가 통치한 4백 년 넘는 기간은 끊임없이 활발하게 성장이 이루어진 기간이었음이 틀림없다. 그와 같은 발전이 이루어진 처음 2백 년간 메네스의 뒤를 이은 일곱 명의 왕 가운데 우리는 미에비스(Miebis)와 우세파이스 두 명만을 확실히 확인할 수 있다. 그러나 우리는 이 4백 년 넘는 기간 동안 통치했던 18명의 왕 가운데 12명의 당시 기념물을 확보했다. 그들이 직면한 첫 번째 어려움은 북왕국과의 화해와 북왕국을 더 큰 국가와 완전히 통합하는 것이었다. 우리는 행정에서 두 왕국이 어떻게 구분되었는지 보아왔고 통일은 단지 개인적인 결합이었다고 넌지시 언급했다. 왕좌에 오른 왕들은 '두 땅의 통일'이라 불린 축제를 기념했다.[38] 각 왕의 통치 기간의 첫 번째 연도는 이 축제를 따라 특징지어지고 명명되었다. 그들의 의식에 신선하게 비친 이 통일은 처음에는 충분히 이루어지지 못했다. 북왕국은 지속적으로 반란을 일으켰다. 왕조시대 초기쯤 생존한 것으로 보이는 나르메르(Narmer)[39] 왕은 반항하는 서부 삼각주의 리비아인 노모스들을 징벌해야 했다. 그는 '120,000명'에 달하는 포로를 잡았다. 이 업적은 한 지역 전체의 추방과도 관련되었던 것 같다. 그곳에서 그는 또한 자그마치 '1,420,000마리의 작은 가축과 400,000마리의 큰 가축'을 약탈했다. 그는 히에라콘폴리스의 신전에, 의식에 쓰이는 전곤의 뭉툭한 윗부분과 훌륭한 솜씨의 점판암 팔레트(사진17)를 남겼는데, 두 유물 모두에 그의 승리를 기념하는 장면이 들어가 있다. 나중에 네테리무(Neterimu) 왕은 셈레(Shemre)의 북부 도시들 및 '북부의 집'을 공격했다.[40] 제3왕조 시기에는 카세켐 왕이 북

---

[38] I, 140.
[39] **[역주]** 클레이턴(2009:20)은 나르메르와 메네스가 동일 인물일 수 있다고 보았다. 상하이집트가 통일된 연도도 기원전 3100년으로 추정했다.
[40] I, 124.

부와의 전쟁으로 자신의 한 통치 연도를 '북부와 싸워서 처부순 해'라고 명명할 수 있었다. 이 전쟁에서 그는 '47,209명'의 저항세력을 포로로 잡았다. 그는 똑같이 히에라콘폴리스의 호루스 신전에서 승리를 기념하고, 포로의 수가 새겨진 훌륭한 자신의 조각상 두 개(사진18-19)[41] 외에도 그의 이름과 승리를 거둔 연도의 이름이 적혀 있는 설화석고로 만든 장식용 병[42]을 신전에 바쳤다. 그 이후의 신화에서는 두 왕국의 지속적인 통합 과정을 오시리스의 덕으로 돌렸다.[43]

북부에 취해진 심한 조치로 인해 북부의 경제는 심각하게 타격을 받았겠지만, 나라 전체는 대체로 점점 더 번영을 누리게 되었다. 왕들은 끊임없이 새로운 토지의 경계를 정했고, 새 궁전과 신전, 요새를 지었다. 관개수로의 개통(사진12)이나 멤피스 위쪽의 메네스가 만든 벽과 같은 공공사업은 먼 옛날임에도 그저 감탄할 수밖에 없는 공학 기술과 고도의 행정 구상을 보여 줄 뿐 아니라 그들이 나라의 경제자원에 대해 우려했음을 보여 준다. 그들은 또한 우리가 아는 해외에서의 최초의 사업을 추진할 수 있었다. 세메르케트(Semerkhet) 왕은 일찍이 왕조시대에, 아마도 제1왕조 때에 시나이반도의 구리 생산지인 와디 마가라(Wadi Maghâra)에서 채굴사업을 추진했다. 그의 원정은 그 먼 옛날에도 벌써 그 지역에 살던 야만족 베두인의 약탈에 노출되었다. 그는 와디의 바위에 부조로 그들을 처벌한 것을 기록했다(그림5).[44] 제1왕조의 우세파이스도 그곳에서 비슷한 군사행동을 했었던 것 같다. 그가 같은 종족(베두인)에 대항해 승리를 거둔 것에 대해 기념물을 남겼기 때문이다. 상아 명판에 새겨 넣은 장면에서 그는 자신이

---

[41] Hierac. I, pl. XXXVI-VIII.
[42] Ibid., pl. XXXIX-XLI.
[43] Louvre Stela C. 2.
[44] Weill, Rev. Arch., 1903, II, p. 231; and Recueil des Inscr. Égypt. du Sinai, p. 96.

그림 5. 세메르케트왕(제1왕조). 시나이의 베두인을 내리치고 있다.
시나이의 와디 마가라 바위의 부조로, 그곳의 가장 이른 기념물이자 최초의 대형 조각물로 알려져 있다. (Weill, 시나이)

무릎을 꿇게 한 원주민을 때려눕히고 있다(사진25). "동쪽 사람들을 처음으로 쳐부수었다"라는 비문도 함께 새겨져 있다. '처음 있는' 사건이라고 명시한 것은 당시의 왕들이 이 야만인들을 징벌하는 것이 통상적인 일이었고, 따라서 당연히 '두 번째로 발생할' 것을 예상하고 있었음을 가리킨다. 팔레르모 비석[45]에 기록된 제1왕조 시기 사람들과 동일인들인 혈거인들을 쳐부순 것은 분명히 미에비스 왕의 통치 기간 내에 발생한 일이다. 사실 이 시기 왕들이 먼 곳의 종

사진25 우세파이스 왕의 상아 명판
(제1왕조) '동쪽사람'을 내리치고 있다. 맥그리거(Macgregor) 소장품

---

[45] I, 104.

족들과 외교 관계를 유지했다는 증거가 있다. 이들의 무덤에서는 이집트의 것이 아닌 독특한 도기 파편이 발견되었다. 이 파편들은 미케네 문명 이전 시기 북지중해 섬 주민들이 만든 화려한 에게 문명의 도기들과 아주 비슷하다. 만일 이 도기가 최초의 매장 시기에 이 무덤들에 놓였다면 기원전 3000년대에 이집트와 북지중해 주민 사이에 상거래 관계가 있었던 것이다. 동쪽에서의 공격적인 외교 정책과 북부에서의 이러한 외교 관계 외에, 서쪽의 리비아인들을 저지하기 위해 이따금 군사행동이 필요했다. 나르메르는 히에라콘폴리스의 신전에 그들에게 거둔 승리를 기념하는 상아 원통[46]을 두었는데, 이 승리는 우리가 이미 언급한, 나르메르가 서부 삼각주의 리비아인 노모스를 처벌한 것과 분명히 연관되어 있다. 남쪽의 제1폭포 지역에서는 제1왕조의 우세파이스 왕이 화강암을 확보할 목적으로 원정을 계속했고, 화강암은 아비도스에 있는 그의 무덤의 묘실 가운데 한 곳을 포장하는 데 쓰였다. 제6왕조 시기까지 이웃한 동부 사막의 혈거인들로 인해 제1폭포 지역에서의 채석장 운영은 위험했다.

이렇게 이 강력한 티니스 왕가는 점차 화려하고 풍부한 문화를 가진 활기찬 국가를 건설했고, 나라 안팎에서 힘을 결집했다. 남아있는 기념물이 부족하기는 하지만, 우리는 고왕국으로 곧 등장할 위대한 국가가 점차 형태를 갖추는 것을 볼 것이다. 이 초기의 파라오들은 우리가 살펴본 대로 아비도스나 그 근처에 묻혔다. 그들의 무덤 가운데 아홉 기는 알려졌다. 그들이 세상을 떠나고 천 년 후, 왕국을 세운 사람들의 이 무덤들은 방치되고 잊혔다. 기원전 20세기에 제르(Zer) 왕의 무덤이 오시리스의 무덤으로 잘못 알려졌다.[47] 현대에 발견되었을 때 제르 왕의 무덤은 도기 파편으로

---

[46] Hierac. I, pl. XV. No. 7.
[47] I, 662.

이루어진 산 밑에 묻혀 있었는데, 이 파편으로 이루어진 산은 수 세기 동안 오시리스의 숭배자들이 그곳에 바친 공물로 생긴 유적이다. 무덤의 정당한 입주자들은 오래전에 그들의 안식처에서 찢겨 나갔다. 탐욕스러운 시신 모독자들이 금과 보석으로 무거워진 그들의 팔다리를 몸에서 비틀어 떼어 갔다. 도둑 중 한 명이 무덤의 벽 안쪽의 공간에 건조된 제르 왕비의 팔을 숨겼던 것 같다. 팔을 꼭꼭 싸맨 옷감 안에 화려한 표장이 그대로 남아있었다(사진16). 우리에겐 다행스럽게도 아마 강도가 말다툼하다 살해되어 약탈한 물건을 되찾으러 다시 돌아오지 못했을 수도 있다. 그렇게 왕비의 팔은 그곳에서 발견되었고, 1902년 잘 훈련된 피트리의 작업반이 그에게 고스란히 전달했다.

제2권

고왕국

04 초기 종교

고대인의 삶 속에서 종교만큼 그들의 모든 활동에 속속들이 영향을 미친 힘은 없었다. 종교가 주는 상상력은 고대인에게 주변 세상을 설명해 주고, 종교가 주는 두려움은 그를 시시각각 지배했다. 종교가 주는 희망은 그에게 변함없는 조언자의 역할을 해 주었고, 종교를 위한 축제는 날짜를 계산할 수 있게 해 주었다. 외부로 드러난 종교의 관습은 대체로 예술, 문학, 과학의 점진적인 발전을 위한 교육이자 원동력이었다. 모든 초기 인류와 같이 이집트인이 신을 본 것은 주위 환경에서였다. 나무와 샘, 돌, 언덕의 꼭대기, 새, 동물은 자신과 같은 피조물이거나 그가 지배할 수 없는 이상하고 초자연적인 힘에 홀린 존재였다. 자신 주변의 모든 것에 생명을 준 많은 영혼 가운데, 일부는 그가 달래줄 수 있고 그를 도와주고 보호해 줄 준비가 되어있는 그의 친구들이었다. 반면 잔꾀를 부리고 교활한 일부는 그가 가는 길 주변에 몸을 낮추고 있다가 질병과 전염병으로 그를 공격할 기회를 노리고 있었다. 주위의 이 같은 사악한 존재가 다가오면 그는 자연히 마음속으로 불행을 설명하려 했다. 그러한 영혼들은 일정한 지역의 거주자들에게만 알려진 지역적인 것이었고, 그 영혼들을 위해 봉사하고 그들을 달래려는 노력은 가장 겸손하고 가장 원시적인 성격을 띠었다. 그러한 숭배의식 가운데 고왕국시대의 것에 대해서는 거의 아무것도 알 수 없지만, 제국시기의 이 순진하고 오랫동안 잊힌 세계에 대해서는 대충 들여다볼 수 있다. 이집트인은 자기 주변 지역을 그러한 영혼들로 채웠을 뿐 아니라, 자신 위의 하늘, 발밑의 흙까지 모두 설명하려 했다. 단조롭고 때로는 웅대하기까지 한 좁고 길게 뻗은 계곡에 오랜 세월 갇혀 지냄에 따라 그들의 상상력은 제한되었다. 그리스의 아름다운 경관이 그리스인들에게 그토록 정교한 상상력을 불어넣었지만, 이집트인들은 자연계에 의해 그처럼 감동받을 수 있는 마음의 소양도 없었다. 우리가 앞장에서 간단히 살펴본 초기 문명이 생겨난 선사시대에, 나일 계곡의 양치기와 농부들은 하늘에서 머리를 서쪽에 두고 둥근 천장을 좌우로 가로지른 채 서 있는 거대한 소를 보았다. 땅은 소의 앞발과 뒷발 사이에 놓여 있었고, 별이 총총 박혀 있는 소의 배는 둥근 하늘이었다. 또 다른 지역의 사람들은 거대한 여성의 형상을 볼 수 있었다고 상상했다. 여성은 발을 동쪽에 딛고 땅 위로 엎드린 자세로 팔을 먼 서쪽에 뻗어서 팔로 몸을 지탱하고 있었다. 다른 사람들에게 하늘은 네 모퉁이에 있는 기둥이 받치고 있어 땅 위에 높이 떠 있는 바다였다. 이 같은 공상이 지역적인 믿음에서 벗어나 다른 공상과 접촉하게 되면, 다른 것과 섞여서 매우 복잡해진다. 태양은 하늘이 암소인가 여성인가에 따라 매일 아침 송아지나 어린 아이로 태어났다. 그리고 태양은 천상의 배를 타고 하늘을 가로질러 서쪽까지 항해했다. 그러고는 노인이 무덤으로 비틀거리며 걸어 들어가듯이 내려갔다. 태양의 동료처럼 보이는 매가 높이 비상하는 것은 사람들로 하여금 태양이 바로 그 매로서 매일 하늘을 가로질러 비행하는 것이라고 믿게 했고, 햇무리는 매가 날개를 펼친 것으로 그들 종교의 가장 흔한 상징이 되었다.

그림 6. 하늘의 암소
많은 정령들이 암소의 다리를 떠받치고 있다. 가운데에는 대기의 신 슈(Shu)가 암소를 떠받치고 있다. 별을 품은 하늘인, 암소의 배를 따라 머리에 햇무리를 쓴 태양신의 천상의 배가 항행하고 있다.

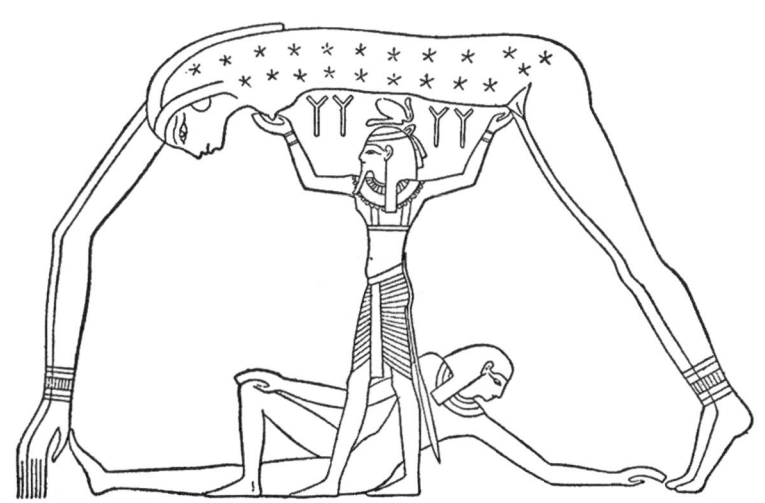

그림 7. 하늘의 여신
여신의 몸에 별이 박혀 있다. 대기의 신 슈가 그녀를 떠받치고 있다. 그녀 아래로 대지의 신 게브가 엎드려 있다.

땅은, 즉 그들이 알고 있듯이 좁고 긴 계곡은 그들의 원시적인 공상에서는 엎드려 있는 사람으로, 그의 등에서 식물이 자라고 짐승들이 돌아다니고 사람이 살았다. 만일 하늘이 바다이고, 태양과 별들이 매일 서쪽으로 그 위를 항해하는 것이라면, 그들이 되돌아갈 수 있는 물길이 틀림없이 있을 것이다. 즉 땅 밑에는 동굴로 이어진 길고 어두운 통로를 따라 흐르는 또 다른 나일강이 있어, 천상의 배가 그 강을 통해 밤에 항해하여 이른 아침 동쪽에서 다시 나타났다. 이 땅속 시내는 제1폭포에서 나일강과 연결되어 있다. 그곳의 두 동굴에서 그들에게 생명을 주는 강물이 흘러나왔다. 이 신화를 만든 사람들에게 세상은 제1폭포에서 끝이 났고, 폭포 너머로 그들이 아는 전부는 거대한 바다였음을 알 수 있다. 이 바다 역시 남쪽에서 나일강과 연결되어 있고, 강은 다시 북쪽의 바다로 되돌아간다. 그들이 '커다란 원'[1]이라 부른 이 바다가 그들의 땅을 둘러쌌기 때문이다. 이 같은 생각은 바다를 오케아노스(Okeanos), 즉 대양(大洋, Ocean)이라 부른 그리스인들에게서 비롯된 것이다. 처음에는 이 대양만이 존재했다. 그런데 곧 그 위에서 알이 나오고, 일각에서는 꽃이라고도 했는데, 그 속에서 태양신이 나왔다. 태양신은 슈(Shu), 테프누트(Tefnut), 게브(Geb),[2] 누트(Nut) 네 자식을 보았다. 그들은 아버지와 함께 혼돈(混沌)의 대양 위에 누웠다. 대기(大氣)를 대표하는 슈와 테프누트가 게브와 누트 사이에 끼어들었다. 그들은 발을 게브 위에 딛고, 누트를 위로 높이 들어 올렸다. 그래서 게브는 땅이 되고 누트는 하늘이 되었다. 게브와 누트는 오시리스(Osiris), 이시스(Isis), 세트(Set), 네프티스(Nephthys) 네 신의 아버지와 어머니가 되었다. 그들은 자신들의 태고의 아버지인 태양신과 함께 아홉 명의 신의 세계를 형성했다. '아

---

[1] II, 661.
[2] [역주] 원서에는 케브(Keb)로 되어있다. 게브가 주로 사용되어 게브로 표기한다.

홉 신'의 신전은 후에 각각 지역적인 형태를 보이게 되었다. 아버지, 어머니, 아들로서의 원시 신들의 상관관계는 후대의 신학에 지대한 영향을 미쳤다. 결국, 각 신전이 인위적으로 만들어낸 이차적 기원의 '3신'을 소유하게 되었으며, '아홉 신'은 당시 3신 위에서 생겨났다. 천지창조에 관한 이 이야기의 다른 지역 버전도 퍼졌다. 그 가운데 하나는 다음과 같다. 레(Re)가 왕으로서 한동안 지상의 사람들을 다스렸는데, 사람들이 레를 반대하여 음모를 꾸몄다. 그래서 레는 여신인 하토르(Hator)를 보내 사람들을 죽이라고 했다. 그렇지만 결국 후회하고 계략을 써서 여신이 인류를 멸종시키지 못하게 했다. 여신이 사람들 일부를 죽인 후였다. 그리고 나서 하늘의 암소는 레를 자신의 등 위에 올려놓았고 레는 은혜를 모르는 지상 사람들을 버리고 하늘에서 살았다.

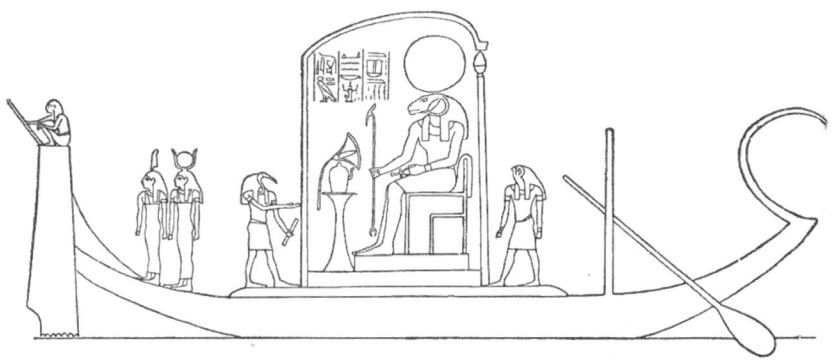

그림 8. 태양신의 천상의 배
양의 머리를 한 신이 머리에 햇무리를 이고 예배실 왕좌에 앉아 있다. 따오기 머리를 한 그의 재상 토트가 어전에 서서 지상의 왕에게 하듯 그에게 말하고 있다.

땅, 대기와 하늘의 신들 외에, 지하세계인 어둠의 통로가 자신들의 영역인 신들도 있었다. 이 어둠의 통로를 따라서 땅속의 시냇물이 태양을 서쪽에서 동쪽으로 실어다 주었다. 초기 신앙에 의하면 이곳에는 죽은 사람들이 살았고, 그들의 왕은 오시리스였다. 그는 지상에서 태양신을 이어 왕이 되었고, 그의 충실한 여동생이자 아내인 이시스의 도움을 받아 다스렸다. 인간의 보호자로, 공정한 지배자로 사랑받았던 그는 자신의 형제인 세트의 간계에 속아서 살해되었다.[3] 천신만고 끝에 이시스는 왕의 주검을 손에 넣었고, 지하세계의 옛 신 가운데 하나인 아누비스[4]의 도움을 받아 장례 치를 준비를 했다. 아누비스는 재칼의 신으로 그 후 시체의 방부 처리 신이 되었다. 죽은 남편의 시신 위로 당시 그녀가 내는 주문이 너무 강력해서 시신은 소생했고, 팔다리를 다시 쓸 수 있게 되었다. 비록 세상을 떠난 신이 이승의 삶을 다시 시작할 수는 없지만, 살아있는 왕으로서 의기양양하게 이승의 삶을 물려주고 지하세계의 군주가 되었다. 이시스는 나중에 아들 호루스를 낳았다. 그녀는 아버지의 복수를 할 수 있도록 삼각주에 있는 접근이 어려운 늪지에서 몰래 그를 키웠다. 성년이 되자 젊은이는 세트를 뒤쫓았고, 뒤이어 땅의 끝에서 끝까지 맹렬히 이어진 위험한 전투에서 양쪽 모두 끔찍한 불구가 되었다. 그러나 세트가 패배했고, 호루스는 승리하여 아버지의 이승에서의 왕좌를 차지했다. 그러자 곧 세트가 신들의 법정에 가서 호루스의 출생에 오점이 있어서 왕좌를 차지할 자격이 없다고 고소했다. 학문의 신 토트(Thoth)가 변호하여 호루스는 정당성이 입증되었고, '진실을 말하

---

[3] [역주] 세트는 오시리스를 죽이기 위해 연회를 열어 여흥이 무르익었을 때, 호화로운 관을 내오게 해서 누구든 관의 크기에 맞는 몸을 지닌 손님에게 관을 선물하겠다고 말했다. 다들 들어가 누워보지만, 몸에 맞지 않았고, 누군가 오시리스에게도 들어가 보라고 권했다. 오시리스가 아무런 의심도 하지 않고 관에 들어가자마자 세트는 재빨리 관 뚜껑을 닫고 봉하여 강에 버렸다. 이렇게 오시리스를 죽이고 세트는 파라오가 되었다.

[4] [역주] 이시스의 여동생 네프티스는 세트와 결혼했지만, 오시리스를 좋아해서 깜깜한 밤에 오시리스가 자신을 언니인 이시스로 착각하게 해서 아이를 가졌고, 그렇게 해서 출산한 아들이 아누비스이다. 후에 네프티스는 이 사실을 이시스에게 털어놓았고 이시스는 네프티스를 용서했다. 네프티스는 남편이 오시리스를 해친 것을 알고, 이시스가 오시리스의 시신을 찾는 것을 적극적으로 도왔다.

고' '승리를 거두었다는' 선고를 받았다. 또 다른 이야기에 의하면 정당성이 입증된 것은 오시리스 자신이었다.

이러한 설화나 공상에 등장하는 모든 신이 신화적 인물 이상이 된 것은 아니다. 그들 중 다수가 신화적 인물로만 전해 내려와서 신전도 없고 숭배의 형상도 없었다. 그들은 단지 민간 설화 또는 결국 신학적 존재에 불과했다. 다른 신들은 이집트의 위대한 신이 되었다. 맑은 하늘이 계속되고 비는 거의 볼 수 없는 땅에서 변함없는 태양의 광채는 두드러진 사실이므로, 태양은 사람들의 사고와 일상생활에서 가장 높은 위치를 차지했다. 태양의 숭배는 거의 보편적이었지만, 숭배의 중심지는 그리스인들이 헬리오폴리스라 부른 삼각주 도시인 온(On)이었다. 이곳에서 그는 천체인 태양 자체를 뜻하는 레로 알려져 있기도 하고, 서쪽으로 비틀거리며 내려가는 노인처럼 노쇠한 태양의 이름인 아툼(Atum)으로 알려져 있기도 했다. 또한, 그의 이름인 케프리(Khepri)는 상형문자로 풍뎅이와 함께 쓰여 있는데, 젊은 생기를 지닌 떠오르는 태양을 가리켰다. 그는 두 척의 배를 가지고 하늘을 가로질러 항해했다. 한 척은 아침을 위한 배, 다른 한 척은 오후에 쓸 배였다. 그가 이 배로 지하세계로 들어가 동쪽으로 되돌아갈 때는 육체가 없는 주민들에게 빛과 기쁨을 가져다주었다. 헬리오폴리스의 신전에서 그의 존재를 상징하는 것은 오벨리스크였다. 반면 그는 그를 숭배하는 또 다른 오래된 중심지인 나일 상류의 에드푸에서는 호루스란 이름하에 매로 등장했다.

시간을 계산할 수 있게 해 주는 달은 계산의 신, 학문의 신, 지혜의 신을 탄생시켰다. 그를 숭배하는 중심지는 슈문(Shmûn)에 있었다. 그리스인들은 그를 헤르메스(Hermes)와 동일시하여 그곳을 헤르모폴리스(Hermopolis)라고 불렀다.[5] 그는 따오기와 동일시되었다. 하늘의 여신 누트는 신화적인 역할만

---

[5] [역주] 헤르메스는 그리스 신화에서 과학, 웅변, 상업 등의 신이다. 헤르모폴리스는

을 지속했지만 그래도 전국적으로 숭배되었다. 하늘의 여신은 여성 및 여성의 사랑과 기쁨의 상징이 되었다. 덴데레의 고대 사당에서 그녀는 암소 여신 하토르였고, 사이스에서는 즐거운 네이트였다. 부바스티스(Bubastis)에서 그녀는 고양이의 형태로 바스트(Bast)로 등장했다.[6] 한편 멤피스에서는 그녀의 온화한 모습은 사라지고 그녀는 폭풍과 공포의 여신인 암사자가 되었다. 오시리스 신화는 사건들과 특성이 너무 인간적이어서 그의 숭배가 급속도로 널리 퍼져 나갔다. 이시스는 여전히 주로 신화 속 인물로 남아있었지만, 그녀는 아내와 어머니의 전형이 되었고, 사람들은 이에 대해 즐겨 이야기했다. 호루스 역시 본래 태양의 신화에 속하고 오시리스와 아무 관계도 없지만, 사람들에게 그는 효자(孝子)의 자질을 구체화한 존재였다. 그리고 사람들은 그를 통해 끊임없이 정당한 대의가 결국에는 승리하는 것을 보았다. 이집트인의 삶에서 오시리스 숭배가 갖는 막대한 영향력에 대해서는 사후의 신앙을 논의하면서 더 언급할 기회가 있을 것이다. 오시리스의 원래 집은 삼각주에 위치한, 그리스인들이 부시리스(Busiris)라고 부른 데두(Dedu)에 있었지만, 상이집트에 있는 아비도스가 일찍부터 특유의 성스러운 곳이라는 평판을 얻었는데, 오시리스의 머리가 그곳에 묻혀 있기 때문이다. 오시리스는 항상 붕대로 꼭꼭 싸매고 파라오로서 왕위에 오른 모습으로 나타나거나, 선사시대부터 이어져 내려온 숭배의 대상인 그저 이상한 기둥으로 등장했다. 이집트 초기의 위대한 신 가운데 하나였던 멤피스의 프타를 자연 신의 집단에 넣을 수는 없다. 프타는 공예가, 발명가, 미술가의 후

헤르메스의 도시라는 의미인데, 그리스인들은 이집트 신 토트를 헤르메스와 동일시하여 토트 신을 믿는 도시를 헤르모폴리스라고 불렀다.

[6] [역주] 부바스티스(Bubastis)는 나일강 삼각주에 있던 이집트의 고대 도시로, 지금의 Tall Bastah이다. 이곳의 영주 셰숀크 1세(BC 945~924 재위)가 파라오가 되었을 때 번영의 절정기에 이르렀다. 이 도시의 신은 고양이 모양의 머리를 한 바스트였으며, 그 축제일은 이집트에서 가장 흥청거리는 술잔치가 벌어지는 날이었다.

원자였다. 그의 대사제는 항상 궁전의 최고 미술가였다. 이집트의 주요 신들은 위와 같았다. 많은 다른 중요한 신들이 이 신전 혹은 저 신전의 주인이 되었지만, 여기서 우리가 한 마디라도 그들에 대해 언급할 수 있는 것은 없다.

이집트인들이 이 신들에게 부여한 겉모습이나 상징들은 가장 단순한 성격의 것으로, 이러한 신들이 탄생한 시대의 원시적 소박함을 보여 준다. 그들은 오늘날의 베두인 원주민들과 같이 지팡이를 가지고 있거나 여신들은 갈대 줄기를 휘두른다. 그들의 왕관은 갈대를 짜 만든 것이거나 타조의 깃털 한 쌍 또는 양의 뿔이다. 그러한 시대에 사람들은 자주 자신들을 둘러싼 주위의 많은 동물에게서 그들 신의 모습을 보았다. 이러한 신성한 짐승들에 대한 숭배는 그 같은 숭배가 없어질 것으로 기대하게 되는 문명이 고도로 발전한 시기까지 유지되었다. 그러나 우리가 흔히 고대 이집트와 관련짓는 동물숭배는 사교(邪敎)로서 늦은 시기의 산물이며, 고대 이집트 역사가 끝날 무렵인, 나라의 쇠퇴기에 등장했다. 우리가 다루려는 시기에 그것은 알려져 있지 않았다. 예를 들면 매는 태양신의 신성한 동물이었다. 그렇게 살아있는 매는 신전에 자리가 있었을 것이고, 다른 애완동물에게도 아마 그러했듯이 거기서 먹여 주고 친절하게 보살펴 주었을 것이다. 그러나 매는 숭배되지 않았고, 훗날처럼 정교한 의식의 대상도 아니었다.[7]

좁고 길게 뻗은 계곡에서 초기 이집트인들의 신앙은 지역마다 크게 다를 수밖에 없었다. 예를 들면 태양을 숭배하는 중심지들이 많았지만, 태양 신전이 있는 각 도시는 그들의 태양신을 다른 지역의 신과 다른 특별한 신이라고 여겼다. 마치 현재 이탈리아의 많은 도시에서 특별한 마돈나를 다른 시의 처녀와 결코 동일시하지 않는 것과 같다.[8] 상거래와 행정 교류가 정치

---

[7] Erman, Handbuch, p. 25.

적 통일에 의해 늘어남에 따라, 서로 모순되고 공존할 수 없는 신앙은 더는 지역에만 머무를 수 없었다. 이 신앙들은 얽히고설킨 복잡한 신화로 융합되었다. 여기에 대해서는 이미 몇 가지 사례를 언급했고, 조금 더 살펴볼 것이다. 신학을 연구하는 성직자들도 이 많은 신앙을 일관성 있는 체계로 정리하지 않았다. 신앙은 우연과 우발적 상황이 합쳐지면서 모순투성이로 남았다. 국가적 삶의 또 다른 결과는 도시가 정치적인 패권을 쥐게 되면, 그 도시의 신들이 도시와 함께, 수많은 지역 신 가운데 지배적인 위치로 올라선다는 것이다.

초기 이집트인들이 신을 예배하던 곳인 신전에 대해서 우리는 이미 언급할 기회가 있었다. 그들은 신전을 신이 사는 곳으로 여겼다. 따라서 신전 안은 선왕조시대 이집트인들의 집처럼 꾸며졌을 것이다. 국가가 점차 발전함에 따라 윗가지로 지어진 선사시대의 신전을 뒤로하고, 마침내 석조 건축물로 신전을 지었지만, 초기의 배치 특징은 석조 건축물에 남았을 것이다. 비록 이집트인들은 오래전에 그 기원을 잊었을지 몰라도 그곳은 여전히 신의 집이었다. 지붕이 없는 앞뜰을 지나면 주랑(柱廊)을 갖춘 홀이 있다. 그 홀을 지나면 가구와 신전의 업무에 필요한 세간이 들어있는 작은 방들이 있었다. 건물의 건축과 장식에 대해서는 나중에 더 이야기할 기회가 있을 것이다. 뒤편의 방 중, 작은 가운데 방은 지성소(至聖所)로 그 안에 화강암 한 덩어리를 깎아서 만든 제단이 있었다. 제단에는 46~183cm 높이의 나무로 된 작은 형상인 신상(神像)이 있었고, 신상은 금, 은, 보석으로 화려하게 꾸며져 있었다. 이곳에 사는 신을 위한 업무는 단순히 풍부한 음식, 마실 것, 좋은 옷, 음악과 춤 등 당시 부와 지위를 가졌던 이집트인의 생활필수품

---

[8] **[역주]** 마돈나는 이탈리아어로 그림이나 조각으로 나타낸 성모 마리아를 이른다. 이탈리아 각 도시가 자기들이 숭배하는 마리아와 다른 시의 처녀, 즉 마리아를 똑같은 마리아로 여기지 않는다는 의미이다.

과 사치품 같은 것들을 신에게 공급하는 것이었다. 이러한 공물은 국왕이 설립한 토지 기금에서 나온 수입과 곡식, 포도주, 오일, 꿀과 같은 왕실의 세입에서 기증받은 것이다.[9] 신전 주인의 평안과 행복을 위한 기부는 원래는 예식 없이 제공되었겠지만, 점차로 모든 신전에서 근본적으로 똑같은 화려한 의식이 치러지는 행사가 되었다. 바깥 앞뜰에는 큰 제단이 있어서 사람들은 축제일에 그곳에 모여서 평소 신에게 바쳐진 후 신전의 사제들과 하인들이 먹었던 넉넉한 음식을 먹을 수 있었다. 이러한 축제는 시간과 계절을 알려줄 뿐 아니라, 흔히 신화 속의 중요한 사건을 기념하는 것이기도 했다. 그러한 경우 사제들은 나일의 작은 배 모양의 이동식 신전에다 신상을 싣고 다녔다.

초기의 사제직은 지방 귀족들의 직무에 수반된 부수적인 책무였다. 귀족들은 지역사회에서 사제들의 우두머리였다. 그러나 국가가 발전하면서 파라오의 지위가 높아지자 파라오만이 유일한 신의 관리가 되었다. 그렇게 이집트의 역사시대 초기에 파라오가 지대한 역할을 하는 국가 종교 형태가 등장했다. 그러므로 이론적으로 신을 숭배한 것은 파라오 혼자였다. 그러나 사실 대사제가 나라의 각 신전에서 파라오를 대신할 수밖에 없었다. 대사제는 파라오의 '삶과 번영과 건강을 위하여' 공물을 바쳤다. 이 고위 사제단의 일부는 그 기원이 매우 오래되었다. 특히 성직자가 '위대한 선지자(Great Seer)'라고 불린 헬리오폴리스의 사제단이 그러했다. 한편 멤피스의 프타의 사제는 '장인들의 최고 지도자(Great Chief of Artificers)'라고 불렸다. 두 직위 모두 한 번에 두 명의 성직자가 필요했고, 대개 고위직 사람들이 맡았다. 유래가 조금 나중인 다른 고위 사제단의 성직자들은 모두 '감독관'이나 '최고 사제'라는 단순한 직함으로 불렸다. 성소(聖所)의 예배와 의식을 수행하

---

[9] I, 153-167; 213.

는 것뿐만 아니라 그곳의 수입으로 토지 기금을 관리하는 것도 최고 사제의 의무였다. 전쟁 시에는 아마 신전의 분견대까지 지휘했을 것이다. 그는 일군의 사제들의 도움을 받았는데, 이 사제들의 성직 업무는 거의 예외 없이 세속적인 직업에 흔히 있는 업무일 뿐이었다. 그들은 평신도들로 신전에서 일정한 기간 동안 이따금 봉사했다. 따라서 파라오가 신의 유일한 숭배자라는 가정에도 불구하고 평신도들이 신전의 업무를 대신했다. 똑같이 당시 여성들은 흔히 네이트 또는 하토르의 여사제였다. 그들의 업무는 축제 의식 때 신 앞에서 춤을 추거나 시스트럼을 연주하는 것이었다. 그러므로 파라오만이 숭배자라는 국가적 가정에 얽매여 신전의 제사 의식에 개인의 참여를 그렇게 금하지는 않았다. 신이 사는 곳이라는 신전의 개념과 부합되게 사제의 가장 흔한 직함은 '신의 하인'이었다.

국가 종교의 이러한 발전과 병행하여, 망자들을 위한 준비도 신전의 정교한 장비, 기금, 사제단, 종교의식과 함께 똑같이 진보했다. 고대이든 현대이든 어떤 땅에서도 사후세계에서의 망자의 영원한 거주를 위한 장비에 그렇게 관심을 가진 곳은 없었다. 이집트인들이 '영원한 집'의 건설과 설비에 그렇게 많은 부와 시간, 기술과 힘을 투입하게 한 믿음은 우리가 아는 한 사후의 삶에 대한 가장 오래된 관념이었다. 이집트인들은 몸이 생명력으로 생기를 얻게 된다고 믿었다. 그들은 생명력이 세상에 나올 때 가지고 나오는 몸의 다른 한쪽으로, 생명력과 함께 살다가 저승에도 함께 가는 것으로 묘사했다. 그들은 생명력을 '카(ka)'라고 불렀다. 생명력은 종종 현대 논문에서 '복사판(double)'으로 일컬어지는데, 이러한 명칭은 카의 본질보다 기념물에 표현된 카의 형태를 나타낸다. 모든 사람은 카 외에 영혼을 가지고 있다. 이집트인은 영혼을 나무 사이를 훨훨 날아다니는 새의 형태로 상상했다. 물론 꽃, 연꽃, 뱀, 강에서 사는 악어나 다른 많은 것들의 외형을 가정했을 수도 있다. 그 이상의 인격의 요소들은 그들에게 모두가 소유한 그림자와 같이 존재하는 것으로 보였다. 그렇지만 한 세대 전에 평범한 기독교인들이 몸(body)과 혼(soul), 영(spirit)의 교리를 받아들였을 때 그들 간의 상호관계를 명쾌하게 설명할 수 없었던 것처럼 이 모든 것끼리의 관계는 이집트인들의 마음에서 매우 모호하고 혼란스러웠다. 천국과 세상에 대한 다양한 설명처럼 죽은 사람들이 여행하는 장소에 대해서도 아마 한때는 지역적이었을 여러 의견이 있었다. 그러나 이러한 신앙들은 서로 모순되지만, 일반적으로 계속 받아들여졌고, 그 모순이 항상 발생했어도 누구도 그 믿음들이 모순된다는 점을 신경 쓰지 않았다. 서쪽에는 죽은 사람들의 세상이 있어서 태양신은 매일 밤 서쪽에 있는 그의 무덤으로 내려갔다. 그래서 '서부인'은 이집트인에게 죽은 사람이라는 말이었다. 그래서 묘지도 가능한 한 서부 사막의 가장자리에 자리 잡았다. 또한, 죽은 사람들이 매일 저녁 태양의 배가 돌아오기를 기다리며 사는 지하세계도 있었다. 그들은 아마도 태양신의 밝은 빛을 받으며, 뱃머리의 밧줄을 꽉 쥔 채 그들의 거처인 어둡고 긴 동굴을 지나면서 기쁨에 들떠 태양신을 잡아당겼을 것이다. 밤마다 하늘의 장관(壯觀) 속에서 나일의 거주자들은 또한 자신들보다 먼저 살았던 사람들을 보았다. 그곳에서 그들은 대기(大氣)의 모든 적수의 위로 높이 날아오르는 새처럼 날았고, 레는 자신의 천상의 배에 그들을 길동무로 받아주었다. 그들은 이제 영원한 별처럼 하늘을 가로시르며 지나갔다. 이집트인들은 자신들이 '음식의 밭', '야루(Yaru)의 밭'이라 부른 하늘 북동쪽의 밭에 대해 보다 자주 이야기했다. 그 렌즈콩 밭에서는 곡식이 나일 강둑의 어떤 곳에서보다도 크게 자랐고, 망자들은 안전하고 풍요롭게 살았다. 흙에서 나오는 수확 외에, 망자들은 신전에 바쳐지는 지상의 선물인 빵, 맥주, 질 좋은 리넨 옷감도 받았다. 모두가 이 축복받은 자들의 밭으로 갈 수 있었던 것은 아니었다. 그곳은 물로 둘러싸여 있었기 때문이다. 때때로 망자는 매나 따오기에게 날개에 자신들을 태워다 달라고 했을 것이다. 또한, 호루스의 네 아들인 우호적인 신령들이 그에게 타고 갈 작은 배를 가져다주기도 했다. 때때로 태양신은 그를 자신의 배에 태워 주었다. 그러나 훨씬 더 많은 다수가 '고개를 돌리는' 이나 '뒤를 돌아보는'이라 불리는 뱃사공에게 의존했다. 그가 그렇게 불린 것은 삿대로 배를 밀고 나아갔기 때문에 얼굴이 늘 배의 뒤쪽을 보고 있었기 때문이다. 그는 모든 사람을 자신의 배에 태우지 않고, '그는 악한 행동을 하지 않았다'라거나 '배가 없는 의로운 사람'이나 '하늘과 땅과 섬 앞에서 공정한' 사람이라는 평을 들은[10] 사람만을 그들이 가려는 행복의 밭이 있는 곳으로 가는 배에 태웠다. 이것이 삶을 마감했을 때 내세의 삶은 이승에서 어떠한 삶을 살았는지에 의해 결정된다는, 즉 도덕적 삶을 살았는지 평가를 받는다는 생각이 인류사상 가장 최초로 흔적을 드러낸 것이다. 그러나 기다리는 영혼이 물 위를 통과할 수 있는 잣대가 도덕적 순수함보다는 오히려 주로 의식이 되어버린 것도 이때였다. 그렇기는 해도 제5왕조의 한 귀족은 자신이 결코 고대 무덤을 사취한 적이 없음을 알리고 싶어 했다. 그의 석실 분묘 안에는 "나는 이 무덤을 정당하게 소유했고, 다른 사람의 것을 가진 적이 없다…, 나는 누구에게도 조금도 폭력을 행사한 적도 없다"[11]고 쓰여 있다. 또한, 아마도 평범한 주민이었을 어떤 사람은 "나는 태어나서 어떤 관리 앞에서 맞아본 적이 없고, 폭력을 써서 남의 것을 빼앗은 적이 없으며, 모든 사람을 기쁘게 하는 일을 했다"[12]라고 말한다. 물론 그들이 항상 소극적인 미덕만을 주장한 것은 아니었다. 제5왕조 말기 상이집트의 한 귀족은 "나는 케라스테스(Cerastes) 산(그가 다스린 지역)의 배고픈 자들에게 빵을 주었고, 벌거벗은 이들에게 옷을 주었다. … 나는 내 도시의 신에게 나에 대해 불평

---

[10] 페피 1세의 피라미드 I, 400; Mernere 570, Erman, Zeitschrift für Aegyptische Sprache, XXXI, 76-77.
[11] I, 252.
[12] I, 279.

하는 사람이 없도록, 자기 재산을 소유한 사람을 탄압한 적이 없다. 나는 신에게 불평하는 사람이 없도록, 누구도 자기보다 힘센 사람 때문에 두려움에 떨게 하지 않았다."[13]라고 말한다.

오시리스의 죽음과 그의 저승 세계로의 출발에 관한 신화는 이제, 원래 오시리스와 아무런 관련이 없는 초기 신앙들 속으로 편입되어 이집트의 사후 신앙에 있어 지배적인 요소가 되었다. 그는 '서쪽 세계의 제1인자'가 되었고, '영광스러운 자들의 왕'이 되었다. 오시리스의 운명을 겪은 영혼은 누구나 오시리스처럼 부활을 경험할 것이다. 정말로 오시리스가 될지도 모른다. 그래서 그들은 "오시리스가 살았으므로 그도 살 것이고, 오시리스가 죽지 않았으므로 그도 죽지 않을 것이다. 오시리스가 썩지 않았으므로 그도 썩지 않을 것이다."[14]라고 말했다. 오시리스의 수족에 다시 생기가 불어 넣어졌으므로 신들이 그도 일으켜 세우고 신들 사이에 그를 둘 것이다. "천국의 문은 그대에게 열려있고, 번개는 그대를 위해 물러섰다. 그대는 레가 그곳에 서 있는 것을 볼 것이고, 레는 그대의 손을 잡고 그대를 신성한 천국 땅으로 이끌어, 그대가 영광스러운 자들을 통치할 수 있도록 오시리스의 왕좌, 이 놋쇠로 만든 왕좌 위에 그대를 앉힐 것이다. …… 신의 하인들은 그대의 뒤에 서 있고, 신의 귀족들은 그대의 앞에 서서 외친다. '신이시여 오소서! 신이시여 오소서! 오시리스 왕좌의 주인이시여 오소서!' 이시스가 그대와 말을 하고 네프티스가 그대에게 인사한다. 영광스러운 자들이 그대에게 와서 허리 굽혀 절한다. 그들은 그대 발밑의 땅에 입을 맞출 것이다. 그대는 신으로서 그렇게 보호받고 채비하고 오시리스의 형상을 부여받으며 '서부인들의 제1인'의 왕좌에 오른다. 그대는 영광스러운 불멸의 사람들

---

[13] I, 281.
[14] Pyramids, Chap. 15.

사이에서 그가 했던 일을 한다.…그대는 그대의 집을 번영하게 하고 그대의 아이들을 슬픔으로부터 보호한다."[15] 이렇게 모두가 오시리스의 멋진 운명을 공유하거나 심지어 오시리스 자신이 될 수 있다고 믿으면서 그들은 당황하지 않고 죽음을 관조(觀照)했다. 그들이 죽은 자들에 대해 "그들은 죽은 자들로서 떠난 것이 아니라 살아있는 자들로서 떠난다"[16]라고 말했기 때문이다. 고소당했을 때 오시리스가 성공적으로 변호한 사건도 유익한 영향을 미쳤다. 왜냐하면, 이집트 종교에는 신이 모든 인간을 심판하여 죄를 용서한다는 유사한 암시가 있기 때문인데, 살펴보겠지만 이 부분이 이집트 종교에서 가장 유익한 근원이었다. 이렇게 오시리스 신화는 궁극적으로 강력한 윤리적인 요소를 도입했다. 이 요소는 전에도 전혀 없었던 것은 아니었지만, 오시리스 신화는 생명력을 얻기 위해 신화가 주는 인간적인 요소가 필요했다. 이렇게 해서 제5왕조와 제6왕조의 몇몇 귀족들은 미래에 자신들의 무덤을 도굴할 가능성이 있는 누군가를 위협하여 "심판이 위대한 신들로부터 그들에게 내려질 것이다"[17]라고 말한다. 또 다른 이는 자신은 다른 사람을 헐뜯은 적이 없는데, 왜냐하면 "나는 위대한 신 앞에서 무사하기를 희망했기 때문이다."[18]라고 말한다.

이러한 관점은 주로 우리가 보유한 가장 오래된 이집트 무덤의 기록에서 발견되는데, 무덤에 실린 이 일련의 문장은 망자들을 위해 행복한 삶, 특히 오시리스가 누렸던 축복받은 미래를 확보하는 데 효과적이라고 여겨졌다. 이 문장들은 제5, 제6왕조의 피라미드 통로에 새겨져, 이곳에 대량으로 보존되어 있다. 위에서 언급한 초기 이집트인의 사후세계에 대한 생각도 주

---

[15] Erman, Handbuch, pp. 96-99.
[16] Ibid.
[17] I, 253, 330, 338, 357.
[18] I, 331.

로 이 문장들에서 알아낸 것이다.[19] 이 문장들은 발견된 장소를 따라서 주로 '피라미드 텍스트'라 불린다. 이 텍스트 다수는 선왕조시대에 생겨나서, 일부는 오시리스 신앙에 맞춰 고쳐졌다. 텍스트는 오시리스 신앙과 원래 아무런 관련이 없었는데, 이 과정을 통해 원래 달랐던 사후 신앙들이 얽히고설켜서 뒤죽박죽이 되었다.

  무덤 너머 사후의 삶에 대한 믿음이 매우 강해서 매장 풍습도 필연적으로 속속 생겨났다. 초기 이집트인들의 매장 관습에 대해 우리는 이미 어느 정도 지식을 갖고 있다. 이집트인들이 아무리 지속적으로 망자의 삶을 사체가 놓여 있는 무덤에서 조금 먼 곳으로 옮겼다 해도 미래의 삶을 육체로부터 완전히 분리할 수 없었던 것은 분명하다. 확실히 이집트인들은 육체가 없는 망자의 생존은 상상하지 못했다. 이집트인들은 점차로 망자를 위해 점점 더 크고 안전한 묘지를 발전시켰고, 마침내 우리가 보아온 대로 거대한 석조 건축물이 등장했다. 세계적으로 피라미드같이 거대한 무덤이 발견된 곳이 없다. 무리 지어 있는 귀족들의 무덤은 고왕국시대에는 거대한 석조 건축물이 되었고, 이 무덤들은 불과 몇 세기 전만 해도 왕의 무덤으로도 손색이 없었을 정도였다. 제6왕조 페피 1세의 재상의 무덤 같은 경우, 31개나 되는 방이 있었다. 그러한 무덤은 윗부분이 거대한 직사각형인 석조 구조물로, 측면이 안쪽으로 약 75° 정도의 각도로 경사져 있었다. 구조물은 예외가 되는 방이나 방들도 있지만, 전체적으로 단단하고, 현대 이집트인들에게 '마스타바'[20], 즉 집이나 가게 앞의 앉을 수 있는 테라스나 빈터, 긴 의자를 연상케 했다. 그래서 그런 무덤들은 흔히 '마스타바'라고 불린다. 이러한 마스타바 가운데 가장 간단한 묘는 안쪽에 방들이 없고, 다만 동쪽에 가짜 문이

---

[19] Erman, Handbuch 참조.
[20] **[역주]** 마스타바는 아랍어로 긴 의자를 가리킨다.

그림 9. 고왕국의 '석실 분묘', 즉 석조 무덤들의 복원도(페로-쉬피즈 인용)
제사실의 문은 앞쪽에서 볼 수 있고, 미라가 있는 지하 묘실로 내려가는 수직 통로의 꼭대기는 지붕에서 볼 수 있다.

있어 그곳으로 서쪽에 사는, 즉 이 문 뒤의 망자들이 이승세계로 다시 들어왔을 것이다. 이 가짜 문은 나중에 대부분의 석조 분묘에서 일종의 제사실로 정교하게 꾸며졌고, 가짜 문은 이제 방의 서쪽 벽에 놓이게 되었다. 제사실의 내부 벽에는 망자의 하인과 노예들이 그의 땅에서 일상의 일을 하는 장면들이 부조로 새겨져 있다(그림20, 사진38). 그들은 밭을 갈고 씨를 뿌리고 곡물을 베어 들였다. 또한, 가축을 방목하고, 식탁을 차리기 위해 가축을 도살했다. 그들은 석기를 만들고, 나일강에 띄울 배를 건조했다. 사실 그들은 밭과 일터에서, 그들 주인의 사후세계에서의 행복을 위해 필요한 모든 것들을 만드는 모습으로 그려졌다. 한편 그 주인의 비범한 형상은 그가 '서쪽 세계로 떠나기' 전에 그랬던 것처럼 여기저기에서 그들의 노동을 감독하고 시찰하는 모습으로 등장했다. 우리가 당시의 삶과 풍습에 대해 알 수 있는 것도 이 장면들을 통해서이다. 거대한 마스타바의 아래쪽 깊은 곳에는 자연석으로 만든 지하 묘실이 있었는데, 위에서 이 지하 묘실로 내려가는 수직 통로를 통해 들어갈 수 있었다. 매장하던 날, 이제는 미라가 된 사체에 오시리스가 일생에서 겪었던 사건들을 체현하는 정교한 의식이 행해졌다. 특히 망자가 사후세계에서 말하고 들을 수 있도록 강력한 주문으로 망자의 입과 귀를 열어주어야 했다. 그런 다음 미라는 수직 통로를 통해 내려졌고, 정교한 직사각형의 삼나무 관 속에 옛날과 같이 왼쪽으로 눕혔다. 관은 다시 화강암이나 석회암으로 된 거대한 석관 안에 놓였다. 음식과 음료도 놓였고, 몸단장에 필요한 약간의 물품 외에도 마술지팡이와 망자의 적들, 특히 뱀으로부터 보호하기 위한 부적도 여러 개 놓였다. 피라미드의 텍스트에는 적들인 뱀의 공격을 막기 위한 주문이 매우 많다. 그런 다음 지하 묘실로 가는 깊은 수직 통로는 꼭대기까지 모래와 자갈로 채워졌다. 그리고 망자의 친구들은 우리가 묘사한 사후세계에 이제 그를 두고 떠났다.

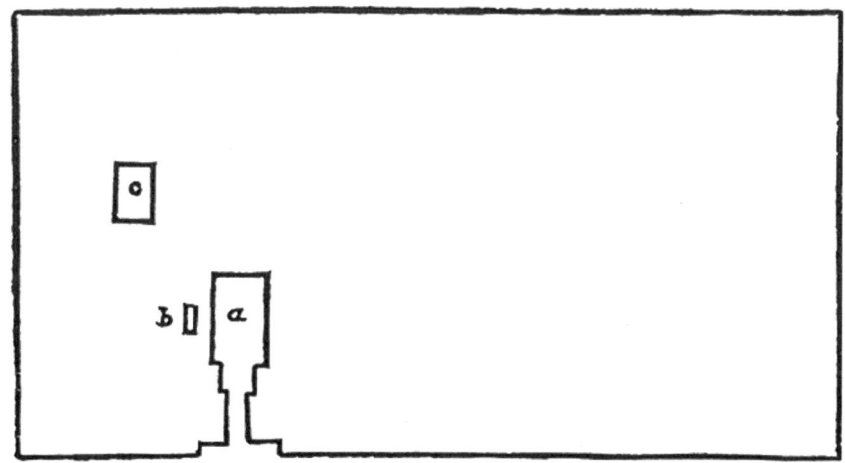

그림 10 '마스타바' 즉 석조 분묘의 지층 평면도
a는 제사실, b는 인물 조상이 있는 비밀의 방 '세르다브'(지하 저장고), c는 미라가 있는 지하 묘실로 내려가는 수직 통로이다. 입면도를 보려면 그림 9를 참조하라.

그렇지만 고인이 된 친구에 대한 그들의 의무가 없어지지는 않았다. 제사실 옆 작은 방에, 그들은 망자의 조상을 세워놓았고, 때때로 작은 통로로 두 방, 즉 제사실과 현 지역민이 '세르다브(serdab)'라고 부르는 조상이 세워진 방을 연결해 놓았다. 조상은 고인의 몸과 똑같이 만들어졌다. 그러므로 그의 카가 이 모조된 조상에 붙어서 연결 통로를 통해 제사실에 놓인 그를 위한 음식과 음료를 흠향할 수 있었을 것이다. 망자에 제공된 음식은 원래 그릇에 담긴 작은 빵 한 덩어리였다. 아들이나 아내 또는 형제가 무덤에 갈대로 된 매트 위에 올려놓았었다. 그런데 나중에는 무덤의 주인이 이승을 떠나기 전 누렸던 일상의 음식들처럼 많아졌다. 그러나 사랑에서 또는 때로 두려움에서 하던 이 일은 이제 무덤에 속한 다수의 사람이 맡게 되었다. 그들 중 일부는 사제로서 변함없이 이 의식을 진행했다. 이 사람들과는 아주 구체적인 계약[21]이 체결되었는데, 그들의 수고에 대한 대가로 고정된 수입이 지급되었다. 지급되는 수입은 귀족이 자신의 죽음을 예상하고 이 목적을 위해 합법적으로 마련하고 등록한 기금, 즉 기본재산(基本財産)에서 나온 것이었다. 제4왕조 카프레(Khafre) 왕의 아들 네쿠레(Nekure) 왕자의 무덤은 12개의 성읍에서 나오는 수입으로 유지되었다.[22] 우세르카프(Userkaf)[23] 시기 궁전의 어느 재산관리인은 그의 무덤 의식을 위해 8명의 장례 사제를 지명했다.[24] 상이집트의 어느 노모스 지사는 11개의 마을과 개척지에서 나오는 수입으로 자신의 무덤의 기금을 마련했다.[25] 그러한 무덤의 장례 사제의 수입은 어떤 경우 똑같은 방식으로 사제가 자신의 딸의 무덤에 영구적

---

[21] I, 200-209, 231-5.
[22] I, 191.
[23] [역주] 이집트 제5왕조의 첫 파라오이다. 우세르카프는 "그의 영혼은 강하다"라는 뜻이다. 제6장을 참조하라.
[24] I, 226-7.
[25] I, 379.

인 재원을 기부할 수 있을 정도였다.[26] 이러한 기금과 제사는 영구히 유지되도록 할 작정이었다. 그러나 몇 세대를 거치면서 누적된 부담이 견딜 수 없을 정도가 되었다. 그래서 100년 전의 조상은 드문 예외를 제외하고는 더 강한, 보다 최근의 조상들을 모시기 위해서 필연적으로 등한시될 수밖에 없었다. 그런데 신전에서 신에게 바쳐지고 난 후의 공물들이 신전에 소속된 사람들에게 제공된 것처럼, 왕이 가장 총애하는 귀족의 무덤에는 왕의 조상(祖上)이나 왕실의 다른 친척의 무덤에 이미 바쳤던 많은 수익의 일부가 상으로 지급되었을 것이다.[27] 왕이 이런 식으로 자신이 총애하는 영주나 귀족을 도와주는 것은 관행이 되어서,[28] 우리는 '왕께서 하사하신 선물'로 시작하는 사후 기도문을 빈번히 찾을 수 있다. 이렇게 유지되는 무덤이 왕 주위의 귀족과 관리들에게만 국한되는 한, 망자에 대한 왕의 그러한 부조(扶助)는 가능한 것이었다. 그러나 나중에는 귀족 계급의 사후 의식이 대중에게까지 퍼져 나가서 그들도 똑같은 기도문을 썼다. 그렇지만 왕의 은혜가 그렇게까지 확대되었을 리는 없었다. 이렇게 해서 이 기도문은 오늘날 이집트의 유적에서 가장 흔히 발견되는 제문(祭文)이 되어, 왕의 특별대우를 받았을 가능성이 없는 사람들의 무덤이나 묘비에 수천 번씩 등장하며, 같은 무덤에서도 항상 계속해서 반복된다. 같은 방식으로 왕은 또한 자신이 총애하는 귀족들이 무덤을 건설하는 것을 도왔다. 귀족들도 자주 왕이 자신에게 가짜 문이나 석관을 하사했다든가 왕실의 명장(名匠)들을 보내 자신의 무덤 건축을 도왔다고 자랑스럽게 기록했다.[29]

---

[26] Erman, Handbuch, p. 123.
[27] I, 173, 1. 5, 241.
[28] I, 204, 207, 209, 213-227, 242-249, 274-7, 370.
[29] I, 210-212, 237-40, 242-9, 274-7, 308.

그림 11. 아부시르의 피라미드와 이어진 건물의 복원도(Borchardt 참조)
각 피라미드 안쪽으로 가까이 피라미드 신전이 있다. 두 곳의 신전으로부터 사막 고원의 가장자리까지 내려오는 돌로 된 둑길이 이어져 있다. 둑길은 돌로 지은 거대한 문까지 이어져 있다(사진49 참조). 문 앞에는 아래쪽 물까지 이어지는 계단이 있는 높은 대(臺)가 있었는데, 침수 때에 이곳으로 배가 상륙할 수 있었다.

    당시 귀족의 무덤이 기금으로 운영되는 기관이 되었다면, 우리가 살펴보았듯이 왕의 무덤은 이미 제1왕조 때부터 그러했다. 제3왕조 시기 파라오는 적어도 한 개의 무덤만으로 만족하지 않았다. 두 땅의 왕이라는 이중의 자격으로 궁전이 두 채였던 것처럼 같은 이유로 무덤도 두 기를 건설했다. 왕의 무덤은 당시 면적과 화려함에 있어 귀족의 것을 훨씬 능가했다. 파라오의 영주들의 사후 제사가 마스타바 내부, 동쪽에 있는 제사실에서 수행되었다면, 파라오의 사후 제사는 피라미드 동쪽에 위치한 다른 건물인 화려한 장제전(葬祭殿)[30]에서 진행되었다. 두둑이 재원을 기부받은 사제단은 이곳에서 제사 의식을 계속 수행하고, 고인이 된 왕에게 음식, 음료, 의복을 제공하기 위해 고용되었다. 사제단의 인원이 많아서 다수의 부속 건물이 필요했다. 피라미드, 신전, 그리고 부속물들은 전체가 담으로 둘러싸여 있었다. 이 모든 것은 계곡을 내려다보는 고원의 가장자리에 있었다. 피라미드 아래 계곡 안쪽에는 당시 벽으로 둘러싸인 시가지가 형성되었다. 시가지로부터 피라미드의 담까지는 돌로 지은 거대한 둑길이 이어져 있었다. 이 둑길은 지대가 낮거나 시가지가 시작되는 지점에 있는, 화강암이나 석회석으로 지은 크고 웅대한 구조물까지 이어져 있는데, 이 건축물은 때로 바닥이 설화석고로 만들어져 있었다. 전체적으로 웅대한 입구를 형성하여 인상적인 무덤에 걸맞은 입구였다(그림11, 사진49). 이 입구를 통해서 축제일에 흰색 옷을 입은 사람들의 행렬이 마을로부터 길고 하얀 둑길을 올라가 신전으로 이어졌다. 신전 위쪽에는 거대한 피라미드가 솟아 있었다. 아래의 도시에 사는 대중은 아마 피라미드의 담까지 결코 갈 수 없었을 것이다. 도시의 벽 너머로 흔들리는 초록의 야자수 사이로, 그들은 한때 그들을 지배했던 신이 누워있는 반짝거리는 하얀 피라미드를 보았다. 한편 그 옆에는 해마다 천천히 다른 돌산이 점점 피라미드의 형태를 갖추며 올라왔다. 그곳에서 언젠가는 그 신의 아들이 쉴 것이다. 그들은 축제일에 가끔 그 신의 아들의 화려한 모습을 힐끗 보았을 것이다. 파라오와 귀족들의 독특한 무덤은 이제 국가의 경제 상태에 영향을 미치는 심각한 문제가 되었다. 그처럼 화려한 장묘 시설은 여전히 소수 계층에만 국한된 것으로, 서민들은 시체를 방부 처리하지 않고, 서부 사막의 가장자리에 위치한 선사시대 조상들의 구덩이에 계속 망자를 묻었다.

---

[30] [역주] mortuary temple. 고대 이집트에서 죽은 왕들에게 제사 지내고 그들에게 바칠 물건과 음식을 저장하던 곳이다.

05 고왕국: 정부와 사회, 산업과 예술

독자들이 이미 살펴본 바와 같이, 고대 이집트에서 왕정(王政)과 왕정을 그토록 특별하게 만든 관습은 너무나 먼 옛날에 기원하고 있어 우리는 왕권의 발전 과정의 희미한 흔적만을 알아볼 수 있다. 메네스 하의 통일과 함께 왕정은 이미 위대한 시대의 제도였으며, 뒤이은 4세기 넘는 기간 동안 발전하면서 고왕국의 여명기에 벌써, 왕권에 명성과 막강한 힘을 안겨주었고, 지위의 고하를 막론하고 백성들에게 깊은 존경을 요구했다. 사실 왕은 이제 공식적으로 신이었다. 가장 흔히 쓰인 칭호 가운데 하나가 '좋은 신'이었다. 그는 대단히 존경받았으므로, 사람들은 그를 이름으로 지칭하기를 꺼렸다. 궁전의 신하들은 비인칭(非人稱)으로 그를 '절대자(one)'라고 불렀을 것이고, '절대자가 알게 하라'는 '왕에게 보고하다'의 공식적인 용어가 되었을 것이다. 정부와 궁극적으로 전제군주는 '큰집(Great House)'으로 불렸는데, 이집트어로는 Per-o로, 우리에게는 헤브라이어를 통해 '파라오'로 전해 내려왔다. 까다로운 신하들이 신성의 군주를 지칭하는 데 사용했을 다른 많은 완곡한 표현도 있었다. 그가 죽었을 때 그는 신들의 세계로 받아들여졌고, 신들처럼 그가 잠든 거대한 피라미드 앞의 신전에서 그 후로도 계속 숭배되었다.

궁중의 관습은 점차로 정교한 공식 의전으로 발전했다. 그토록 까마득한 옛날에도 그 의전을 꼼꼼히 준수하기 위해 많은 대단한 고관대작과 시종들이 꼬박꼬박 왕궁으로 출석했다. 이렇게 동양(the East)의 근세와 다르지 않은 궁궐 생활이 생겨났다. 우리는 당시 궁중의 귀족들에 의해 생겨난 다양한 직함을 통해 궁궐 생활에 대해 대충 들여다볼 수 있다. 자부심에서 그들은 자신들의 무덤 벽에, 왕을 둘러싼 사회에서 자신들의 임무와 특권을 가리키는 과장된 술어를 섞어 이 직함들을 열거했다. 여러 계급이 있었고, 각 계급의 특권은 군주를 알현하는 모든 자리에서 모든 세부사항과 함께 서열대로 고위 관리들에 의해 엄격하게 준수되고 시행되었다. 왕족이 필요로 하는 것은 그것을 공급하는 것이 임무인 궁중의 귀족들이 책임졌는데, 그들은 어의(御醫), 궁중 음악의 지휘자와 같은 상응하는 직함을 가졌다. 왕실 의상은 비교적 단순했지만, 그런데도 가발 제조인, 샌들 제조인, 향수 제조인, 세탁하는 사람, 표백하는 사람, 궁중 의상 관리인 등이 왕의 집무실들을 채웠다. 그들은 자신들의 직함을 묘비에 만족스럽게 기록했다. 아무거나 예를 들어 보면, 그들 중의 한 사람은 자신을 "군주가 만족하도록 화장 관련 일을 한 …… 화장품 상자의 관리인, 화장용 연필의 관리인, 군주가 만족하도록 왕의 샌들과 관련된 업무를 한 왕의 샌들 운반인"[1]이라고 부른다. 왕이 가장 좋아하는 아내는 공식적인 왕비가 되었고, 대개 그녀의 장남이 아버지를 이을 왕세자로 지명되었다. 그러나 모든 근동의 궁중에서와 같이 또한 수많은 여성이 사는 하렘이 있었다. 대개 많은 아들이 절대군주를 둘러쌌고 궁중의 막대한 세입은 그들에게 후하게 분배되었다. 제4왕조의 카프레 왕의 한 아들은 왕실 거주지인 피라미드 도시에 저택과 두 군데 영지 외에도 14개의 성읍을 남겼다. 이밖에도 자신의 무덤을 유지하기 위한 기금으로 12개의 성읍을 더 남겼다.[2] 그러나 이 왕자들은 아버지의 통치를

---

[1] 카이로 석비(Cairo stela), 1787.
[2] I, 190-9.

도왔고, 나태하거나 사치스러운 삶을 살지 않았다. 우리는 그들이 국가를 위해 일하면서 가장 힘든 관직 중 일부를 맡았음을 알게 될 것이다.

국가의 수반으로, 숭고한 신으로서 파라오의 공식적인 지위가 아무리 높았다 하더라도, 그는 왕국의 더 걸출한 귀족들과도 가까운 대인관계를 유지했다. 왕자로서 그는 귀족 가정의 젊은이들과 함께 교육받았고, 수영과 같은 남성적인 학예활동도 함께 배웠다.[3] 이렇게 젊은이들 간에 싹튼 우정과 친분은 훗날 절대군주의 삶에 강력한 힘이 되었을 것이다. 파라오는 자신과 함께 교육받았던 젊은이 중 한 사람에게 딸을 시집보내고,[4] 자신이 총애하는 사람을 위해 궁중의 엄격한 예절을 어겼다. 공식적인 행사에서 파라오 앞 땅바닥에 입을 맞추는 것이 허락되어 있지 않았지만, 왕이 총애하는 사람은 왕의 발에 입을 맞추는 전례 없는 특권을 누렸다.[5] 파라오의 막역한 친구 측으로서는 그러한 의식은 단지 공식적인 예법의 문제일 뿐이었다. 사적으로 절대군주는 자신의 총신 옆에 완전히 긴장을 풀고 주저하지 않고 스스럼없이 기대어 누웠다. 시중드는 노예들은 두 사람 모두에게 기름을 발라 주었다.[6] 그런 귀족의 딸은 정식 왕비가 되고 다음 왕의 어머니가 되었을 것이다.[7] 우리는 왕이 자신의 최고 건축가인 재상과 함께, 한 공공건물을 시찰하는 것을 본다. 그가 그 건물을 높이 평가하고 자신의 성실한 대신(大臣)을 칭찬하지만, 이 대신이 왕의 친절한 말을 듣고 있지 않는 것을 알아차린다. 왕의 외침은 시중드는 신하를 놀라게 한다. 병에 걸린 대신은 급하게 왕궁으로 옮겨지고, 왕궁에서 파라오는 급하게

---

[3] I, 256.
[4] I, 254 ff.
[5] I, 260.
[6] I, 270.
[7] I, 344.

사제들과 최고 의료진을 소집한다. 그는 전에도 그러한 병이 있었는지 의료기록을 찾아오라고 도서관으로 사람을 보내지만 모두 허사이다. 의사들은 그가 희망이 없는 상태라고 선언한다. 왕은 슬픔으로 몹시 괴로워하며 그의 방으로 물러가 레에게 기도한다. 그리고 그는 죽은 귀족의 장례를 위해 모든 준비를 한다. 흑단 나무 관을 주문하고 자신의 앞에서 사체에 기름을 바르게 한다. 그런 다음 망자의 장남에게 무덤을 지을 권한이 부여되고, 왕은 필요한 물자를 공급하고 무덤을 관리할 기금을 기부한다.[8] 확실히 왕국에서 가장 힘 있는 귀족들은 파라오의 옥체와 혈연으로, 그리고 우정으로 가깝게 결속된 사람들이었다. 이러한 관계는 절대군주가 조심스럽게 키운 것이었다. 제4왕조와 제5왕조 초기에, 이러한 고대국가들의 핵심층은 적어도 한 대가족을 연상케 하는 면모를 보인다. 따라서 우리가 살펴본 대로 왕은 궁중 내 모든 구성원이 그들의 무덤을 짓고 장비를 마련하는 데 도움을 주었으며, 이승과 저승 세계 모두에서 그들의 행복을 위해 최대한으로 배려했다.

    정부의 수반으로서 이론적으로 파라오의 권력에는 의문의 여지가 없었다. 그렇지만 실제로 그는 오늘날 근동의 절대군주 국가에서 그의 계승자들이 그러한 것처럼 강력한 가문, 파벌 또는 개인, 또는 하렘 등 이 계층 저 계층을 위한 정책의 수요에 영향을 받기 쉬웠다. 이리한 힘은 어느 정도 그의 일상을 바꾸었고, 먼 훗날인 지금에는 국가가, 파라오 주위의 그 같은 세력들로부터 대대로 영향을 받으면서 보다 큰 윤곽으로 서서히 형성되었음을 인식할 때에만 그러한 힘을 추적할 수 있다. 궁궐 조직에 분명히 드러나는 호화로움에도 불구하고 파라오는 이집트의 이슬람 맘루크(Mamluk)[9] 시

---

[8] I, 242-9.
[9] **[역주]** 아랍어로 맘루크는 '소유된 자'라는 뜻으로 주로 남자 노예 군인을 의미한다. 전쟁포로나 노예상인들을 통해 이슬람 권력자들이 노예를 사서 병력으로 활용했다.

대 때 흔히 발견되는 사치스러운 독재자의 삶을 살지는 않았다. 적어도 제4왕조 때 그는 왕자로서 이미 채석장이나 광산의 운영을 감독하는 힘든 업무를 경험했거나, 재상이나 고위 관리의 신분으로 아버지를 보필함으로써 왕좌에 오르기 전 정치에서 귀중한 경험을 쌓았다. 이렇게 그는 교육받고 깨인 군주로 읽고 쓸 줄 알았으며, 자신의 정부에서 공로가 있는 관리에게 펜을 들고 직접 감사의 편지를 쓰는 것이 드물지 않았다.[10] 그는 국가가 필요로 하는 것, 특히 물 공급의 유지 및 관개 시스템의 개발 등을 논의하기 위해 계속해서 대신(大臣)들이나 기술자들을 끊임없이 접견했다. 그의 최고 건축가는 왕실의 토지를 구획하기 위한 설계도들을 보냈고, 군주는 그 가운데 하나인 약 610m 길이의 호수를 파서 만드는 것을[11] 그와 논의했다. 그는 지루한 정부 문서 두루마리를 읽거나, 또는 남부 홍해를 따라 시나이, 누비아, 푼트에 가 있는 그의 지휘관들에게 보내는 급송공문서를 서기에게 받아 적게 했다. 상속인 문제를 다루는 소송사건 적요서가 그의 손에 전달되었다. 소송사건은 비서가 읽어주는, 늘 있는 일만은 아니었던 것 같다. 그 같은 왕의 업무가 매듭지어지면 절대군주는 가마를 타고 재상과 시종을 대동하고 건물과 공공사업을 시찰했다. 국가의 모든 중요한 사업에는 어디서든 그의 손길이 느껴졌다.

왕실 소재지의 위치는 주로 왕이 건설하는 피라미드에 의해 정해졌다. 앞서 언급했듯이 왕궁, 뜰과 그에 딸린 건물들로 형성된 성읍은 아마도 피라미드가 세워진 서부 사막 고원지대의 가장자리 아래 계곡에 위치했을

처음에는 노예 신분이었지만 점차 군사력을 장악함에 따라 막강한 권력을 휘두르게 된다. 맘루크 왕조는 노예 군인 후손들이 만든 왕조(1250~1517)로 이집트와 시리아를 통치했다.

[10] I, 268-270, 271.
[11] Ibid.

것이다. 왕조에서 왕조로, 때로는 정권에서 정권으로 왕실 소재지는 피라미드를 따라다녔다. 왕궁과 별장이 경(輕)설비로 건축되었으므로 그 같은 이동성에 심각한 방해가 되지는 않았다. 제3왕조 후로는 거주지가 항상 훗날의 멤피스 부근이었다. 왕궁은 두 부분으로 되어있거나 아니면 적어도 정면에 문이 두 개였는데, 이것은 고대의 두 왕국에 상응하는 것으로 이 왕궁이 당시 두 고대왕국의 정부 소재지였다. 문마다 어떤 왕국에 속하는지 가리키는 이름이 있었다. 그래서 스네프루(Snefru)는 왕궁의 두 문을 '스네프루의 흰 왕관이 남문 위에 드높다', '스네프루의 붉은 왕관이 북문 위에 드높다'[12]로 이름 지었다. 이집트의 역사에서 왕궁의 정면은 '이중 정면'이라 불렸고, '왕궁'이란 말을 적을 때, 서기는 자주 그 뒤에 두 집이라는 기호를 붙였다. 왕실의 조정도 비록 남왕국과 북왕국을 위한 두 조정이 존재한 것으로 보이지 않았지만 '이중 내각'이라 불렸다. 그러한 구분에는 왕궁의 두 문이 갖는 외적인 상징성 이상의 의미는 없었을 것이다. 전체적으로 중앙 정부도 마찬가지였음은 의심의 여지가 없다. 이렇게 해서 국고의 부서들은 '이중 곡물창고', '이중 하얀 집'이라 불렸다. 이러한 것들은 확실히 기존의 이중 조직과는 더 이상 맞지 않았다. 이들은 처음 두 왕조로부터 남겨진 허구가 되었다. 그러나 그러한 이중의 명칭은 나중까지 줄곧 국가 조직의 용어로 남아있었다. 왕궁 가까이에는 '큰방들', 즉 중앙 정부의 집무실들과 연결된 큰 뜰이 있었다. 왕궁과, 인접한 집무실 전부가 '큰집'으로 알려져 있었다. 따라서 '큰집'은 왕족의 저택일 뿐 아니라 통치의 중심지이기도 했다. 이제 전국적으로 뻗어 나간 정부 조직 전반을 살펴본다.

---

[12] I, 148.

그림 12. 국고 관리들의 세금 징수
오른쪽에는 서기와 회계 관리들이 기록하고 있고, 막대기를 지닌 보좌관들이 납세자들을 안으로 데려오고 있다. 이들 위로 "도시의 통치자를 붙잡아 심판한다"는 글귀가 보인다.

지방 통치를 위해 상이집트는 약 20개의 행정구역으로 나뉘었는데, 우리는 후에 삼각주에서도 그만큼 나뉘어 있었음을 발견한다. 이 '노모스'는 아마 오래전에 사라진, 선사시대에 지방의 제후들이 통치하던 초기 공국(公國)이었을 것이다. 제4왕조와 제5왕조에서 이러한 지역이나 노모스의 수반은 국왕이 지명한 '왕 아래 제1인자'로 알려진 관리였다. 노모스의 '지방 통치자'로 행정적인 역할 외에, 그는 또한 사법의 역할도 수행했다. 그래서 '재판관'이라는 직함도 가졌다. 상이집트에서 이 '지방 통치자'들은, 마치 이들 가운데 지위가 더 높은 열 명으로 된 단체나 협의회를 구성한 집단이 있었던 것처럼, 때때로 '남부 10인의 고관들'이라고도 불렸다. 북부의 정부에 대해서 우리는 잘 모르지만, 그곳의 체제도 분명히 매우 비슷했을 것이다. 물론 북부에는 지방 통치자가 더 적었을 것이다. 그가 통치한 노모스 안에서 '지방 통치자'는 통치를 위한 모든 기관을 갖춘 행정 단위인 작은 국가를 다스렸다. 공고(公庫, 재무부서), 법원, 영토관리국, 제방과 수로의 유지를 위한 공공시설, 민병대, 그들의 장비를 두는 창고가 있었고, 이들 집무실에는 점점 늘어나는 공문서와 지방 기록을 다루는 수많은 서기와 기록관이 있었다. 이 노모스들을 조정하고 행정적으로 한곳에 모으는 주된 연결고리는 국고의 조직이었다. 이 재무부서는 화폐제도가 없던 시대에 지방 통치자들이 세금으로 징수한 곡물, 가축, 가금류, 공산품을 해마다 중앙 정부의 창고로 모았다. 지방의 토지 등록, 즉 영토관리, 관개시설, 사법 행정, 그리고 기타 행정기능은 '큰집'에서 통제했다. 그러나 왕궁과 노모스 간에 가장 확실한 결속이 이루어지게 한 곳은 국고였다. 물론 전체 재무행정 업무를 처리하기 위해 궁궐에 거주하는 '최고 회계담당자'가 있었다. 건축과 광범위한 공공사업이 매우 중요했던 나라에서, 광산과 채석장에서 그 같은 막대한 양의 원료를 확보하기 위해 두 명의 중요한 회계담당자가 작업을 감독해야 했다. 우리는 이들을 회계담당보조라고 부르는데, 이집트인들은 왕의, 즉 '신의 회계담당자'로 일컬었다. 그들은 고왕국의 신전과 대규모의 피라미드 건설을 위해 돌을 잘라내고 운반하는 것을 감독했던 사람들이고, 게다가 시나이의 광산을 개발하기 위해 그곳으로 수차례 원정을 이끈 사람들이다.

독자들이 벌써 짐작했겠지만, 지방 통치자의 사법 역할은 단지 그들의 행정업무에 수반되는 부수적인 일이었다. 그러므로 전문 재판관이라는 명확히 정해진 계급은 없었지만, 행정관리가 법을 잘 알고 있었고, 사법적인 업무를 맡았다. 국고처럼 사법 행정도 한 사람에게 집중되었다. 지방의 재판관들은 6개의 법원으로 조직되었고, 이들은 차례로 전(全) 왕국의 최고 재판관의 아래에 있었기 때문이다. 판사들 다수는 '네켄(히에라콘폴리스) 소속'이라는 특별한 직함을 가졌다. 이 직함은 네켄이 남왕국의 왕실 거주지였던 시절부터 전해 내려온 고대의 칭호이다. 고도로 세분된 법률도 있었지만, 불행히 완전히 없어졌다. 지방 통치자들은 사건을 판결할 때 자신들의 공정함과 정의로움을 뽐냈다. 그들의 무덤에는 종종 "나는 두 형제 중 한 자식만 아버지 소유의 것을 갖지 못하도록 판결한 적이 없다"[13]라고 언급되어 있다. 디오도루스(Diodorus)[14]가 그토록 칭찬한 방법인,[15] 모든 소송을 문서 형식으로 법원에 제기하는 제도가 이렇게 까마득한 시대에 벌써 존재했던 것으로 보인다. 베를린 박물관은 상속인과 유언 집행자 사이의 소송과 관련된 그러한 법률 문서를 소장하고 있다.[16] 이 문서는 이런 종류의 문서로는 현존하는 최고(最古)의 것이다. 비공개 특별 소송사건은 최고 재판관과 '네켄 소속'[17] 재판관이 심리했다. 하렘의 한 반역죄 사건에서 피고인 왕비는 두 명의 '네켄 소속' 재판관에게 법정에서 재판을 받았는데,[18] 두 재판관은 특별히 이 재판을 위해 국왕이 지명한 재판관이지만 최고 재판관은 그들 중 누구도 아니었다.[19] 이것은 정의에 대한 파라오의 높은 의식 수준과 당시 놀랄 만한 사법 풍조에 대해 주목해야 할 증거이다. 이처럼 먼 옛날에도 왕실 하렘에서 그 같은 혐의를 받는 음모자가 즉시 사형되지 않았다. 피고의 유죄를 합법적으로 밝히려 하지 않고 즉결 처형하는 것은, 같은 땅에서 우리 시대로부터 100년도 채 거슬러 올라가지 않은 시기에도 정당화되었을 것이다. 아직 분명하지 않지만 어떤 상황에서는, 왕에게 직접 상소할 수 있었고 소송사건 적요서가 왕에게 제출되었을 것이다. 앞서 언급한, 지금은 베를린에 있는 고왕국 문서가 그러한 적요서이다(사진26).

전체 정부 조직의 직접적인 책임자는 파라오의 재상(宰相)으로 근동에서는 흔히 고관(vizier)이라고 불렸다. 동시에 그는 또한 관례대로 최고 재판관의 역할도 맡았다. 이렇게 그는 절대군주에 버금가는 왕국에서 가장 유력

---

[13] I, 331, 357.
[14] [역주] 지금은 Diodoros로 표기한다. 기원전 4세기에 활동한 그리스의 철학자이다.
[15] Book, I, 75-76.
[16] Pap. des Kgl. Mus., 82-3.
[17] I, 307.
[18] [역주] 하렘의 음모 사건은 제6왕조 페피 1세의 후궁인 웨레트 임테스(Weret Imtes) 왕비가 연루된 사건으로 마네토는 이 일로 페피 1세의 아버지 테티가 암살당했다고 주장했다(클레이턴 2009:86).
[19] I, 310.

한 사람이었다. 이러한 이유로 이 관직은 제4왕조에서는 왕세자가 차지했다. 그의 '방'이나 집무실은 정부의 공문서 보관소가 되었고, 그는 국가의 최고 문서 보관인이었다. 국가 기록은 '왕의 문서'라고 불렸다.[20] 이곳에서 모든 땅이 등록되었고, 지방의 모든 공문서가 모여 체계적으로 정리되었다. 또한, 이곳에서 유언이 기록되었고, 유언이 집행되면 그 결과로 유산으로 받은 땅의 새로운 명칭이 발급되었다.[21] 제4왕조 때 어느 왕의 아들의 유언이,[22] 제5왕조 초기의 또 다른 것[23]과 함께 실제로 완벽하게 보존됐다. 두 유언 모두 무덤 제사실의 돌벽에 상형문자로 새겨져 있어 거의 5천 년이라는 시간을 견딜 수 있었다. 반면 재상의 파피루스 공문서는 수천 년 전에 썩어 없어졌다. 다른 비슷한 장례 법규도 몇몇이 보존되었다.[24] 파라오가 선사한 모든 땅은 왕의 칙령에 따라 양도되었고, 재상 집무실에 있는 '왕의 문서'에 기록되었다.[25]

　왕궁처럼 모든 행정은 이론적으로 적어도 두 부분으로 되어있었다. 이것은 두 왕국의 통일 전 선왕조시대로부터 내려온 가설이다. 따라서 국고의 한 부서는 '이중 곡물창고', 왕의 조정은 '이중 내각'이라고 불렸다. 그리고 이 용어들은 아마 어떤 경우에는 현실과 일치했지만, 더 이상 두 부분으로 나뉘지 않게 된 이후에도 오랫동안 정부 관련 용어에 계속 남아있었다. '큰 집'의 업무를 처리했던 모든 직급의 방대한 인원의 서기와 관리 중에 재상이 최고였다. 몇 개의 소소한 관직 말고도 그는 또한 종종 파라오의 최고 건축가였으며, 이집트인들이 말한 대로 '왕의 모든 사업의 지휘자'였다. 따

---

[20] I, 268 ff.; 273.
[21] I, 175 ll. 14-16.
[22] I, 190-199.
[23] I, 213-217.
[24] I, 231 ff., 제5왕조와 제6왕조의 기록에 보이는 다른 장례 법규를 가리킴.
[25] I, 173.

라서 이 위대한 재상이 왕국에서 가장 바쁜 사람이었음을 알 수 있다. 그가 대단한 유력자였기 때문에 사람들은 모든 잘못을 바로잡을 수 있는 사람에게 하듯 법관의 역할을 맡은 그에게 호소했다. 이 관직은 전통적으로 파라오의 수많은 관리 가운데 가장 인기가 있었다. 조세르(Zoser) 왕 아래에서 위대한 현인이었던 임호테프(Imhotep)가 맡은 것도 아마 이 관직이었을 것이다. 제3왕조의 다른 두 재상인 케겜네(Kegemne)와 프타호테프(Ptah-hotep)의 지혜로움은 문서로 기록되어서 고왕국이 추억이 된 후에도 수 세기 동안 전해졌다. 이렇게 고귀한 직책을 맡은 사람들은 그토록 존경을 받았으므로 왕이나 왕자의 이름에만 붙는 '생명, 번영, 건강'이라는 낱말이 때때로 재상의 이름에도 추가되었다.

우리가 알 수 있는 한, 고왕국의 처음 2, 3백 년 동안 이 놀랄 만한 국가의 조직은 이와 같았다. 기원전 30세기에 벌써 지방관리들 하에서 국가의 기능이 정교한 수준으로 발전했는데, 이것은 유럽에서는 로마 제국의 역사까지 내려오지 않고서는 찾아볼 수 없다. 요약하면 국가 조직은 지방 관리들을 모아놓은 집단으로, 각 지방관리는 각 지방정부 기관들의 중심이었다. 각 노모스에서 지방정부 기관은 왕궁으로 모이기 전에 먼저 지방 통치자에게 모였다. 권력과 힘, 역량을 가진 파라오와 노모스의 지방 통치자들은 강력한 국가를 의미했다. 그러나 파라오가 약한 기색을 보이면 지방 통치자들은 독립할 것이고, 이들의 독립은 전체를 와해시킬 수 있었다. 정부의 독립된 단위로 각 노모스가 유지되는 것과 파라오와 노모스 사이에서 지방 통치자의 권한이 우위를 점할 수 있는 것이 체제를 위험하게 했다. 국가 내에서 이 소국(小國)들은 각각 통치자가 있었으므로 아주 쉽게 독립된 정치 권력의 중심지가 될 수 있었을 것이다. 어떻게 이 과정이 실제로 발생했는지 다음 장에서 고왕국의 발전 과정을 추적하면서 알게 될 것이다. 이러한 과정이 더 쉬울 수 있었던 것은 정부가 동질의 탄탄한 군대 조직을 보유하지 못했기 때문이었다. 각 노모스에는 훈련받은 군인이 아니어도 되는 민간인 관리가 지휘하는 민병대가 있었다. 따라서 전적으로 군 장교계급도 없었다. 신전도 마찬가지로 그 같은 군대를 보유했다. 그들은 대부분 채굴과 채석 원정에 종사했으며, 건축가들이 종종 필요로 했던 거대한 돌덩이를 운반하는 데 필요한 인력으로 충당되었다. 그러한 작업에서 그들은 '신의 회계담당자'의 지휘하에 있었다. 심각한 전쟁의 경우, 상비군이 없었으므로 모든 노모스와 신전의 민병대, 누비아족에서 모집된 외인부대가 섞여 가급적 빨리 군대로 결성되었고, 절대군주는 몇몇 유능한 관리에게 상설 조직이 없는 이 잡다한 무리의 지휘를 맡겼다. 지방 통치자들이 노모스의 민병대를 통솔했으므로, 그들은 자신들의 손에 파라오의 이도 저도 아닌 군사력의 원천을 쥐고 있었다.

관리되었던 땅은 대부분 확실히 국왕의 소유였던 것으로 보인다. 지방 통치자 부하들의 감독하에 인구 대부분을 차지하는 노예나 농노들이 땅을 경작하고 이익을 냈다. 그들은 땅에 속했고, 땅과 함께 유산으로 남겨졌다.[26] 우리는 이 같은 인구가 얼마나 많았는지 정확히 알 수 없다. 하지만 앞에서 언급했듯이 이 인구는 로마 제국 때까지 7백만 명에 달했다.[27] 연로한 국왕의 많은 후손은 선사시대부터 토지를 소유한 귀족 출신이었을 생존자들과 함께 토지를 소유한 귀족 계급을 형성했다. 이들의 땅은 왕국에서 이용 가능한 토지 가운데 상당한 양을 차지했을 것이다. 그러한 귀족들이 꼭 관리가 되거나 행정에 참여한 것은 아니었다. 그러나 귀족들과 농노들이 최상층과 최하층으로, 사회에 두 계급만 있었던 것은 아니었다. 자유로운 중간층이 있었는데, 그들 손에서 예술과 산업이 그토록 탁월한 수준으

---

[26] I, 171.
[27] Diodorus, I, 31.

로 발전했다. 그러나 이 사람들에 대해서 우리는 거의 아무것도 모른다. 그들은, 당시 귀족들에 대해 우리가 알고 있는 전부를 알게 해 준 영구히 보존되는 무덤도 짓지 않았고, 상거래도 파피루스에 쓴 문서를 이용했다. 한때 반드시 존재했었을 그러한 문서는 막대한 양인데도 모두 썩어 없어져 버렸다. 이후의 상황은 자신들의 제품을 생산하고 팔았던 공상(工商) 계층이 고왕국에 분명히 있었음을 보여 준다. 또한, 귀족 계급에 속하지 않지만 토지를 소유한 자유인들이 있었을 가능성도 매우 크다.

사회 단위는 훗날의 인류 역사에서처럼 가정이었다. 남자에게 법률이 인정한 아내는 한 명뿐이었고, 그녀가 자신의 상속자들의 어머니였다. 그녀는 모든 면에서 남편과 동등했고, 항상 최대한의 배려를 받았으며, 남편과 자녀들의 즐거움에 동참했다. 귀족과 그의 아내 사이의 애정 어린 관계는 당시의 기념물에 계속해서 두드러지게 묘사되어 있다. 그러한 관계는 종종 두 사람의 아주 어린 시절부터 존재했다. 당시 사회의 모든 계층에서 남매가 결혼하는 것이 관습이었기 때문이다. 합법적인 아내 외에, 부유한 가장은 하렘도 가지고 있었다. 하렘의 여성들은 자신들의 주인에게 어떠한 법적인 요구도 할 수 없었다. 하렘은 이처럼 이른 시기에 벌써 근동에서는 승인된 제도였으며, 하렘을 부도덕한 것으로 생각하지 않았다. 당시의 어린이들은 부모를 매우 존경했고, 아버지의 무덤을 보존하는 것은 아들의 의무였다. 부모와 가족의 존중과 사랑은 높이 평가되었다. 우리는 종종 무덤에서 "나는 아버지에게 사랑받았고, 어머니에게 칭찬받은 자식이며, 형제와 자매들의 사랑도 받았다"[28]라고 쓴 것을 발견한다. 다른 많은 민족처럼 계승은 맏딸을 통해 이루어졌다. 하지만 유언장은 이를 무시했을 수도 있다. 가장 가까운 혈연관계는 어머니를 통한 것이었다. 남자의 후견인은 심

---

[28] I, 357.

지어 아버지보다 외할아버지가 먼저였다. 자신을 낳고 기르고, 또 자신이 교육받는 동안 자신을 소중히 여기고 돌보아 준 어머니에 대한 아들의 도리는 당시의 현인들이 누누이 강조한 것이다. 노예와 가난한 계층에서는 아마도 재산의 불안정성으로 인해 쉽게 해체될 수 있는 느슨한 혼인 형태도 있었던 것 같다. 그렇지만 부도덕한 행실은 가장 강한 감정으로 대단히 비난받았다. 현인들은 젊은이들에게 경고했다. "도시에 알려지지 않은, 외국에서 온 여자를 조심하라. 그녀가 오면 쳐다보지 말고, 그녀를 알려고 하지 말라. 그녀는 그 깊이를 헤아릴 수 없는 깊은 물 속의 소용돌이와 같다. 남편이 먼 곳에 가 있는 여자가 그대에게 매일 편지를 쓴다. 보는 사람이 없으면 그녀는 일어나서 유혹의 그물을 친다. 만일 누군가 귀를 기울인다면 오! 지옥에 떨어질 범죄여!"[29] 모든 젊은이에게 혼인과 가정을 이루는 것이 유일하고 현명한 처신이라고 장려한다. 그렇지만 현명함과 정숙함이라는 건전한 이상과 함께 음란한 부도덕도 분명히 널리 퍼져 있었다.

하층계급의 겉으로 보이는 상황은 도덕적인 삶과는 그렇게 가깝지 않았다. 시내에 있는 초가지붕에 진흙 벽돌로 지은 그들의 낮은 집은 집단으로 무리를 이루고 있었다. 너무 밀집해 있어 벽이 종종 인접해 있었다. 등받이가 없는 조잡한 의자, 투박한 상자 한두 개, 대충 만든 도기 단지 몇 개가 그러한 오두막의 가구를 구성했다. 인부들의 크고 엉성한 집은 하나의 지붕 아래 진흙 벽돌로 지은 작은 방이 죽 늘어서 있고, 방들 사이에는 막히지 않은 긴 통로가 있었다. 왕실에서 징집한 인부들의 전체 숙소는 이 설계도에 따라 피라미드 도시나 피라미드 근처에 세워졌다. 넓은 땅에서는 가난한 사람들이 더 자유롭게, 덜 붐비고 덜 문란하게, 그리고 확실히 안정적이고 건전하게 살았다.

---

[29] Pap de Boulaq I, 16, 13 ff.; Erman, Aegypten, 223.

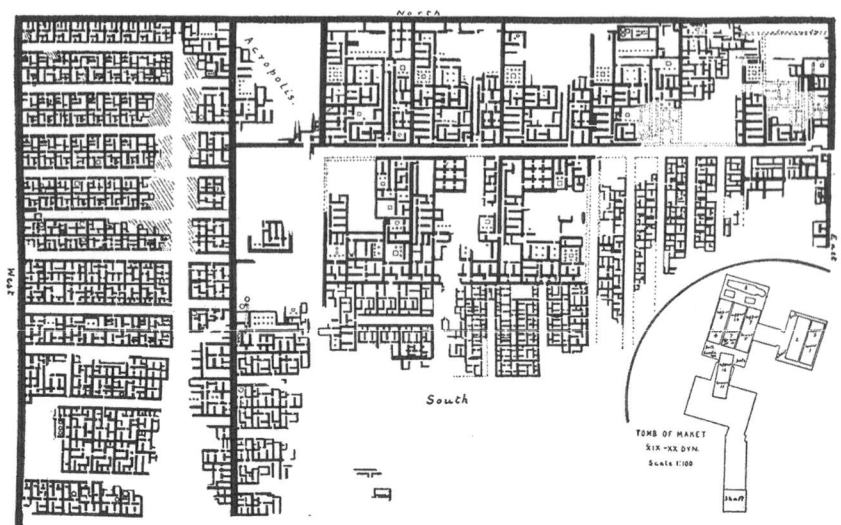

지도 1. 일라훈의 성읍, 가난한 사람들이 모여 사는 혼잡한 구역을 보여 준다. (피트리)

    부자와 귀족, 관리계급의 집은 크고 널찍했다. 제3왕조의 한 대귀족인 메텐(Methen)은 927평이 넘는 집을 지었다.[30] 건축자재는 나무와 햇볕에 말린 벽돌이었고, 건축은 경설비로 기후에 맞게 통풍이 잘되도록 지었다. 격자를 붙인 창이 많았고, 거실의 벽은 많은 일본 집과 같이 사방이 모두 대체로 뼈대만 있었다. 바람과 모래 폭풍에 대비하여 그들은 화려한 색깔의 가림막을 드리웠을 수 있다. 방비를 강화했을 왕궁조차도 이렇게 경설비로 지어졌다. 따라서 고대 이집트의 도시들은 완전히 사라졌거나, 망가진 담의 얼마 안 되는 파편들이 포함된 흙 둔덕만을 남겼다. 훌륭한 솜씨로 상아를 박아 넣은 흑단 나무로 만든 침대, 의자, 등받이 없는 걸상, 상자가 주요 가구들이었다. 탁자는 거의 또는 아예 사용되지 않았으나, 설화석고, 다른 값비싼 돌, 구리, 때로는 금이나 은으로 만든 솜씨 좋은 그릇들이 주춧돌

---

[30] I, 173.

위나 바닥에서 올려진 수직 받침 위에 놓여 있었다. 바닥에는 두꺼운 깔개가 깔려 있어 손님들, 특히 여성들이 의자나 걸상보다 자주 깔개 위에 앉았다. 음식은 풍부하고 다양했다. 죽은 사람들조차 사후에 "10가지의 고기, 다섯 종류의 가금류, 16가지의 빵과 케이크, 여섯 종류의 포도주, 네 종류의 맥주, 11가지의 과일, 이밖에 온갖 종류의 달콤한 디저트와 다른 것들"[31]을 원했다. 이 고대 귀족들의 의상은 아주 단순했다. 흰색의 리넨 킬트만을 사용했으며, 엉덩이 위에서 띠나 끈으로 단단히 묶었고, 무릎까지 내려오는 경우는 드물었다. 또는 장딴지까지 내려오는 종류도 있었다. 머리는 흔히 짧게 깎았고, 두 종류의 가발을 국가의 모든 행사 때 썼다. 한 종류는 짧고 말린 곱슬머리 가발이고, 다른 하나는 머리 한가운데서 가르마를 탄 길고 곧은 머리의 가발이었다. 종종 값비싼 돌을 박아 넣은 넓은 목 장식을 대개 목에 걸고 있었다. 그러나 다른 경우에는 허리 위 상반신에 아무것도 걸치지 않았다. 손에 긴 지팡이를 쥐고, 당시의 신사는 방문객을 맞이하거나 자신의 땅을 시찰할 준비가 되어있었다. 그의 아내나 딸들은 모두 더 단순한 옷을 입고 등장했다. 그들은 얇고 몸에 꼭 맞으면서 가슴에서 발목까지 오는 소매 없는 흰색 리넨 옷을 입고 있었는데, 어깨 위에 걸쳐진 끈 두 가닥으로 이어져 있었다. 치마는 현대의 여성복 제조업자가 아마 '여유가 없다'라고 말할 정도로 겨우 걸을 수 있을 정도였다. 긴 가발, 목 장식과 목걸이, 한 쌍의 팔찌로 여성의 의상은 완성되었다. 그녀나 귀족은 이따금 샌들을 신기도 했지만, 샌들을 좋아하지는 않았다. 짐작건대 그러한 기후 때문에 어른들도 불필요한 옷을 껴입지 않고 살았지만, 아이들은 어쨌든 옷을 아예 입지 않고 쏘다니며 놀아도 되었다. 농부들은 엉덩이 부분에 천 조각만을 둘렀는데, 밭에서 일할 때는 자주 벗어던졌다. 농부의 아내는 귀

---

[31] Dümichen Grabpalast, 18-26; Erman, Aegypten, 265.

족의 아내가 입는 것과 똑같은 몸에 맞는 긴 옷을 입고 있었다. 그러나 그녀 역시 곡물을 키질하는 것과 같은 힘든 일을 할 때는 모든 옷을 벗어놓았다.

그림 13. 고왕국 이집트 귀족의 저택과 정원(페로-쉬피즈)

그림 14. 파피루스 습지에 띄운, 갈대로 만든 작은 배에서 던지는 막대기로 들새를 사냥하는 고왕국의 한 귀족

　이집트인들은 자연과 야외생활을 매우 좋아했다. 귀족의 집은 항상 정원으로 둘러싸여 있었다. 그는 정원에 무화과나무, 야자수, 이집트産 무화과를 즐겨 심고, 포도원, 정자도 설계했다. 집 앞에 연못을 만들었고 연못 주위에 낮은 돌벽을 쌓았으며, 연못을 물고기로 채웠다. 많은 하인과 노예가 집안과 정원에서 시중을 들었다. 최고 집사가 집 전체와 땅을 책임지고 관리했다. 상급 정원사는 정원을 관리하고 꾸미도록 노예들을 지휘했다. 이곳은 귀족의 낙원이었다. 여기서 그는 여가를 가족, 친구들과 함께 체커 놀이를 하거나 하프, 관악기, 류트 음악을 듣고, 그의 여자들이 당시의 느리고 우아한 춤을 추는 것을 보면서 보냈다. 한편 아이들은 나무 사이에서 장난을 치거나 연못에서 물을 튀기며 놀거나 공이나 인형, 또는 꼭두각시 인형을 가지고 놀았다. 또한, 귀족은 아내와 때로는 자식 중 한 명을 동반하고,

키가 큰 골풀 그늘 아래 물에 잠긴 습지나 늪에서 파피루스 갈대로 만든 가벼운 배를 타고 다니는 것을 좋아했다. 그의 약하고 작은 배 가까이서 떼를 지어 있는 무수한 생명은 그에게 짜릿한 즐거움을 안겨주었다. 부인은 수련과 연꽃을 따고 소년은 후투티 새를 잡으려 했을 것이다. 귀족은 그의 위로 하늘을 꽤 어둡게 만든 들새 떼 사이로 부메랑을 던졌고, 이 오락이 사용하기 까다로운 무기를 써야 한다는 것을 알았다. 이 때문에 그는 더욱 효과적이고 덜 어려운 활을 사용하는 것을 더 좋아했다. 그렇지 않으면 그는 끝이 뾰족하게 두 갈래로 나뉜 낚시용 작살을 잡고 가능하면 두 갈래에 한 마리씩, 한 번에 두 마리의 물고기를 찌르려고 애쓰면서 시냇물에서 자신의 기술을 써보려 했다. 때때로 공격적인 하마나 다루기 어려운 악어가 밧줄이 달린 긴 작살을 물고 늘어지면, 습지의 어부와 사냥꾼들이 모여들어 그 위험한 짐승의 사냥을 도왔다. 귀족들은 종종 사막에서 더욱 힘든 스포츠를 즐겼다. 그곳에서 자신의 긴 활로 커다란 야생의 수소를 쓰러뜨리거나, 수많은 영양, 가젤, 오릭스, 아이벡스,[32] 야생의 수소와 나귀, 타조, 산토끼들을 산 채로 잡았을 것이다. 또는 새의 머리와 날개를 가진 네 발 달린 그리핀이나, 머리는 독수리 머리이고 꼬리 끝은 연꽃인 암사자 새그(Sag)와 같은, 그들의 상상 속에서 황무지를 가득 채웠던 이상한 짐승들을 순식간에 힐끗 보았을 것이다. 자연에 대한 이집트인의 사랑, 삶에 대한 그들의 건전하고 밝은 생각, 죽음에 대한 준비를 꼼꼼하게 끊임없이 하면서도 지칠 줄 모르는 쾌활함 등 이집트인들 삶 속의 이 같은 더욱 밝은 면에서, 우리는 이집트인 본성의 보편적 특징을 발견하게 된다. 그리고 이 특성은 그들의 예술에서 너무나 분명하여, 같은 시대 아시아의 예술에 퍼져 있는 음산한 무거움 위로 그들의 예술을 높이 끌어 올렸다.

---

[32] **[역주]** 야생의 뿔이 큰 염소로 유럽, 아시아, 아프리카 북동부 산악지대에 서식한다.

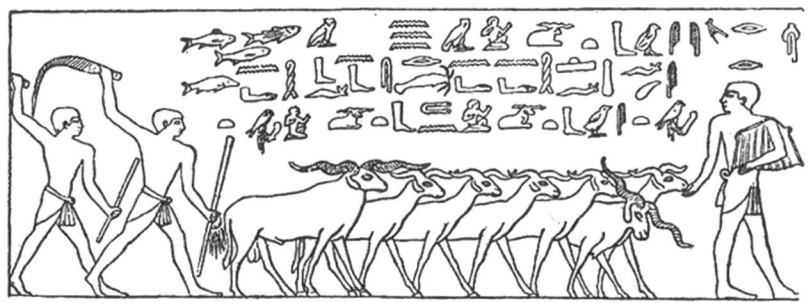

그림 15. 고왕국의 농업
위의 그림에서는 밭을 갈고 흙덩이를 부수고 씨를 뿌리고 있다. 아래 그림에서는 씨앗이 땅속에 묻히도록 씨 뿌려진 밭을 양 떼가 밟고 지나가게 하고 있다. 앞쪽의 양치기가 질퍽한 밭을 건너가며 양들에게 노래한다. "양치기가 물속 물고기 사이에 있다네. 그가 나르 피쉬(nar-fish)와 이야기 하네. 그가 웨스트 피쉬(west-fish)와 짧은 인사를 나눈다네.···" 노래는 양 떼 위에 쓰여 있다.

그림 16. 얕은 물길을 건너는 고왕국의 가축 떼

단일정부가 약 500년간 통치하면서, 거대한 둑과 관개 수로 장치로 강의 범람을 중앙에서 통제하여 국가의 생산성을 최고 수준으로 끌어올렸다. 고왕국의 이러한 문명의 경제적 기초는 이집트 역사상 다른 모든 시기와 마찬가지로 농업이었다. 우리가 묘사해 온 사회와 정치 구조를 가능하게 했던 것은 계곡의 무궁무진한 토양에서 이집트인들이 거둬들인 막대한 양의 밀과 보리였다. 곡물 외에, 모든 사유지의 일부였던 광대한 포도원, 넓은 다육식물 밭은 국토의 농업자원을 상당히 증가시켰다. 소, 양, 염소 떼, 당나귀 떼(말은 알려지지 않았으므로)와 막대한 수의 가금류, 야생 조류, 이미 언급한 사막의 막대한 사냥감, 수없이 많은 나일강의 물고기가 밭의 생산량을 상당히 늘려주었고, 나라가 당시 누리고 있던 부와 번영에 기여했다. 따라서 왕국의 수백만 인구가 해마다 부를 생산해 내기 위해 열심히 일했던 곳이 밭과 목초지였다. 이러한 부를 통해 이집트의 경제적인 과정이 지속되었다. 다른 부의 원천은 또한 대규모 노동 인력을 동원했다. 제1폭포에 화강암 채석장이 있었고, 사암이 실실레(Silsileh)³³에서 채취되었다. 양질의 단단한 돌은 주로 콥토스와 홍해 사이에 있는 함마마트에서 채취되었다. 아마르나(Amarna)³⁴ 뒤의 하트누브(Hatnub)에서는 설화석고를 채취했으며, 많은 지역, 특히 멤피스 맞은편의 아얀(Ayan)이나 트로이아(Troia)에서는 석회석을 채취했다. 제1폭포에서는 길이 6~9m, 무게 오륙십 톤의 화강암 덩어리를 가져왔다. 그들은 구리로 된 관(대롱) 모양의 송곳으로 섬록암 같은 가장 강한 돌에 구멍을 뚫었다. 크고 묵직한 화강암 석관 뚜껑은 송곳처럼 모래나 금강사로 강화한 긴 구리톱을 켜서 만들었다. 구리, 터키석, 청금석(靑金石), 정교한 상감세공에 쓰이는 청록의 공작석을 얻기 위해서 광부들과 채석공들이 시나이로의 원정 기간 대량으로 고용되었다. 철은 벌써 제한된 범위에서 도구를 만드는 데 사용되었는데, 어디서 가져다 썼는지는 확실하지 않다. 청동은 아직 사용되지 않았

---

³³ [역주] 상이집트 게벨에 위치한다.
³⁴ [역주] 이크나톤은 수도를 테베에서 북쪽으로 300km 떨어져 있는 나일강 동쪽 연안으로 옮기고, 아케타톤(아톤의 지평선)이라고 이름을 붙였다. 지금은 텔 엘-아마르나 또는 아마르나라고 불린다.

그림 17. 고왕국 금속세공인들의 작업장
위 그림 왼쪽에서는 귀금속과 공작석의 무게를 재고 있다. 가운데에서는 남자들이 용광로를 향해 취관을 불고 있다. 오른쪽에서는 쇠붙이를 주조하고 두드려 펴고 있다. 아래서는 목걸이와 비싼 장신구를 조립해 만들고 있다. 이 작업에 난쟁이를 고용한 것을 주목하라.

다. 대장장이들은 구리와 철로 된 도구, 즉 볼트, 못, 경첩과 모든 계급의 장인들을 위한 온갖 종류의 장비를 공급했다. 그들은 또한 아주 양질의 구리로 만든 무기 외에도 부자들의 식탁을 위해 구리로 된 정교한 그릇들도 만들었다. 더 살펴보겠지만, 그들은 조형 미술의 영역에서도 놀랄 만한 성과를 거두었다. 은은 외국에서 아마도 소아시아의 실리시아(Cilicia)에서 왔을 것이다.[35] 따라서 금보다 더 귀하고 비쌌다. 금은 홍해를 따라 이어진 화강암 산맥의 석영 암맥(巖脈)에 풍부하게 매장되어 있었고, 콥토스 길 위의 와디 포아키르(Wadi Foakhir)에서 채취되었다. 마찬가지로 주로 외국인이 채굴했고, 또한 동부 사막에서 금이 발견된 누비아와의 무역을 통해서도 얻었다. 고왕국에서 파라오와 귀족들이 착용한 장신구 중에 전해 내려온 것은 거의 없지만, 무덤 제사실의 부조 작품들은 종종 금 세공인들이 일하고 있는 모습을 묘사했다. 또한, 중왕국의 금세공인 자손들이 남긴 작품은 제1왕조의 스타일과 솜씨가 고왕국시기에 중단되지 않고 발전했음을 보여 준다.

---

[35] **[역주]** 실리시아는 소아시아 남동부, Taurus 산맥과 지중해 사이의 고대 지방이었다.

나일 계곡은 다른 중요한 산업의 발전에 필요한 거의 모든 원료를 공급했다. 양질의 건축용 돌을 얻기가 쉬웠는데도, 막대한 양의 햇볕에 말린 벽돌이 오늘날에도 여전히 그렇듯이 벽돌제조장에서 생산되었다. 그리고 우리가 살펴본 대로 벽돌공들은 가난한 사람들을 위한 숙소 전부와 부자들의 저택, 무기고, 창고, 요새, 도시의 담을 이 싸고 편리한 재료로 지었다. 숲이 없는 계곡에서 주로 볼 수 있는 나무는 대추야자, 무화과나무, 타마리스크, 아라비아고무나무였는데, 이들 중 어떤 것도 좋은 목재는 아니었다. 그러므로 목재는 드물고 비쌌다. 그런데도 목공, 가구를 만드는 목수, 수납장 제조인들이 많이 활약했다. 궁전 또는 귀족의 사유지에 고용된 목공들은 시리아에서 수입된 삼나무와 남쪽에서 유입된 흑단 나무 및 상아로 놀랄 만한 작품들을 만들었다. 모든 성읍과 드넓은 사유지에서 선박의 제조가 끊임없이 이루어졌다. 곡물과 가축을 실어 나르기 위한 화물선부터 거대한 돛과 여러 개의 노가 달린 귀족들의 화려한 '다하비예(dahabiyeh)'[36]에 이르기까지 다양한 모양의 선박이 있었다. 이 조선공들이 홍해의 해안에서 가장 최초의 것으로 알려진 항해용 배를 만들었다.

그림 18. 고왕국의 조선(造船)

---

[36] [역주] dahabeah, dahabeeyah, dahabiah, dahabiya, dahabiyah, dhahabiyya, dahabiyeh, dahabieh 등으로도 표기되어 있다. 바닥이 얕고 두 개 이상의 돛을 가진 바지선 모양의 여객선이다.

예술적인 석공들이 여전히 설화석고, 섬록암, 반암, 다른 값비싼 돌을 사용해서 화려한 그릇, 꽃병, 단지, 주발, 접시들을 생산했지만, 석공의 작품은 점차로 도공들에게 밀려났다. 도공들이 만든 짙은 청록의 윤이 나는 채색 도자기가 더 유행할 수밖에 없었다. 도공은 귀족과 정부의 창고에 기름, 포도주, 고기, 다른 음식들을 저장하기 위한 조악한 대형 단지도 대량으로 생산했다. 한편 수백만 명의 하층 계급 사람이 더 작은 그릇들을 사용함으로써, 도기의 제작은 이 나라의 주요 산업 가운데 하나가 되었다. 당시의 도기는 장식이 없었고 예술작품이라 하기 어려웠다. 유리는 여전히 주로 광택제로 사용되었고 독자적인 원료로 개발되지 않았다. 목초지와 가축의 무리가 있는 땅에서 가죽생산은 당연한 것이었다. 무두장이들은 가죽을 보존 처리하는 기술을 완벽하게 습득하여 양질의 부드러운 가죽을 생산했다. 그들은 생산한 가죽을 온갖 색깔로 염색하여 걸상, 의자, 침대, 쿠션에 씌우고, 화려한 덮개와 천개(天蓋)를 만들었다. 아마는 많이 재배되었고, 파라오의 아마 수확은 고위층의 귀족이 관리했다.[37] 광대한 사유지에서 일하는 농노 여자들은 방적공이나 직공(織工)이었다. 일반적으로 사용되는 거칠게 짠 옷감들조차도 질이 좋았다. 현존하는 왕실의 리넨은 너무나 정교하여 그것을 실크와 구분하려면 돋보기가 필요할 정도이며, 입은 사람의 팔다리는 옷감을 통해 식별할 수 있었다. 습지에서 제공되는 다른 식물 섬유들은 규모가 큰, 더 거친 직물 산업을 지탱했다. 식물섬유 가운데 파피루스가 가장 유용했다. 널찍하고 가벼운 작은 배가 파피루스로 만들어졌는데, 파피루스 긴 다발들을 묶어서 만들었다. 밧줄도 야자수 섬유로 만들 듯이 파피루스를 꼬아서 만들었다. 샌들도 파피루스를 엮어서 만들었고 깔개도 파피루스를 짜서 만들었다. 그러나 무엇보다도 얇고 긴 조각으로 쪼개지면 조

---

[37] I, 172, 1. 5.

각들을 붙여서 질긴 종이로 만들 수 있었다. 이집트의 문자가 페니키아로 전파되고 고대 그리스·로마에 문자가 공급된 것은 잉크로 쓰는 방법 덕분일 뿐 아니라 어느 정도 이 편리한 쓰기 재료 덕분이기도 했다. 점토 위에 설형문자로 쓴 왕실의 급송 공문서는 종종 3.63kg~4.53kg의 무게가 나갔고 전령이 몸에 지니고 다닐 수 없었지만, 점토 서자판보다 50배나 되는 쓰기 면적을 가진 파피루스 두루마리는 편리하게 가슴께에 넣고 다닐 수 있었을 것이다. 따라서 매매에도 쓰일 수 있었고 책으로도 사용되었을 것이다. 그러므로 기원전 12세기에 벌써 페니키아로 전해지기 시작한 것[38]은 쉽게 이해할 수 있다. 파피루스 종이의 생산은 이미 고왕국에서 크고 번창한 산업으로 성장했다.

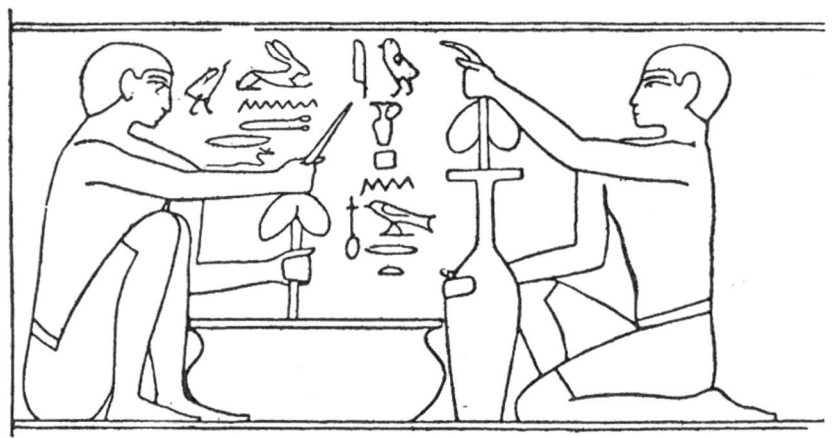

그림 19. 석기에 구멍을 뚫는 인부들
한 사람이 "이 그릇 참 예쁘다"라고 하자, 그의 동료가 대답한다. "정말 그래." 두 사람이 나눈 대화가 그들 앞에 기록되어 있다.

---

[38] IV, 582; 632쪽을 참조.

그림 20. 고왕국의 파피루스 수확
왼쪽 두 사람은 파피루스 줄기를 뽑고 있고, 옆의 두 사람은 줄기를 다발로 묶고 있다. 다음 네 사람은 다발을 옮기고 있다.

　나일강은 이 산업 제품들 및 밭과 초지의 생산품을 싣고 파라오의 국고나 제품들이 처분되는 시장으로 가는 온갖 종류의 보트와 바지선, 소형 배들로 붐볐다. 이곳에서는 물물교환이 흔한 거래 수단이었다. 투박한 단지를 생선과 바꾸고 양파 한 다발을 부채와 바꿨으며 나무상자를 화장 크림을 담은 납작한 병과 교환했다(사진27). 그러나 어떤 거래에서는 아마도 더 큰 가치를 가진 것들, 즉 고정된 무게의 고리 형태로 된 금과 구리가 화폐의 기능을 했다. 벌써 그러한 고리들에 돌의 무게로 가치가 표기되어 있었다. 이 고리 화폐가 지금까지 알려진 것 중 가장 오래된 화폐이다. 은은 드물고 금보다 비쌌다. 상거래는 벌써 높은 수준까지 발전했다. 장부와 수지계산서가 보존되었고 주문서와 영수증도 주어졌다. 유서와 부동산 양도증서도 만들어졌다. 장기간의 문서계약도 시작되었다. 모든 귀족에게 사무원, 비서로 구성된 자신의 팀이 있었고, 귀족은 동료와 편지, 공문서를 끊임없이 주고받았다. 기원전 26세기에 남쪽 변경의 귀족들이 거주했던, 엘레판티네 섬에 있는 햇볕에 말린 벽돌집에서 나온 빈약한 유물에서 최근 농부들이, 가정에서 썼던 종이의 자투리와 한때 위대한 사람의 집무실에서 정리되었을 상거래 문서를 발견했다. 그러나 무지한 발견자가 그 귀중한 기록들을 조각내서 파편만이 지금 남아있다(사진26). 파편 가운데 여전히 식별할 수 있는 편지, 법적 절차에 관한 기록, 비망록은 현재 파피루스 문서가 보존된 베를린 박물관에서 발행되고 있다.

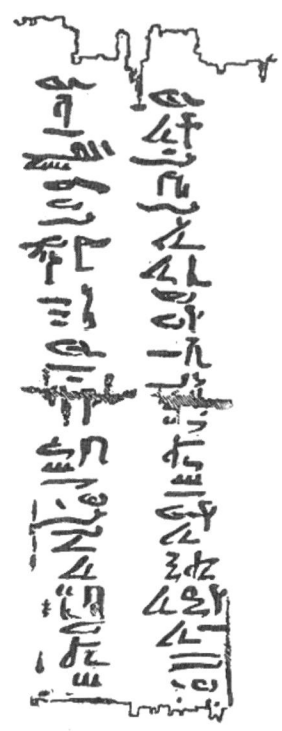

사진 26. 2행의 고왕국 법률문서 파피루스에 신관서체로 쓰여 있다. 102쪽 참조(원본은 베를린에 있다).

그러한 상황에서 당시 학문에 대한 교육은 관리가 되려면 필수였다. 국고와 관련된 잡다한 기록을 위해 다수의 숙련된 서기가 필요했다. 따라서 젊은이들이 서기직에 알맞게 교육과 훈련을 받는 학교가 있었다. 이집트인들에게 학문은 단 한 가지 면, 즉 실용성만 있으면 되었다. 진리를 찾는 최상의 즐거움, 학문 자체를 위한 학문의 추구는 이집트인에게는 알려져 있지 않았다. 서기의 주장에 따르면 학습한 지식은 젊은이를 다른 모든 계층 위로 높여주는 장점이었다. 그 이유 때문에 소년은 어린 시절부터 학교에 가서 부지런히 학업을 계속해야 했다. 스승은 가르침을 끊임없이 젊은이의 귀에 들려주면서도 이것으로 멈추지 않았다. 그의 원칙은 '소년의 귀는 등에 있어서 맞아야 귀를 기울인다'[39]는 것이었다. 가르침의 내용은 대부분 건전하고 이성적인 수많은 도덕적 교훈 외에 주로 글씨 쓰기였다. 무수한 동물과 인간의 형상을 가진 정교한 상형문자는 박물관에 있는 기념물이나 이집트에 대한 저작물에서 종종 보아왔듯이 일상의 수요에 맞추기에는 너무 느리고 힘든 쓰기 방법이었다. 파피루스 위에 잉크로 빨리 이 모양들을 적으려는 시도로 인해 점차 기호를 생략하여 윤곽만을 적게 되었다. 대부분 모난 것을 둥글게 그리거나 생략했다. 우리가 '신관서체'라 부르는 이

---

[39] Pap. Anast. 3.3 = Ibid. 5, 8.

사진 27. 고왕국 시장의 광경
(Lepsius, *Denkmaeler* 참고)

흘려 쓴 서체는 초기 왕조 시기에 벌써 시작되었고, 고왕국이 흥기하면서 우아하고 빠른 쓰기 체계로 발전했다. 우리가 손으로 쓴 글씨가 인쇄된 글자와 비슷해 보이지 않는 것만큼 이 우아하고 빠른 쓰기 체계는 상형문자와 닮지 않았다. 정부의 행정과 일상적인 상거래에 이러한 쓰기 체계를 도입하자 정부와 사회에 큰 변화가 생겼고, 현대 사회에서도 여전히 문제가 되는 문맹층과 식자층 간의 계급 구분이 영원히 생겼다. 젊은이가 서기로서 또는 무기고의 관리인으로서 또는 광대한 사유지의 집사로서 모두가 갈망하는 관리직에 발을 들여놓을 수 있게 해 준 것은 이 쓰기 체계를 습득한 덕분이었다. 따라서 스승은 소년 앞에 견본인 편지와 속담, 문학적인 문장을 놓았고, 소년은 고대 학생들의 습자책인 두루마리에 이를 힘들여 베껴 썼다. 고왕국이 몰락하고 약 1,500년 후인 제국시대의 이 같은 습자책이 대량으로 발견되었다. 그렇지 않으면 소실되었을 많은 문장이 이렇게 해서 서기학교 학생의 불확실한 손에서 잔존하게 되었다. 문장들은 스승이 여백에 수정해 놓은 것을 통해 쉽게 식별할 수 있다. 그가 잘 쓸 줄 알게 되자 젊은이는 어떤 관리에게 맡겨졌고, 그의 사무실에서 일을 도우며 스스로 사다리 맨 아래에 있는 어떤 관직을 맡을 수 있을 때까지 점차 서기로서의 일과와 책임을 배웠다.

따라서 교육은 관직을 위한 실용적인 지식에만 국한되었다. 자연과 외부 세계에 대한 지식은 대체로 필요할 때에만 추구되었다. 우리가 이미 넌지시 밝혔듯이 이집트인들은 진리 자체를 위해 진리를 추구해야 한다는 생각은 결코 하지 못했다. 그와 같은 상황에서 당시의 과학은, 우리가 조금이나마 그렇게 지칭할 수 있다면, 이 시대의 활동적인 사람들이 매일 직면하는 실용적인 일을 할 수 있게 해 주는, 자연의 상태에 관한 지식이었다. 그들은 천문학에 상당히 실용적인 지식이 있었다. 그들의 조상이 고왕국이 흥기하기 거의 13세기 전에 합리적인 역법을 도입할 수 있게 해 준 그 지식에서 발전된 것이었다. 그들은 벌써 하늘의 지도를 만들었고 주요한 항성들을 식별해 냈으며, 실용적인 목적을 위해 정확한 도구를 써서 별의 위치를 확정할 수 있을 정도의 관측시스템을 개발했다. 그러나 그들은 전체적으로 천체에 대한 이론을 정립하지 않았고, 그러한 시도가 실용적이거나 노력을 할 만한 일이라는 생각도 하지 않았다. 수학에서는 통상적인 산술과정이 일상적인 상거래나 정부의 업무에 필요했고, 서기들 사이에서는 오래전부터 흔히 쓰이기 시작했다. 그러나 분수는 어려움을 야기했다. 서기들은 분자가 1인 분수들만 다룰 수 있었다. 모든 다른 분수는 당연히 각각 분자가 1인 몇 개의 숫자로 분해되었다. 유일한 예외가 2/3였다. 그들은 2/3를 분해하지 않고 사용할 수 있도록 배웠다. 기초적인 대수 문제도 어려움 없이 해결했다. 기하학에서 그들은 보다 간단한 문제들은 쉽게 해결할 수 있었다.

사다리꼴 영역에서는 어려움과 오류가 있었지만, 원에서는 거의 정확하게 문제를 해결할 수 있었다. 곡물 더미의 용량을 알아내기 위해 반구체의 용적을 거의 근사치로 계산하게 되었고, 원형의 곡물창고의 용적을 알아내기 위해 원통의 용적을 계산하게 되었다. 그러나 이론적인 문제는 논의되지 않았고 과학은 일상생활에서 지속적으로 직면하는 문제들만을 다루었다. 거대한 피라미드의 정사각형 밑면 같은 평면도의 설계는 놀랄 만큼 정확하게 수행될 수 있었다. 그 배치는 현대적 기계를 사용했을 때에 거의 필적하는 정확성을 보여 준다. 이렇게 건축가와 장인은 고도로 발전된 역학 지식을 이용할 수 있었다. 아치가 석조 건축에 사용되었는데, 가장 오래된 아치로 알려진 것(사진28)은 BC 30세기까지 거슬러 올라갈 수 있다. 거대한 기념물을 옮기기 위해 가장 간단한 장치들만이 사용되었다. 도르래도 알려지지 않았고 아마 롤러도 마찬가지였을 것이다. 약은 이미 경험에 바탕을 둔 지혜를 많이 축적하여 세심하고 정확하게 관찰하였음을 보여 준다. 의사라는 직업은 벌써 존재했고 파라오의 어의는 신분과 영향력이 높은 사람이었다. 그의 처방은 대개 합리적이고 유용했지만, 머리가 세는 것을 막기 위해 검은 송아지의 털을 달인 약을 처방한 것처럼 어떨 때는 천진난만한 것이었다. 처방들은 벌써 수집

사진 28. 제3왕조의 아치(홍예문)
가스탕(Garstang)이 발견한 베트 칼라프의 무덤에서

되어서 파피루스 두루마리에 기록되었다.[40] 이 시대의 처방은 후세에 약효로 유명했다. 일부는 마침내 그리스인들을 통해 유럽으로 전해졌는데, 오늘날에도 유럽의 소농들 사이에서 여전히 사용되고 있다. 진정한 과학으로의 진보를 가로막는 것은 마법에 대한 믿음이었는데, 이 믿음이 나중에는 의사의 모든 치료행위를 지배하기 시작했다. 의사와 마법사 사이에는 큰 차이가 없었다. 모든 치료는 마법의 주문에 어느 정도 의지하고 있었다. 그리고 많은 경우 의사의 마법의 '주문(hocus pocus)' 자체가 어떤 치료보다도 더 효과적인 것으로 여겨졌다. 질병은 적대적인 영혼 때문이며, 이에 대항하려면 마법만이 효력이 있었다.

예술은 고대 세계의 다른 어떤 곳보다도 번성했다. 이집트인들의 마음가짐은 훗날 그리스 세계의 예술을 특징지었던 것과 완전히 같지는 않았다. 이상적인 아름다움만을 추구하고 제작하는 예술은 그들에게 알려져 있지 않았다. 이집트인은 자연에서 발견되는 아름다움을 사랑했다. 그의 정신은 집과 주변 환경에서의 아름다움을 원했다. 연꽃은 그의 숟가락의 손잡이 부분에서 꽃이 피었고, 포도주는 연꽃의 깊고 푸른 꽃받침 속에서 반짝거렸다. 상아로 조각해 만든 근육질의 황소 다리는 그가 누워 자는 긴 의자를 떠받쳤다. 그의 머리 위의 천장은 야자나무 줄기 위에서 쉬고 있는, 별이 총총히 박힌 하늘이었고, 각각의 야자나무 줄기 위는 늘어진 잎들이 술 모양으로 우아하게 덮여 있었다. 또는 파피루스 줄기가 바닥에서 올라와 흔들리는 꽃 위로 푸른 하늘 지붕을 떠받쳤다. 비둘기와 나비는 집 안의 하늘을 가로지르며 날아다녔다. 프레스코 화법으로 그린 바닥은 초록색의 풀로 가득 덮인 습지로, 물고기가 풀의 뿌리 사이를 미끄러지듯 지나가고 있었다. 야생 수소는 흔들거리는 풀 위로 재잘대는 새들을 향해 고개를 휙 쳐들었고,

---

[40] I, 246.

새들은 약탈하러 몰래 둥지를 기어 올라가는 족제비를 내쫓으려 헛되이 애쓰고 있었다. 부자들의 가정에서는 일상생활의 모든 것이 부지불식간에 선의 아름다움과 황금비율을 보여 주었다. 자연과 야외생활의 아름다움은 보는 사람에게 모든 곳을 아름답게 꾸미도록 했고, 가장 흔한 대상에게조차 어느 정도 두드러진 차별성을 부여했다. 이렇게 이집트인들은 쓸모 있는 모든 물건을 장식하고 아름답게 만들려 했다. 그러나 그러한 물건들은 실용적인 용도로 쓰였다. 이집트인들은 아름다움만을 위해 아름다운 것을 만들지는 않았다. 그러므로 조각에서도 실용성이 우선이었다. 고왕국의 눈부신 조상(彫像)들은 시장에 세워두려고 만들지 않았고 석실 분묘 안에 세워두려고 만들었다. 우리가 앞장에서 보아왔듯이 조상들은 고인들에게 사후에 실질적인 편의를 제공할 것이다. 고왕국에서 인물상이 놀랄 만하게 발전한 것도 주로 이러한 동기에 기인한 것이다.

사진 29. 케프렌(Khephren)의 섬록암 조각상
(카이로 박물관)

사진 30. 라노페르의 석회석 조각상
(카이로 박물관)

사진 31. 헴세트(Hemset)의 석회석 조각상
(루브르: Capart, *Recueil des Monuments*)

조각가는 조각 대상을 충실한 스케치로 친밀하고 인격을 갖춘 스타일로 만들거나 조각 대상을 틀에 박힌 유형, 형식적이고 전형적인 스타일로 묘사할 수 있다. 완전히 다르지만 똑같은 사람을 나타내는 두 유형은 같은 무덤 안에 출현할 수 있다. 모든 장치가 실물과 더욱 닮게 보이도록 채택되었다. 조상 전체가 자연 색조로 칠해졌고, 눈은 수정을 박아 넣었다. 멤피스의 조각 작품들에 흘러넘치는 활기는 언제나 비할 데 없이 최고였다. 좌상(坐像) 가운데 최고는 그 유명한, 기자(Gizeh)의 두 번째 피라미드의 건설자인 카프레의 인물상이다(사진29). 조각가는 아주 단단하고 다루기 힘든 재료(섬록암)로 인한 한계를 솜씨 좋게 해결했다. 재료로 인해 대상을 간략하게 표현해야 했기 때문에 작품의 두드러진 특징이 결여되지 않도록 눈에 띄는 특징을 살짝 강조했다. 세계의 위대한 조각가들에 비견될 만한 무명의 거장은 현대의 조각가들은 하지 않는 기술적인 어려움과 싸우면서 현실의 왕에게 불멸의 형상을 부여했다. 또한, 비할 데 없는 기술로 당시 사람들이 그들의 국왕에게 부여한 신성의, 침착한 평온함을 우리에게 보여 주었다. 조각가는 조금 더 부드러운 재료로 더 자유롭게 표현할 수 있었는데, 가장 좋은 예 가운데 하나가 루브르박물관에 있는 헴세트(Hemset)의 좌상이다(사진31). 이 좌상은 인체를 간략하게 표현했는데도 놀라우리만치 활기가 있다. 간략한 표현, 즉 불충분함은 환조로 된 고왕국 조각상의 특징이다. 예술가가 모델에서 가장 독특한 개성적인 요소로 여기는 곳이 머리이다. 따라서 예술가는 머리에 그의 모든 기술을 쏟아붓는다. 왕과 귀족의 이러한 형상은 자세가 다양하지 않고 단조로웠다. 사실 귀족을 묘사한 유일한 다른 자세가 있다. 아마 가장 좋은 예는 당시의 위풍당당한 귀족인, 사제 라노페르(Ranofer)의 말이라도 건넬 듯한 실물 같은 형상이다(사진30). 한편 모델의 특징은 우리의 마음에 들지는 않지만, 고왕국의 가장 두드러진 흉상 가운데 하나로, 포동포동하고 독선적인 늙은 감독관의 잘 다듬어진 목조 흉상이 있다. 이 조각상은 우리가 지금까지 살펴본 다른 작품들과 같이 카이로 박물관에 있다(사진32). 이제는 모든 사람이 알고 있듯이, 그는 'Shekh el-beled' 즉 '마을의 족장'이라고 불려왔다. 그 조각상을 발굴한 사람들이 조각상의 얼굴이 그들 마을의 족장과 놀랄 만큼 닮은 것을 보고 모두 일제히 '마을의 족장!'이라고 외쳤기 때문이다. 고인이 된 귀족을 사후세계에서 수행할 하인들을 묘사할 때, 조각가는 귀족의 포즈를 결정했었던 가장 전제적인 관행들로부터 자유로웠다. 그는 하인들이 집에서 자신들의 주인을 위해 해왔던 일을 무덤에서 계속하는 것처럼 실물과 똑같이 온 집안의 하인들의 모형을 제작했다. 심지어 귀족의 비서도 다음 세계로 그를 수행해야 한다. 조각가는 그 유명한 '루브르 서기'를 너무나 생기 있게 만들어서(사진33) 서기의 빈틈없는 매서운 표정을 들여다보고 있노라면, 오천 년이 지난 지금에도 주인의 지시를 받아 적느라 갈대 펜이 그의 무릎 위 파피루스 두루마리 위에서 빠르게 움직이기 시작한다 해도 놀랍지 않을 것 같다. 누세르레(Nuserre)[41] 태양 신전의 화강암 사자 머리 같은 눈부신 동물상(사진34)들도 가장 단단한 돌로 만들어졌다.

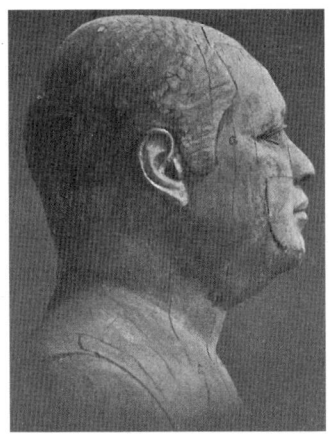

사진 32. 마을의 족장이라 불린 나무로 만든 두상(카이로 박물관)

사진 33. 고왕국 서기의 석회석 조각상 (루브르)

---

[41] [역주] 누세르레는 이집트 제5왕조의 파라오이다. 네우세르레(Neuserre), 니우세르레(Nyuserre)로도 알려져 있다. '레의 힘을 가지다'라는 뜻이다.

사진 34. 화강암으로 만든 장식용 사자 두상 (카이로 박물관)

이 까마득한 시대의 예술가들이 금속으로 실물 크기의 형상을 제작하는 것 같은 야심 찬 일을 기획했으리라고는 상상도 못할 것이다. 그러나 페피(Pepi) 1세의 궁중 조각가들과 구리 세공인들은 왕의 첫 번째 기념제를 축하하며 심지어 이것을 완수했다(사진35-36). 나무로 만든 속 위에 두들겨 늘인 구리로 왕의 얼굴과 형상을 만들었고, 흑요암과 흰 석회석으로 만든 눈을 끼워 넣었다. 현재 황폐한 상태로 파

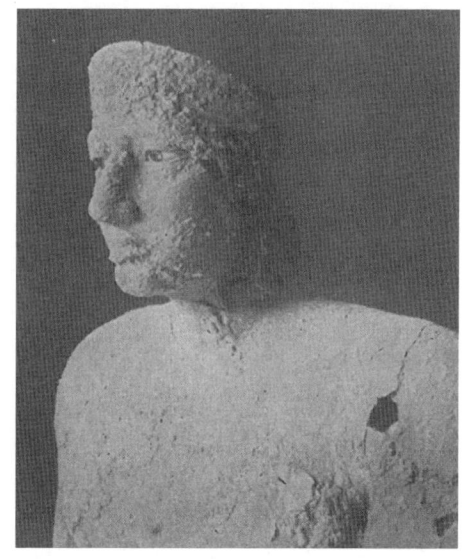

사진 35. 페피1세의 구리로 만든 두상
눈에 수정을 박아 넣었다. (카이로 박물관)

제2권 고왕국 | 129

사진 36. 페피 1세와 아들의 실물 크기 조상
두 조상 모두 두드려 편 구리로 만들어졌다. (카이로 박물관)

손되고 산화되었는데도, 머리 부분은 여전히 고대로부터 잔존한 가장 튼튼한 인물상 가운데 하나이다. 금 세공인은 또한 조형 미술의 영역까지 침범했다. '황금의 집'이라 불렸던 그의 작업실에서 그는 조각가로 변신하여 신전을 위해, 히에라콘폴리스의 신성한 매의 화려한 형상 같은 신을 위한 제례(祭禮)에 필요한 조상을 제작했다(사진37). 매의 머리는 그곳 신전 안에서 퀴벨(Quibell)[42]이 찾았다. 두들겨 늘인 구리로 만든 몸통은 소실되었다. 머리에는 고리가 왕관처럼 씌워 있고, 그 위에 높다란 두 개의 깃털로 된 장식이 놓여 있었다. 머리 전체가 세공한 금으로 만들어졌는데, 사실상 고스란히 보존되어 있다. 머리는 한 조각의 금속으로 되어 있고, 눈은 광택을 낸 흑요암 막대의 양 끝으로, 막대는 머리 안쪽을 관통해 한쪽 눈에서 다른 쪽 눈으로 이어져 있었다.

사진 37.
히에라콘폴리스의 금으로 만든 매 (카이로 박물관)

    당시 주로 신전의 장식, 석실 분묘의 제사실에 수요가 많았던 부조를 제작하며, 이집트인들은 단축법, 원근화법의 문제에 직면했다. 그들은 평평한 표면 위에서 사물을 둥글고 두께가 있도록 만들어야 했다. 이것을 어떻게 실행할 것인지는 고왕국 시작 전에 정해져 있었다. 양식화된 스타일이 이미 제3왕조 이전에 확립되었고, 그 스타일은 당시 신성 불가침한 전통이었다. 발전할 수 있는 어느 정도의 자유는 있었지만, 기본적으로 그 스타일이

---

[42] [역주] 제임스 퀴벨(James Quibell, 1867~1935)은 영국의 이집트학자로 영국 뉴포트 출생이다.

사진 38. 어느 고왕국 석실 분묘의 제사실 내부에 새겨진 부조
목동과 가축 무리를 묘사하고 있다. (베를린 박물관)

이집트 예술사에서 끝까지 지속되었다. 심지어 예술가가 그 단점을 알아차린 이후에도 지속되었다. 그 스타일을 낳았던 시대에는 주어진 장면이나 사물을 그리는데 한 각도를 유지하는 것을 알지 못했다. 동일한 형상을 그리는데 다른 두 각도에서 본 것이 합쳐졌다. 사람을 그릴 때는 대개 정면에서 바라본 눈과 어깨를, 옆에서 바라본 몸통과 다리 위에 합쳐놓았다. 이 무의식적인 부조화는 후에 시간의 연관성으로 그 의미가 확대되었고, 연속적인 순간들은 같은 장면에 함께 표현되었다. 이러한 한계를 받아들인 고왕국의 부조는 조금은 입체감을 준 그림으로, 종종 보기 드문 미(美)를 갖춘 조각품이다(사진38). 우리가 고왕국의 삶과 관습에 대해 알고 있는 모든 것은 멤피스의 조각가가 석실 분묘의 제사실 벽에 작업한 그림들을 통해서이다.

그러한 조각가가 정교하게 표현할 수 있었던 입체감은 아마 헤지레(Hesire)의 나무로 된 문에 가장 잘 표현된 것 같다(사진39). 그러한 모든 부조는 색이 칠해져 있어서, 완성되었을 때 우리는 그 작품들을 돋우어 새긴, 입체감을 살린 그림이라고 부를 것이다. 그리스의 부조가 조형 미술의 영역 내에 드는 것과 달리, 적어도 그 부조들은 조형 미술의 영역 내에 들지 않는다. 그림은 또한 자유롭게 제작되었다. 메둠(Medûm)43의 무덤에 그려진 친숙한 거위의 외

사진 39. 헤지레(Hesire)의 나무 화판(畫板)
(카이로 박물관)

---

43 [역주] Medûm 외에, 마이둠(Maydum)도 쓰인다. 멤피스 근처에 위치한다.

제2권 고왕국 | 133

사진 40. 메둠의 한 고왕국 무덤에 있는 거위 그림
(그림판이 가운데에서 끊겨 있다. 모이를 먹고 있는 두 거위는 마주 바라보아야 한다. 카이로 박물관)

형(사진40)은 당시 멤피스에서는 화가가 익숙한 동물 형상을 그릴 수 있는 힘과 자유가 있었음을 보여 준다. 머리의 특징적 자세, 느린 걸음걸이, 벌레를 잡으려고 목을 갑작스럽게 숙이는 것 등은 모두 예술을 오래도록 배운 강하고 자신감 넘치는 화가의 솜씨이다.

고왕국의 조각은 최상의 기술력으로 시행된 자연스럽고 무의식적인 사실주의로 특징지을 수 있다. 예술을 추구함에 있어, 고왕국의 조각가는 현대 예술가보다도 낫다. 그는 초기 근동에서 인체를 돌로 표현할 수 있었던 유일한 예술가였다. 일상적으로 나체에 익숙한 그러한 사회에 살면서 그는 인체를 진실하고 정직하게 다루었다. 나는 편견 없는 고전 고고학자인 페로(M. Charles Perrot)가 고왕국 멤피스의 조각가들에 대해 "그들이 나름대로 현대 유럽의 가장 위대한 인물상이 넘을 수 없는 작품들을 제작했음을 인정해야 한다."[44]고 말한 것을 인용하지 않을 수 없다. 그러나 고왕국의 조각은 피상적이었다. 그것은 해설적이지 않았고, 생각이 돌에 구체적으로 표현되지 않았으며, 삶의 정서와 원동력에 대해 거의 생각하지 않았음을 보여 준다. 우리가 이러한 멤피스의 예술에 대해 전체적으로 언급해야 하는 것은 그 시대의 특징이다. 우리는 그 위대한 거장들에 대해서는 전혀 모른다. 이집트 전체 역사를 통틀어 한두 명의 예술가의 이름만 알 뿐이다.

우리가 고왕국 건축의 원리를 알아차릴 수 있었던 것은 아주 최근에 이르러서이다. 당시의 집과 궁전이 거의 보존되어 있지 않아서 건물들이 나타내는 건축의 조명과 통풍 양식에 대해 확실하게 일반화할 수 없다. 이 시대에는 거대한 석조 구조물만이 유일하게 보존되어 왔다. 우리가 이미 간략하게 살

사진 41. 제5왕조시기 기둥
파피루스 줄기 다발 모양 기둥(왼쪽)과 야자수 기둥머리(오른쪽). 베를린 박물관

펴본 석실 분묘와 피라미드 외에, 신전도 고왕국의 위대한 건축 성과물이다. 신전의 배치에 대해서는 앞장에서 살펴보았다. 건축가는 수직선과 수평선의 직선만을 대담하고 적절하게 결합해 사용했다. 아치는 알려지기는 했어도 건축에 구재(構材)로 사용되지는 않았다. 공간을 가로질러 지붕을 옮기기 위해, 가장 간단한 형태의 돌기둥인 화강암 한 덩어리로 된 사각의 기둥이 사용되었거나, 화강암 한 덩어리로 된 정교하고 아름다운 둥근 기둥이 아키트레이브를 떠받쳤다.[45] 이러한 돌기둥은 건축사에서는 최초의 것으로

---

[44] Perrot and Chipiez, History of Art, II, p. 194.
[45] [역주] 고대 그리스, 로마건축에서 기둥에 의해 떠받쳐지는 부분을 총칭해 엔타블러처(entablature)라고 한다. 엔타블러처는 기둥의 윗부분에 수평으로 연결된 장식 부분으

알려져 있는데, 고왕국 전에 사용되었음이 틀림없다. 왜냐하면, 이 기둥들은 제5왕조에서 매우 흥성했기 때문이다. 기둥들은 야자수를 나타내고(사진41), 기둥머리는 왕관 모양의 잎 무늬 장식으로 되어 있다. 또는 기둥들은 파피루스 줄기 다발을 나타내고, 기둥머리 꼭대기의 꽃송이 위로 아키트레이브를 받치고 있다(사진41, 그림21). 비율은 흠잡을 데 없다. 측면이 부조로 밝게 채색된 이러한 정교한 기둥에 둘러싸여 있는 고왕국 신전의 뜰은 고대로부터 우리에게 전해 내려온 가장 기품있는 건축 구상이다. 이렇게 이집트는 기둥을 사용한 건축물의 근원지가 되었다. 바빌로니아의 건축가들은 많은 건축물에 다양한 건축 효과를 부여하는 데 탁월한 기술을 보였지만, 거기까지였다. 열주(列柱)는 그들에게 알려져 있지 않았다. 반면 이집트인들은 기원전 3000년대가 끝날 무렵, 가장 세련된 예술적 감각과 훌륭한 기계 기술로 빈 곳을 적절히 처리해 열주를 고안해 내면서 당시 벌써 대규모 건축물의 근본적인 문제를 해결했다.

  그 시대는 물질적인 것을 다루고 물질적인 부를 키우는 시대였다. 그러한 시대에 문학은 발전 가능성이 거의 없었다. 사실 문학이 아직 거의 생겨나지도 못했다. 궁중의 현인들, 현명한 노(老) 재상들인 케겜네, 임호테프, 프타호테프[46]는 오랜 경력으로 갖게 된 건전한 삶의 지혜를 격언으로 표현했다. 이 격언들은 아마 벌써 문서 형식으로 보급되었을 것이다. 하지만

로, 가장 기본적인 엔타블러처의 구성은 위로부터 코니스(cornice), 프리즈(frieze), 아키트레이브(architrave)의 세 부분으로 나누어진다.

[46] [역주] 프타호테프의 교훈은 프리스 다벤(1807-1879)이라는 영국인이 테베의 서쪽 강변에서 우연히 프타호테프의 교훈이 담긴 파피루스 완본을 구입하고, 이후 체코슬로바키아의 이집트 학자 즈비네크 자바가 완역하면서 오늘날까지 전해지고 있다. 우리나라에는 크리스티앙 자크가 새롭게 번역하고 해설을 붙인 판본이 『현자 프타호텝의 교훈』(홍은주 역, 1999)으로 번역되어 출간되었다. 교훈서에는 겸손할 것, 다른 사람을 존중할 것, 탐욕을 멀리할 것, 아내를 사랑하고 존중할 것, 친구를 가려내는 방법 등 삶의 처세에 관한 광범위한 지혜가 실려 있다.

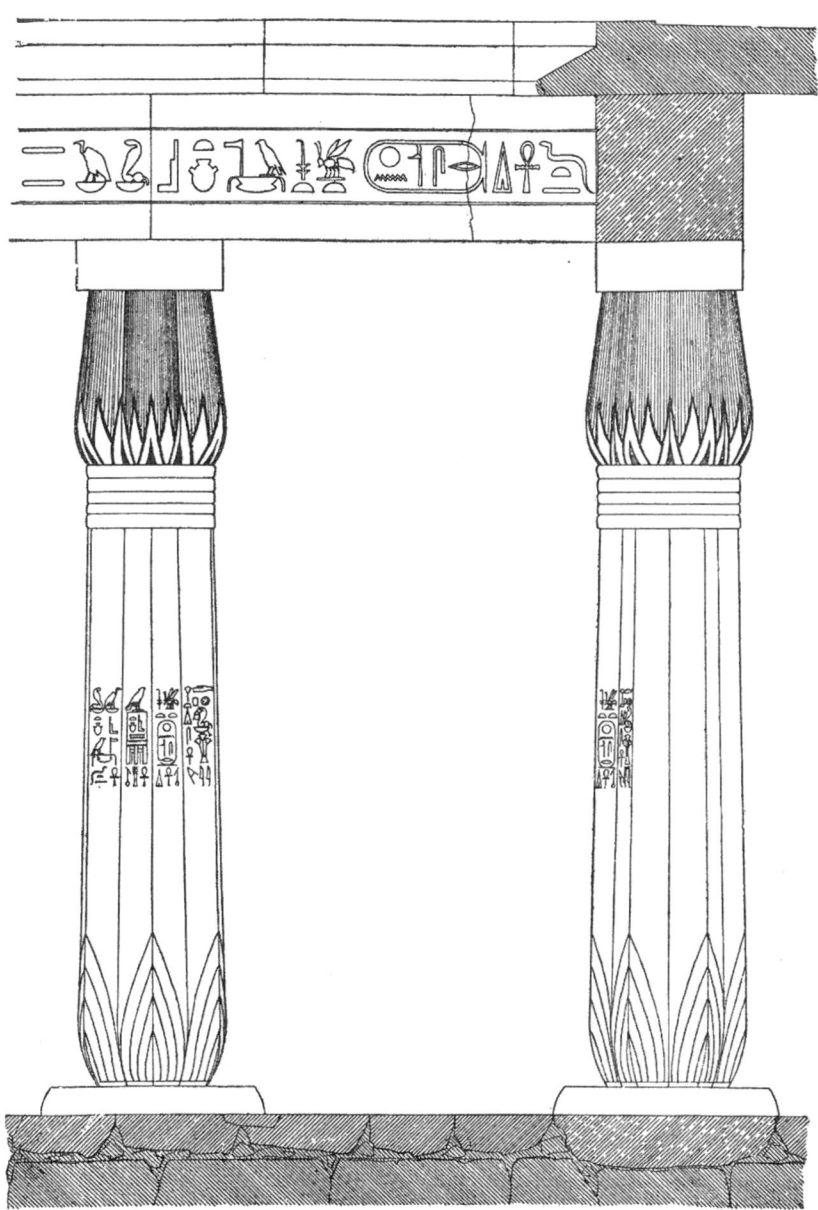

그림 21. 누세르레(제5왕조) 피라미드 신전 뜰을 둘러싼 일부 기둥의 정면도
(Borchardt에서 인용)

우리가 소유한, 그 같은 교훈이 담긴 가장 오래된 필사본은 중왕국의 것이다. 제5왕조 사제의 서기들이 선사시대의 두 왕국을 다스렸던 왕들의 출생명부터 제5왕조까지 옛 왕들의 연대기를 편찬했다. 그러나 그것은 사건, 업적, 신전 기부의 단조로운 목록으로, 문학적인 형식은 아니었다. 이것이 현존하는 가장 오래된 왕실 연대기의 단편이다. 유명한 삶의 이야기를 영구히 남기려는 욕망이 커짐에 따라, 귀족들은 그들의 무덤에 원시적인 솔직함이 특징인 간단한 이야기를 기록하기 시작했다. 간단한 문장을 길게 연속해 쓰고, 각각의 문장은 똑같은 구조를 보여 주지만, 연결어는 결여되어 있다.[47] 그들은 주요 귀족들의 삶에 공통된 사건과 의식을 똑같은 말로 표현했다. 따라서 시각 예술(graphic art)에서의 신성한 규범과 다르지 않게 상투적인 어투가 이미 문학에 자리를 잡았다. 개성은 없었다. 피라미드에 있는 사후 텍스트는 때로는 투박한 힘, 거의 야만적인 열정을 보여 준다. 그것들은 옛 신화의 흩어진 단편들을 포함하고 있지만, 이 신화들이 당시 구전(口傳)만 되었는지 아니면 다른 기록물로도 남겨졌는지는 알 수 없다. 형식상 대구법(對句法)의 시작을 보여 주는, 일부가 훼손된 종교적인 시(詩)들이 이 텍스트에 끼여 있는데, 확실히 초기 이집트의 가장 오래된 시의 전형이다. 이러한 모든 문헌은 형식이든 내용이든 초기 세계의 인류들 사이에서 그 기원을 드러낸다. 민요, 열심히 일하는 농부에게 문득 떠오른 생각이나 집안 하인의 사적인 헌신의 결과물은 지금처럼 당시에도 흔했다. 이 가운데 현존하는 두 가지는 양치기가 양들과 대화하는 것[48], 의자 가마를 나르는 사람들이 자신들의 주인에게 가마가 주인이 탔을 때가 빈 가마일 때보다 가볍다고 노래로 안심시키는 것[49]이다. 음악도 장려되었다. 궁궐에는 왕

---

[47] I, 292-4, 306-315, 319-324.
[48] 그림 15 참조.
[49] Zeitschrift 38, 65; Davies, Der el-Gebrâwi, II, pl. VIII.

실 음악을 지휘하는 사람이 있었다. 악기는 연주자가 앉아서 연주하는 작은 하프와 크고 작은 두 종류의 플루트가 있었다. 기악은 현대의 관습과는 반대로 항상 목소리를 동반했다. 전부 갖추어진 관현악단은 두 개의 하프와 크고 작은 두 개의 플루트로 구성되어 있었다. 연주된 곡의 성격 및 특징이나 그들이 음계는 어느 정도로 이해하고 있었는지는 알 수 없다.

현재 우리가 알 수 있는 한, 티니스 왕조의 왕들이 멤피스의 왕들에게 길을 내주었을 때, 우리 앞에 펼쳐진 능동적이고 적극적인 시대는 이와 같았다. 이제 우리는 구조를 지금도 파악할 수 있는 국가 가운데 가장 고대국가인 이 나라의 발자취에 대해 살펴보려 한다.

06 피라미드의 건설자들

마네토에 의하면 이른바 제2왕조 끝 무렵인 기원전 30세기 초에, 티니스 왕가는 마침내 그들이 4세기 넘는 기간 동안 잘 유지해 왔던 권좌에서 축출되었다. 그리고 고향이 '하얀 벽'인 멤피스 왕실이 정권을 잡았다. 그러나 마네토가 기록한 뚜렷한 왕조의 구분이 결코 발생하지 않았다는 증거가 있다. 멤피스가 이 최종 주권을 차지한 것은 아마도 티니스 왕실 자체에 의한 멤피스 쪽으로의 점진적인 이동에 불과했을 것이다. 어쨌든 제2왕조의 마지막 왕이었을 카세켐위 왕의 아내인 위대한 왕후 네마타프(Nemathap)는 조세르의 어머니가 분명했고, 조세르의 왕위 계승으로 멤피스의 지배가 분명해진다. 멤피스 왕실이 패권을 장악한 동안, 티니스 왕실이 그토록 열정적으로 밀어붙였던 개발이 솜씨 있고 능숙하게 추진되었다. 왕국은 500년 넘도록 번영을 계속했다. 그러나 이 500년 중에서 마지막 두 세기만 우리에게 빈약하나마 문헌상의 기록을 남겼다. 우리는 첫 300년에 대해서는 물질적인 기록, 즉 우리에게 남겨진 기념물에서 우리의 빈약한 지식을 거의 전부 이끌어내야 한다. 그러한 작업은 페리클레스(Pericles)[1] 시대로부터

---

[1] [역주] 고대 아테네의 정치가, 장군이다. 기원전 5세기 후반에 아테네 민주주의와 아테네 제국을 완전히 발전시켜 아테네를 그리스의 정치적·문화적 중심지로 만들었다. 그의 업적에는 BC 447년에 착공된 아크로폴리스의 건설도 포함된다.

전해 내려온 신전, 조각품, 꽃병, 그리고 다른 물질적 유물에만 근거하여 그 시대 아테네의 역사를 재구성하려는 시도와 어느 정도 같다. 당시 아테네에 펼쳐진 매우 지적이고 문학적이며 정치적인 삶은 이집트가 전성기에도 알지 못했던 정신적 유산 및 국가, 사회의 상황과 관련되어 있다. 우리가 고왕국의 기념물에서 받은 인상은 엄청나지만, 기념물은 골격일 뿐이며, 우리는 그 골격 위에 살을 붙이고 전체에 생명을 불어넣을 수 있음을 잊어서는 안 된다. 물론 당시의 주요 문헌 기념물이 잔존했다면 더 좋았을 것이다. 상업, 공업, 행정, 사회, 예술, 문학의 많은 분야에서 이룩한 이러한 거대한 업적의 이면을 들여다보는 것은 어려운 일이다. 500년간의 정치적 변화, 폐위와 강탈, 조직의 성장과 부패, 또한 파라오의 강한 지배력 하에 어찌할 수 없어 무력해 하는 지방통치자들이나, 약한 군주의 속박에서 벗어나 독립적인 귀족으로 성장하고 마침내 국가의 최종 와해를 야기할 정도로 강력해진 지방통치자 등—이 모든 것에 대해 우리는 대충 이따금 들여다볼 수 있을 뿐이며, 알 수 있는 것보다 더 많은 것을 추측해야 한다.

고왕국에서 첫 번째 중요한 인물은 조세르라는 인물이다. 전술한 대로 조세르와 함께 제3왕조가 흥기했다. 멤피스의 주권을 굳건히 확립한 것은 확실히 그의 강력한 정부였다. 그는 시나이에 있는 구리 광산 개발을 계속했다. 그리고 남쪽으로는 국경을 넓혔다. 만일 우리가 사제들의 지나간 전설을 신뢰할 수 있다면, 북누비아의 난폭한 종족이 당시 그에 의해 잘 통제되어서, 그는 폭포의 신인 크눔(Khnum)에게 폭포 아래쪽에 있는 엘레판티네로부터 그 위로 약 121~129km 거리에 있는 타콤프소(Takompso)에 이르기까지 강 양쪽의 명목상의 소유권을 주었다. 북누비아의 난폭한 종족은 조세르의 통치 기간 후에는 여러 세기 동안 제1폭포 지역을 지속적으로 불안하게 했다. 그가 크눔 신에게 강 양쪽의 소유권을 주었다는 이 전설이 프톨레마이오스 시대 이시스의 사제들에 의해 어느 정도 그들 주장의 합법적인

증거로서 제시되었기 때문에 조금은 사실을 포함하는 것 같다.[2]

조세르가 한 노력의 성공은 부분적으로 그의 주요 조언자 가운데 한 사람이었던 위대한 현인 임호테프의 조언 덕분일 것이다. 조세르 통치 기간, 사제로서의 지혜, 주술, 격언의 체계적인 정리, 의약과 건축에서 이 비범한 인물은 너무나 탁월한 평판을 남겨서 그의 이름은 절대 잊지지 않았다. 그는 나중에 서기들의 수호신이 되었다. 서기들은 업무를 시작하기 전에 관례대로 그들의 필기 용품인 물병으로 그에게 제주를 따랐다.[3] 사람들은 여러 세기 후에도 그의 격언을 읊조렸고, 그가 죽은 지 2,500년 후에 그는 의술의 신이 되었다. 그를 이무테스(Imouthes)라고 부른 그리스인들은 그에게서 자신들의 아스클레피오스(Asklepios)[4]를 생각해 냈다.[5] 그를 기리는 신전이 멤피스에 있는 세라페움(Serapeum)[6] 근처에 세워졌다. 현재 모든 박물관이 격언 제조자, 의사, 조세르의 건축가인 이 신격화된 현인의 작은 동상을 한두 개 소유하고 있다. 프톨레마이오스 왕조 아래에서 에드푸의 신전을 재건축했던 사제들은 임호테프의 설계도를 본떠서 전에 그곳에 세워졌던 구조물을 다시 만들고 있다고 주장했다. 그러므로 조세르는 그곳 신전의 건설자였을 것이다. 마네토는 석조 건축이 처음 조세르에 의해 시작되었다는 전설을 기록했다. 그는 조세르를 토소르트로스(Tosorthros)라고 불렀다. 우리가 살펴본 대로 이보다 이른 시기의 석조 건축물도 지금 알려졌지만, 건축가로서의 위대한

---

[2] Sethe, Untersuchungen, II, 22-26.
[3] Schaefer, Zeitschrift, 1898, 147-8; Gardiner, ibid., 40, 146.
[4] [역주] 아스클레피오스는 그리스·로마의 신이다. 의술의 신 아폴론과 코로니스의 아들로, 상반신은 사람이고 하반신은 말인 켄타우로스 키론이 그에게 의술을 가르쳐 주었다. 제우스는 그가 모든 인간을 불멸의 존재로 만들까 두려운 나머지 벼락으로 그를 죽였다. 그를 나타내는 뱀이 감긴 지팡이는 진정한 의술을 상징한다.
[5] Sethe, Untersuchungen, II.
[6] [역주] 사라피스 신을 예배하기 위해 봉헌된 신전으로, Sarapeum, Sarapion이라고도 표기되어 있다. 사카라와 알렉산드리아에 하나씩 두 곳에 있다.

명성이 조세르의 고문인 임호테프에게 돌아가는 것은 우연이 아니며, 조세르의 통치 기간이 광범위한 석조 건축의 시작을 나타내는 것은 분명하다. 그가 통치할 때까지 왕실의 무덤은 햇볕에 말린 벽돌로 지어졌다. 어떤 경우에는 바닥만 화강암이거나 방만 석회석으로 지어진 것도 있다. 이 벽돌무덤은 조세르에 의해 크게 개선되었다. 조세르의 시기에 아비도스 근처 베트 칼라프(Bet Khallâf)에 거대한 벽돌 분묘가 지어졌다(사진42). 분묘의 한쪽 끝에 있는 계단을 통해 무덤 상부 바로 밑의 자갈층을 지나면 내리막의 통로로 연결되고, 통로의 끝에는 묘실들이 있다.[7] 통로는 두꺼운 내리닫이 돌로 다섯 군데에서 닫혀 있다. 이것이 당시 보통 지어지던 왕의 무덤 두 기(基) 가운데 먼저 지어진 것이다(92쪽 참조). 아마도 십중팔구 조세르 자신은 그의 조상들의 무덤과 너무 가까운 이 무덤을 결코 사용하지 않았을 것이다. 그는 임호테프의 도움을 받아 그의 조상 가운데 어느 누가 시도했던 것보다 더 야심 찬 계획으로 웅장한 묘를 건설했다. 그는 멤피스 뒤쪽 사막에 베트 칼라프의 무덤과 매우 비슷한 무덤을 설계했는데(사진43), 그러나 그 분묘는 이제 돌로 지어졌다. 무덤은 높이가 거의 11.6m, 너비가 약 69.2m이며, 북쪽에서 남쪽으로는 너비보다 얼마나 더 긴지 불확실하다. 그는 통치하는 동안 분묘의 바닥면적을 계속 확장했으며, 높이도 직사각형의 다섯 층을 분묘 위에 더 쌓아 올렸는데, 나중에 올린 층을 먼저 쌓은 층보다 작게 쌓아 올렸다. 결과는 계단식 구조로 높이가 약 59.4m로 6층이 되었고 전체는 대충 피라미드처럼 보였다. 분묘는 종종 '계단식 피라미드'로 불리는데, 이것은 베트 칼라프에서 조세르가 처음 건설한 윗부분이 평평한 직사각형 건조물, 즉 마스타바와 뒤이은 그의 계승자들의 피라미드 사이의 과도 형태를 띠고 있다. 이것이 역사상 알려진 최초의 대형 석조 건조물이다.

---

[7] Garstang, Mahasna and Bet Khallâf, London, 1902.

사진 42. 베트 칼라프에 위치한 조세르 통치 시기의 벽돌 마스타바
가스탕이 발굴함

사진 43. 사카라에 있는 조세르의 '계단식 피라미드'

조세르가 그토록 당당하고 비용이 많이 드는 무덤을 지을 수 있게 해준 부와 권력은 이 왕조의 다른 왕들에 의해 계속 유지되었다. 왕들의 순서와 역사는 지금으로서는 아직 재구성하는 것이 불가능하다.[8] 이제 우리는

다슈르(Dashur)의 거대한 석조 피라미드 두 기가 그들에 의해 생겨난 것임을 안다. 이 거대하고 웅장한 기념물인 가장 초기의 피라미드들은 제3왕조의 번영과 권력을 입증하는 놀라운 증거이다. 그러한 거대한 구조물은 상상력을 강하게 자극하지만, 피라미드를 제작한 일련의 과정은 지극히 모호하게 밖에는 그려낼 수 없다. 그들은 풀리지 않은 많은 의문을 남겼다. 왕조 말기에 국가는 박력 있고 통찰력 있는 스네프루(Snefru)[9] 밑에서 국가 전역에 걸쳐 번영을 누렸다. 그는 교통과 행정을 위해 강에 띄울 거의 52m 길이의 배를 건조했고[10] 시나이에 있는 구리 광산을 계속 개발했다. 그곳에서 그는 원주민 종족을 무찌르고 승리의 기록을 남겼다.[11] 그는 시나이반도에 그토록 오래 이집트의 영향력을 행사하여, 후에 그곳에서 이집트 주권을 세운 인물로 여겨졌다. 광산 가운데 한 곳의 이름은 그의 이름을 따서 지어졌다.[12] 천년 후, 후대의 왕들은 '스네프루 시대 이후' 그곳에서 이 같은 일은 없었다고[13] 자랑하면서 이 지역에서의 자신들의 업적을 스네프루의 업적과 비교했다. 그곳에서 파라오를 위해 생명의 위험을 무릅쓴 대담한 관리들은 지역의 신 하토르, 소페드(Soped)와 함께 그 고장의 수호신으로서의 그의 가호를 빌었다[14](사진44). 그는 동쪽 국경을 통제했는데, 제5왕조 시기 이미 존재했던 수에즈 지협에 있는 비터 호(Bitter Lake)에 요새를 건설한 것도 그였던 것 같다. 동부 삼각주에 있는 길과 휴게시설은 그가 죽은 지 1,500년이 지났

---

[8] **[역주]** 현 이집트학계에서는 제3왕조의 왕들로 사나크테, 조세르, 세켐케트, 카바, 후니의 다섯 왕이 있었고, 스네프루는 제4왕조의 시조였다고 보고 있다(클레이턴 2009:38).

[9] **[역주]** 스네프루는 '아름다운 자'라는 뜻으로 지금은 제4왕조의 시조로 여겨진다.

[10] I, 146-7.

[11] I, 168-9.

[12] LD, II, 137 g.

[13] I, 731.

[14] I, 722.

어도 여전히 그의 이름을 지니고 있었다.[15] 서쪽으로 벌써 그가 북부 오아시스 중 한 곳을 통제했을 가능성이 있다.[16] 이 모든 것 외에도 그는 북부와 통상을 시작하여 레바논 구릉 지대의 삼나무 원목을 조달하기 위해 페니키아의 해안으로 40척으로 구성된 선단을 보냈다.[17] 조세르의 선례를 따라 그도 마찬가지로 남부에서 공격적이었다. 그는 남부에서 북누비아와 전투를 벌이고 7,000명의 인질과 200,000마리의 크고 작은 가축을 데려왔다.[18]

사진 44. 시나이 와디 마가라의 바위에 새긴 아메넴헤트 3세의 비문
지역 신들 속에 스네프루를 포함시켰다(Ordnance Survey 사진)

---

[15] I, 165, 5; 312, l. 21.
[16] I, 174, l. 9.
[17] I, 146.
[18] I, 146.

사진 45. 메둠에 있는 스네프루 것으로 보이는 피라미드

'두 땅의 군주'로서 강력하고 부유한 스네프루는 또한 두 기의 묘를 건설했다. 먼저 건설한 것은 멤피스와 파이윰 사이의 메둠에 위치한다. 이 무덤은 조세르의 묘와 같이 밑에 묘실을 갖춘 석회석의 석실 분묘로 시작했다. 조세르를 따라서 건설자는 무덤을 계단식 구조로 일곱 번 확장했다. 그런 다음 각 층은 꼭대기부터 바닥까지 다른 각도로 부드러운 경사를 이루도록 메워졌다. 이렇게 해서 첫 번째 피라미드가 탄생했다(사진45). 스네프루의 훨씬 크고 훨씬 당당한 다른 피라미드는 다슈르에서 다른 피라미드들보다 우뚝 솟아 있다. 이 피라미드는 그때까지 파라오에 의해 건설된 것 중 가장 큰 건축물로, 예술에 있어 제3왕조가 이룩한 급속한 발전을 나타내는 인상적인 증거물이다. 새로 발견된 비문은 스네프루의 사후 기금이 이곳에서

300년 후에도 여전히 중요시되었음을 보여 준다.

스네프루와 함께, 높아진 번영과 권력의 상승 기운은 고왕국의 그 후의 영광을 가능하게 했다. 그와 함께 부유하고 강력한 귀족과 관리계급도 성장했다. 그들의 삶에 대해서는 벌써 대략 살펴보았다. 이 계급은 아비도스와 그 부근에 있는 그들 조상의 간단한 벽돌무덤으로 더 이상 만족하지 않았다. 대충 표면을 다듬은 석회석으로 만든 그들의 웅장한 석실 분묘가 그들이 섬겼던 왕의 무덤 주위에 예전처럼 여전히 무리 지어 있다. 이것이 죽은 자들의 이 당당한 도시들에 잔존한 유적들로, 우뚝 솟은 거대한 피라미드에 압도되어 있다. 이 거대한 피라미드는 우리에게 위대한 왕국의 생활에 대해 알려 주는데, 우리는 지금 막 그 왕국의 문턱을 넘어섰다. 이제 모든 가능성을 포함한 길고 느린 발전과정이 우리 뒤에 놓여 있다. 그러나 우리가 태고의 조상을 덮었던 모래 더미로부터 파라오의 거대한 피라미드까지 초기 이집트인들의 무덤에서 그들을 추적했던 것처럼 그 발전과정도 그들의 무덤에서 흔적을 찾아야 한다.

스네프루가 가장 저명한 대표였던 위대한 왕실의 소멸은 우리가 알 수 있는 한, 국가의 역사에 심각한 변화를 가져오지 않았다.[19] 이른바 제4왕조의 위대한 시조인 쿠푸(Khufu)는 사실은 아마 제3왕조의 후손이었을 것이다. 그의 하렘에는 적어도 스네프루가 가장 사랑했던 여성도 있었다. 그러나 쿠푸가 멤피스 출신이 아니었던 것은 분명하다. 그는 현 베니 하산 근처 중부 이집트의 작은 도시 출신이었다. 이 같은 이유로 그곳은 그 후 '메나트 쿠푸(Menat-Khufu)', 즉 '쿠푸의 보호자'로 불렸다.[20] 생략하지 않은 그의 이름

---

[19] [역주] 클레이턴(2009:55-56)에 의하면 스네프루는 제3왕조의 마지막 왕인 후니의 딸 헤테프 헤레스와 결혼하여 제4왕조를 열었다. 그런데 클레이턴은 스네프루 역시 후니가 지위가 낮은 후궁에게서 낳은 아들로 추정했다. 그렇다면 스네프루는 헤테프 헤레스와 이복남매인 셈이다. 후궁 소생이므로 왕비의 딸과 결혼하여 지위를 공고히 다졌던 것으로 보인다. 헤테프 헤레스가 다음 왕인 쿠푸를 낳았다.

'크눔이 나를 보호한다'는 의미의 '크눔 쿠푸(Khnum-Khufu)'는 그의 출신에 대한 단서이다. 그의 이름이 메나트 쿠푸의 양 머리 신인 크눔의 이름을 포함하기 때문이다. 마찬가지로 그의 장례(葬禮) 사제 가운데 한 사람은 메나트 쿠푸의 크눔의 사제이기도 했다.[21] 지방 소도시의 귀족이 어떻게 강력한 스네프루를 대신해 새 왕실의 시조가 되었는지 우리는 결코 알 수 없다. 우리는 그가 그 시대 파라오의 희미한 진용에서 당당히 모습을 드러내는 것만 볼 수 있다. 그의 위대함은 그가 현 카이로 맞은편 기자에 세운 웅대한 무덤에도 드러난다. 이제 왕의 시신을 위한 거대하고 뚫고 들어갈 수 없는, 파괴할 수 없는 휴식처를 제공하는 것이 국가의 주요 사업이 되었다. 왕은 부(富), 기술, 노동력이라는 거대한 자원을 자신의 명령에 따라 이 사업에 집중시켰다. 쿠푸의 정부 조직이 얼마나 강하고 효율적이었는지는 그의 피라미드가 약 2,300,000개의 돌덩이로 만들어졌고 돌덩이 한 개는 평균 2.5톤이었다는[22] 것을 알면 어느 정도 판단이 된다. 이 거대한 자재를 잘라내어 운반하고 적절히 조립하도록 노동력을 조직하는 것 자체만으로도 관리들에게 큰 부담이 되었을 것이다. 헤로도토스는 피라미드를 짓는데 20년간 10만 명의 노동력이 필요했다고 당시 유포되던 전설을 언급했고, 피트리는 이 숫자가 꽤 믿을 만한 것임을 증명했다. 생산에 종사하지 않고 국가에 끊임없이 부담되는 노동 인구가 10만 명인 도시를 유지하고, 피라미드 기슭 주변에서 원자재를 끊임없이 조달할 수 있도록 채석장의 노동 인력을 조절하려면 그 자체가 작은 국가로 발전해야 했을 것이다. 돌덩어리는 카

---

[20] [역주] 저자는 '크눔으로부터 보호받는다'를 뜻하는 쿠푸의 이름에 근거해 이처럼 추정한 것 같다. 오늘날에는 스네프루가 제3왕조 후니의 사위이자 아들이었으므로 큰 변화 없이 제4왕조를 열었고, 왕권을 공고히 한 후 아들 쿠푸에게 물려주었던 것으로 추정한다.
[21] Mariette, Les Mastabas B 1 = Rougé, Inscriptions Hiérogl., 78.
[22] Petrie, Gizeh.

이로 남쪽 강의 동편에 있는 채석장에서 조달되었다. 평지에 강물이 범람해 수위가 높을 때는 돌덩이는 계곡을 가로질러 피라미드 언덕 기슭까지 강물로 운반되었다. 헤로도토스의 말대로라면 10년간의 노동으로 이곳에 거대한 석조 경사로나 둑길이 건설되었고 이 비탈을 따라 피라미드가 자리한 고원까지 돌을 끌어 운반했다. 이 작업은 양적으로도 가공할 일이지만, 질적으로도 이 초기 세계에서 우리에게 알려진 가장 주목할 만한 중대한 사업이다. 피라미드 내 가장 육중한 석조물의 정교함이 그것을 바라보는 현대인들을 경악하게 하기 때문이다. 아비도스에 있는 우세파이스의 무덤 바닥을 거친 화강암으로 만든 때로부터 겨우 5세기 지났고, 같은 곳에서 지금까지 알려진 가장 이른 석조 구조물인 카세켐위 무덤 안의 석회석 묘실을 만든 때로부터는 아마 길어야 100년 정도 지났을 것이다. 피라미드는 약 146.6m 높이인데, 또한 옛날에도 이 높이였을 것이다. 정사각형 밑면은 한 변이 약 230m로 측정되었다. 비록 유적 부지의 땅이 오르막이어서 한 모퉁이에서 다른 모퉁이까지 일직선으로 재지 못했지만, 그러나 평균 오차는 면의 길이, 경사도, 높이에서 한 면의 1/10,000도 되지 않는다.[23] 석조물의 끝마무리는 매우 정교하여 수 톤이 나가는 돌덩어리가 겹쳐져 이은 자리가 상당히 길지만, 이어진 틈은 1/10,000인치 정도밖에 되지 않고, '오늘날 안경 제작자의 작품에 맞먹는' 모서리와 표면을 보여 준다. 그러나 '원자재는 피트나 야드가 아닌 에이커(acre)의 규모'[24]로 지어졌다.[25] 유물 전체는 주 묘실과 그 위쪽의 방들을 제외하고는 석회석으로 지어졌다. 묘실 위의 방들은 눈에 띄게 형편없는 솜씨로 지어졌다. 이 방들이 위치한 상층부

---

[23] Petrie, History of Egypt, I, p. 40. [역주] 클레이턴(2009:60)에 의하면 면의 길이는 기본적으로 230m이며, 가장 긴 면과 짧은 면 사이의 가장 큰 차이는 20.3cm에 불과하다.
[24] Ibid.
[25] [역주] 에이커(acre)는 토지 면적의 단위로, 1에이커는 4,046.85m²이다. 약 1,224평이다.

는 아래층을 만들 때보다 훨씬 급하게 지어진 것이 분명하다. 통로는 화강암 덩어리로 된 마개나 내리닫이들로 잇달아 솜씨 있게 닫혀 있었다. 바깥면은 정교하게 맞춰진 석회석으로 포장되어 있었는데(사진46), 그 후 바깥면에서 돌을 계속 캐내었는데도 입구가 위치한 곳은 어디에서도 보이지 않았다. 입구는 북쪽 면 가운데쯤, 밑에서 18번째 줄에 위치해 있었다. 인류의 손으로 만든 이 가장 큰 석조물을 처음부터 계획한 사람은 용기 있는 군주였음이 틀림없다. 피라미드에는 적어도 두 차례 계획을 변경한 증거가 있다. 그러므로 그 이전에 지어졌던 모든 피라미드 모양의 유적들처럼 아마 더 작은 규모로 계획되었다가, 복잡한 내부 통로로 인해 공사 중단이 어려워지기 전에 13에이커(약 15,914평)의 면적을 차지하는 현재의 어마어마한 규모로 확대되었을 것이다. 쿠푸의 가족을 위해 지어진 세 기(基)의 작은 피라미드는 동쪽에 한 줄로 가까이 지어져 있었다. 피라미드는 석회석으로 만든 넓은 포장도로로 둘러싸여 있었다. 동쪽의 앞면에는 쿠푸의 사후 제사를 위한 신전이 있었다. 신전의 웅대한 현무암 포장 보도는 거의 사라졌다. 평지에서 신전까지 올라가는 둑길의 잔해가 가운데의 울퉁불퉁한 석조물만 드러낸 채 음산한 폐허 위에 여전히 올라와 있다. 그 맞은편으로 카프르(Kafr)라는 최신 마을이 현재 들어서고 있다. 더 멀리 남쪽으로는 아래쪽 평지에 있는 아마도 쿠푸의 주거지, 왕조의 소재지였을 성읍을 둘러싼 담벼락 일부가 있다. 우리가 쿠푸의 묘를 떠나면서 거대한 크기에 감동했든 석조물의 정교함에 감탄했든, 그 유적에 대한 감탄이 참되고 궁극적인 의미를 가려서는 안 된다. 거대한 피라미드는 선사시대의 혼돈과 지방의 대립으로부터 마침내 조직된 사회가 등장하여, 사회가 처음으로 광범위하고 중앙집권적인 하나의 지배력 아래에 놓이게 된 것을 나타내는, 고대 사회로부터 내려온 가장 최초의 가장 인상적인 증거이다.

사진 46. 피라미드 토대 부분의 포장 석재 블록
짙은 회색 선이 이음새를 가리킨다.(사진은 L.D. Covington 제공)

사진 47. 기자에 있는 쿠푸의 大피라미드
북서쪽에서 본 전경: 멀리 뒤에 나일 계곡이 있다.

쿠푸의 이름은 북서쪽의 데수크(Desuk)와 동부 삼각주의 부바스티스로부터 남쪽의 히에라콘폴리스까지 발견되었다. 그러나 우리는 그의 다른 업적에 대해서는 거의 아무것도 모른다. 그는 시나이반도에서 사업을 지속했고,[26] 노동자들을 하트누브의 설화석고 채석장에서 일하게 했다. 프톨레마이오스 시대로부터 전해진 바로는, 그는 덴데라(Dendera)에 하토르 신전을 지은 사람이기도 했다.[27] 국가의 모든 자원을 완전히 그의 마음대로 쓸 수 있었고 모든 자원을 그가 통제하고 있었던 것은 분명하다. 그의 장남은 제4왕조의 관습대로 재상이었고 최고 재판관이었다. 그리고 채석장에서 사업을 맡았던 두 명의 '신의 회계담당자'도 우리가 살펴본 대로 분명히 왕의 아들들이었다. 가장 영향력 있는 관직은 왕가의 사람들이 차지했다. 따라서 위대한 국가는 절대 군주의 하찮은 소망에도 영향을 받았고 여러 해 동안 국가의 주요 사업인 분묘의 건설에 매달렸다. 잘 알려지지 않은 왕인 데데프레(Dedefre)[28] 또는 라데데프(Radedef)는 왕실과의 관계가 불확실한데, 쿠푸를 계승한 것처럼 보인다. 그의 수수한 피라미드가 기자 북쪽에 있는 아부로아시(Aburoâsh)[29]에서 발견되었다. 그러나 데데프레 자신은 우리에게 이름만 알려져 있는데, 거의 왕조의 말기에 속한 인물일 수도 있다.

---

[26] I, 176.
[27] Dümichen Dendera, p. 15.
[28] [역주] 쿠푸의 아들로 제데프레(Djedefre)로 알려져 있다. 그의 이름은 '레처럼 영원하다'라는 뜻으로, 처음으로 레의 이름이 들어간 왕의 칭호를 썼다.
[29] [역주] 아부 루와이시(Abu Ruwaysh)로 알려져 있다. Abu Rawash, Abu Roach 등으로도 표기되어 있다. 고대 이집트의 유적으로 이집트 제4왕조(BC 2575경~2465경) 왕 가운데 3번째(스네프루, 쿠푸, 제데프레, 카프레, 멘카우레, 셉세스카프의 순) 왕이라고 하는 제데프레가 세운 피라미드가 있으며, 나일강 서안에 있는 기자에서 북서쪽으로 8km 떨어진 곳에 자리 잡고 있다.

사진 48. 기자의 피라미드
남서쪽의 사막에서 본 전경: 쿠푸(오른쪽), 카프레(가운데), 멘쿠레(왼쪽)

사진 49. 카프레의 웅장한 기념물 입구에 있는 화강암 홀
기자에 있는 카프레의(두 번째) 피라미드에 이르는 둑길 입구에 있다(155쪽 참조).

그의 후임자인 카프레가 그의 아들인지 아닌지는 확실하지 않다.³⁰ 그러나 '레처럼 빛나다'라는 의미의 새 왕의 이름은, 데데프레의 이름처럼 헬리오폴리스에서 레의 사제들이 가졌던 정치적 영향력을 의미할 것이다. 그는 쿠푸의 피라미드 옆에 피라미드를 건설했다(사진48, 50). 그러나 카프레의 것은 더 작고 솜씨도 훨씬 부족했다. 가장 아랫부분을 제1폭포의 화강암으로 포장해서 외관상으로는 화려해 보였다. 동쪽에 있는 피라미드 신전의 얼마 안 남은 유물들은 여전히 제자리에 있는데, 여기에서 내리막의 둑길이 고원의 가장자리까지 내려와 웅장한 화강암 건축물까지 이어져 있었다(사진49). 화강암 건축물은 둑길과 위쪽의 피라미드를 둘러싼 구역 내로 들어가는 입구 역할을 했다. 건물 내부는 모두 광택을 낸 붉은 화강암과 반투명의 설화석고로 되어 있다. 건물의 한 홀에 있는 우물 안에서, 마리에트(Mariette)³¹가 카프레의 조각상 7개를 발견했다. 앞장에서 우리는 이 가운데 가장 훌륭한 작품을 살펴볼 기회가 있었다³². 이 웅장한 입구는 大스핑크스 옆에 세워져 있고 여전히 '스핑크스의 신전'이라고 불리지만, 스핑크스의 신전과 아무런 관련이 없다. 스핑크스 자체가 카프레의 작품인지도 아직 확인되지 않았다.

---

³⁰ [역주] 데데프레, 카프레 모두 쿠푸의 아들로 알려져 있다. 클레이턴(2009:66)에 의하면 마네토는 카프레를 수피스 2세라고 불렀고 그가 66년간 통치했다고 밝혔지만, 그것이 사실인지는 확인할 수 없다.

³¹ [역주] 마리에트(1821-1881)는 프랑스의 고고학자이다. 1849년 루브르 박물관의 이집트 부에서 일했으며 이듬해 고대 필사본을 얻기 위해 이집트를 여행했다. 그러나 그는 원래 여행 목적과는 달리 고대 멤피스의 무덤 일부가 있는 사카라 지역을 발굴하기 시작했다. 거기에서 '스핑크스 거리'와 제물로 바친 황소들의 무덤이 있는 신전 세라페움을 발굴했고 이러한 발굴 성과로 사카라는 고고학 연구의 중심지가 되었다. 이집트에 4년 동안 있으면서 발굴 작업을 계속했고 발굴한 것 대부분을 루브르 박물관으로 보냈다. 프랑스로 돌아가서 루브르 박물관 관장이 되었다. 1858년 이집트 정부의 요청으로 이집트로 가서 국가유물 관리위원으로서 여생을 그곳에서 보냈다. 이집트에서 가장 뛰어난 신전 건축물인 세티 1세 신전을 비롯해 수많은 유물을 발굴했다.

³² 사진 29, 125쪽 참조.

이집트에서 스핑크스는 종종 자주 등장하는 왕의 초상이고 사자의 몸은 파라오의 권력을 상징한다. 大스핑크스는 그러므로 파라오의 초상이다. 투트모세 4세의 통치 기간인 1,400년 후의 것으로 추정되는,[33] 앞발 사이의 비문에서 카프레에 대해 모호하게 언급한 바에 의하면, 아마 그 당시에는 그가 스핑크스와 관계가 있다고 여겨졌던 것 같다. 이 건축물들 외에, 우리는 카프레의 행적에 대해 알지 못한다. 그러나 이러한 건축물들은 쿠푸가 공들여 세운 위대한 국가가 파라오에 의해 여전히 확고하게 통제되고 있었음을 분명히 보여 준다.

사진 50. 기자의 大스핑크스
뒤에 카프레(오른쪽)와 멘쿠레(왼쪽)의 피라미드가 있다.

---

[33] II, 815.

그러나 만일 왕의 피라미드 크기가 판단을 위한 적절한 근거라면 카프레의 후임자인 멘쿠레(Menkure)[34] 하에서 왕가의 힘은 더 이상 그렇게 절대적이지 않았다. 게다가 그의 두 전임자가 거대한 피라미드를 세우면서 국가의 자원을 너무 고갈시키는 바람에 멘쿠레는 고갈된 국가로부터 더 이상 착취할 수 없었을 것이다. 기자에 있는 멘쿠레의 세 번째 피라미드는 쿠푸와 카프레의 피라미드 높이의 반도 되지 않는다. 라이즈너(Reisner)[35]가 최근 발굴한 폐허가 된 신전은 왕의 죽음으로 완성되지 못했는데, 호화로운 화강암 대신 햇볕에 말린 벽돌로 그의 후임자가 겉면을 씌웠다. 우리는 그의 후임자 중에서 셰프세스카프(Shepseskaf)의 통치 기간 때의 기념물만을 소유하고 있다. 그가 즉위한 첫해에 자신의 피라미드를 세울 장소를 골랐다는 기록이 있지만,[36] 그는 충분히 크고 오래 존속할 기념물을 건설하지 못했다. 우리는 그것이 어디에 위치했는지도 모른다. 당시 짧은 기간 동안 왕좌를 차지했을지도 모를 몇 명의 침입자를 포함해 제4왕조 말기 왕들의 업적에 대해서 우리는 전혀 아무것도 모른다.

제4왕조가 정권을 유지했던 150년은 나일 계곡 주민의 역사에서 전례 없는 영광의 기간이었다. 우리가 살펴본 바와 같이 당시의 유물은 웅장한 규모로 후대에 더 큰 규모의 것이 결코 나오지 않았다. 쿠푸 때 절정에 도달했고, 아마 카프레의 통치 기간에는 약간 쇠퇴한 후, 멘쿠레는 왕가가 그때까지 그토록 성공적으로 유지해왔던 집중된 권력을 더 이상 휘두를 수 없었다. 그 위대함과 힘에 대한 불멸의 증거로 기자에 9개의 피라미드를 남긴 채 제4왕조는 사라졌다. 기자의 피라미드는 고대 그리스·로마 시대에 세계

---

[34] [역주] 흔히 멘카우레(Menkaure)로 알려져 있다.
[35] [역주] 조지 앤드류 라이즈너(George Andrew Reisner, 1867-1942). 미국의 이집트 고고학의 선구자이다.
[36] I, 151.

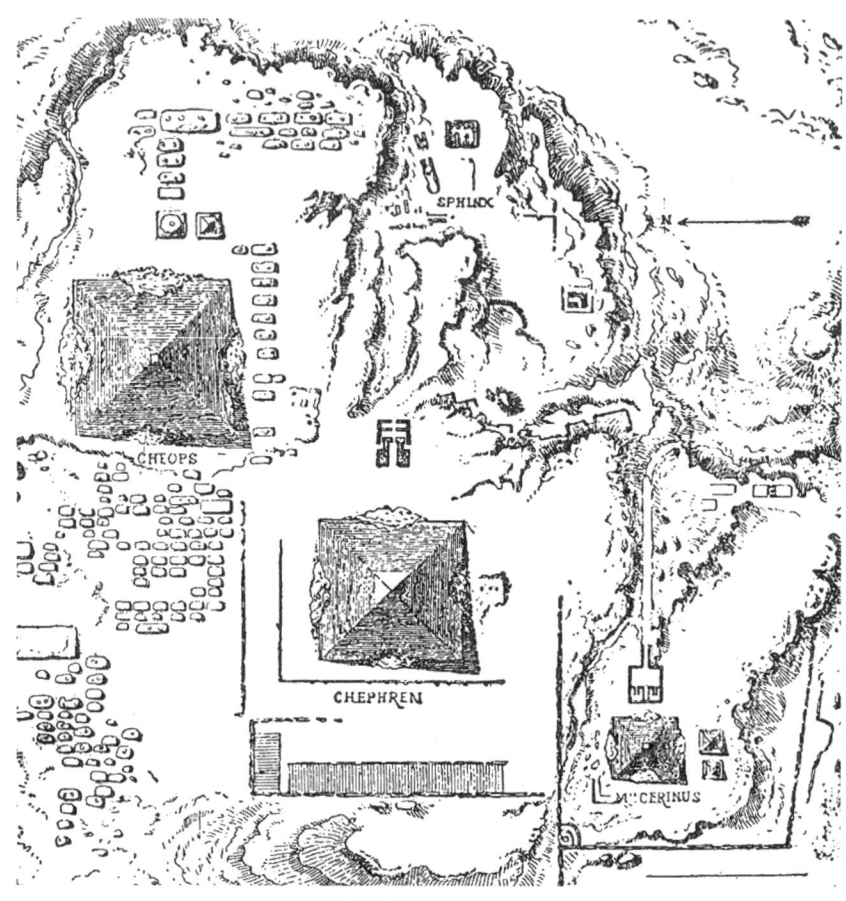

지도 2. 기자의 제4왕조 묘지

제7대 불가사의 중 하나로 꼽혔는데,[37] 7대 불가사의 가운데 오늘날 유일하게 남아있다. 제4왕조가 몰락한 원인은 자세히는 알 수 없지만 그래도 큰 틀에서는 꽤 확실하다. 헬리오폴리스의 레의 사제들의 영향력은 쿠푸의 뒤

---

[37] **[역주]** 고대 제7대 불가사의에는 기자의 피라미드 외에 바빌론 공중정원, 아르테미스 신전, 올림피아 제우스신상, 로도스의 거상, 할리카르나소스의 마우솔레움(Mausoleum of Halicarnassos), 알렉산드리아 파로스섬의 등대가 포함된다.

를 이은 왕들의 이름에서도 뚜렷했는데, 그들은 자신들의 정치적인 힘을 조직하고 구 혈통을 타도할 만한 힘을 가진 파벌을 형성하는 데 성공했다. 국가의 신학은 항상 왕을 태양신의 후계자로 묘사했고, 그는 처음부터 태양신인 '호루스'라는 칭호를 가지고 있었다. 그러나 헬리오폴리스의 사제들은 이제 왕이 레의 육체적인 아들이고, 레는 이제부터는 파라오의 아버지가 되기 위해 지상에 등장한 것이라고 강요했다. 우리가 사본을 가지고 있는,[38] 제4왕조가 몰락하고 약 900년 후의 것인 민간설화는 쿠푸가 아들들과 여가를 어떻게 즐겼는지 이야기한다. 그들은 위대하고 현명한 옛사람이 행한 기적에 관해 이야기를 나눴다. 그러자 곧 하르조제프(Harzozef) 왕자가 왕에게 똑같은 기적을 행할 수 있는 마법사가 여전히 살고 있다고 말했고, 파라오는 현인을 데려오라고 왕자를 보냈다. 현인은 자신의 놀라운 능력을 몇 차례 보여 준 후, 왕의 질문에 대한 대답으로 마지못해 곧 어떤 레의 사제의 아내로부터 태어날 세 명의 아이가 모두 레 자신의 아이들이며, 이들은 모두 이집트의 왕이 될 것이라고 말했다. 이러한 정보를 접하고 슬퍼하는 왕을 보고, 현인은 왕에게 우울할 이유가 없다고 그를 안심시키며 말했다. "대왕의 아들, 아들의 아들, 그 다음에 그들 중의 하나가 될 것입니다." 즉 "대왕의 아들이 지배할 것이고, 그런 다음 대왕의 손자가, 그리고 그 다음 이 세 명의 아이 중 하나가 다스릴 것입니다."라고 말했다. 이 설화의 결론은 없어졌지만, 틀림없이 세 명의 아이가 어떻게 마침내 파라오가 되었는지 이어나갔을 것이다. 왜냐하면, 설화는 아이들이 어떠한 왕족의 표지를 가지고 태어났는지 그림 같이 생생하게 자세히 묘사하고 있고 주목할 만한 기이한 현상에 대해서도 언급하기 때문이다. 그들이 태어날 때 도움을 주었던 변장한 신들이 이 아이들에게 지어준 이름은 우세르카프

---

[38] 파피루스, Westcar.

(Userkaf), 사후레(Sahure), 카카이(Kakai)[39]로 제5왕조의 처음 세 왕의 이름이다. 비록 민간에 널리 퍼진 전설은 쿠푸 뒤로 제4왕조의 두 명의 왕만을 언급하고, 데데프레, 셰프세스카프, 그리고 통치 기간에 피라미드를 남기지 않은 다른 왕들에 대해서는 전혀 언급하지 않았지만, 그래도 이 전설은 레의 사제들의 본질적인 주장과 적어도 가장 핵심인, 제5왕조의 실제 기원을 보존하고 있다. 이 민간설화에서 우리는 모든 파라오는 태양신의 육체적 아들이라는 당시의 국가적 허구의 통속적 형식을 보게 된다. 이 믿음은 그 후 이집트의 역사를 통틀어 계속 유지되었다.[40]

그림 22. 아부시르에 있는 누세르레 태양신전 복원도(Borchardt에서 인용)

---

[39] [역주] 카카이는 네페리르카레(Neferirkare)가 즉위명이다. '네페리르카레'의 의미는 '레의 영혼은 아름답다'이다.
[40] II, 187-212.

멤피스 부근에서 줄곧 거주했던 제5왕조의 왕들은 기원전 2750년경부터 통치하기 시작했다. 그들은 민간에 널리 퍼진 전설로 인해 갖게 된, 태생을 나타내는 분명한 흔적을 보여 준다. 그들이 즉위식에서 갖게 된 공식 이름은 변함없이 레의 이름을 포함하고 있다. 이 관습은 헬리오폴리스의 사제들이 제4왕조에서는 엄격히 시행할 수 없었던 관습이다. 이제 이름 앞에는 새로운 칭호 '레의 아들'이 붙어야 한다. '호루스'라는 옛 칭호와 세트의 상징을 짓밟은 호루스를 나타내는 새 칭호 외에, '레의 아들'이라는 새 명칭은 파라오 고유의 다섯 번째 칭호로, 이집트 역사를 통틀어 이 명칭이 보존되었으므로 이로써 나중에 파라오의 온전한 칭호가 생겨나게 되었다. 탁월한 국가 종교로서 레의 숭배에 대한 집착은 가장 화려한 형태로 직접적이고 실용적인 표현을 하기에 이르렀다. 훗날 멤피스 근처 왕실 소재지 옆에 왕들은 웅장한 태양 신전을 세웠는데, 각 신전은 '레가 가장 좋아하는 장소'나 '레의 만족'과 같은 이름을 갖게 되었다. 이 성소들은 기본적으로 모두 똑같이 설계되어 있다. 양쪽에 제사실을 갖춘 넓은 앞뜰과 거대한 제단이 있고, 뒤쪽에는 석실 분묘 같은 토대 위로 커다란 오벨리스크가 솟아 있다(그림22). 오벨리스크는 하늘을 향해 솟아있는 신의 상징물이다. 그러므로 지성소(至聖所)는 없었다. 그런데 오벨리스크와 이어진 건축물이 헬리오폴리스 신전에서 지성소를 확대해 놓은 것이라고 추정할 만한 이유가 있다. 벽의 내부는 생산 활동을 나타내는 조각들, 강, 늪과 습지, 밭과 사막 등에서의 장면, 국가적 숭배를 위한 의식 등을 묘사한 장면들로 덮여있었다(그림23). 반면 신전의 바깥은 파라오의 군사적 업적을 묘사하는 부조가 새겨져 있었다.[41] 벽돌 토대 위 성소의 양옆에는 아침저녁으로 하늘을 항해한 태양

---

[41] **[역주]** 저자의 말은 헬리오폴리스의 신전에 지성소가 없는 것이 아니라 이어진 신전 건물 전체가 지성소인 것 같다는 의미이다. 그렇게 보는 이유를 정확하게 언급하지 않았는데, 신전 내부에 있는 부조는 피라미드 제사실 안에서 볼 수 있는 생산 활동

신의 두 천상의 배를 상징하는 배 두 척이 있었다. 성소는 거액의 영구적인 기금을 기부받았고,⁴² 제사 의식은 신전의 재산을 관리하는 '감독관' 외에 다섯 계급의 서로 다른 직위를 가진 일군의 사제들에 의해 유지되었다. 왕들의 혈통이 늘어남에 따라 신전의 수도 증가했다. 먼저 지은 신전의 사제단이 또한 새 신전의 의식도 맡았다. 각 왕을 위한 신전을 추적하다 보면 적어도 왕실의 여덟 번째 군주인 이세시(Isesi)⁴³의 통치 기간까지 추적할 수 있다.⁴⁴ 초기의 어떤 공식적인 신도 누리지 못했던 부와 영예를 누리면서 레는 영향력 있는 지위를 갖게 되었고 이 지위를 결코 다시는 잃지 않았다. 레를 통해 이집트의 국가 형태는 신들의 세계로 넘어가기 시작했다. 사실 신화 중 일부는 그 기원이 레가 당시 차지하고 있던 높은 위치와 상관이 없었지만, 그 후로 신화는 그에게 지배당했고 큰 영향을 받았다. 태양 신화에서 그는 상이집트와 하이집트의 왕이 되었고, 파라오처럼 자신의 재상인 토트(Thoth)와 함께 이집트를 지배했다.

왕실 혈통의 변화도 정부 조직에서 분명히 알 수 있다. 왕의 장자는 더 이상 국가에서 가장 강력한 관료가 아니었다. 그가 제4왕조에서 맡았던 재상과 최고 재판관의 직위는 이제 다른 가문의 특권이었고, 그 직위는 세습되었다. 이들 관료는 다섯 세대에 걸쳐 프타호테프(Ptahhotep)라는 이름을 가지고 있었다. 프타의 사제들과 헬리오폴리스의 사제들은 그들끼리 권력을 나누어 가지려는 공통된 동기가 있었던 것 같다. 따라서 레의 대사제가 파라오가 되고 프타의 추종자들은 재상직을 물려받았던 것으로 보인다. 어쨌

등을 나타내는 장면이고 신전 밖의 부조는 군사 활동을 나타내는 장면이라고 언급한 것과 태양신의 배가 이어진 건물 안쪽이 아닌 바깥쪽에 위치하는 것으로 보아 신전 전체를 지성소라고 볼 수 있다고 한 것 같다.

⁴² I, 159, 8.
⁴³ [역주] 이세시는 출생명으로 왕명은 제드카레, '레의 영혼은 불멸이다'이다.
⁴⁴ Borchardt, Festschr. f. Ebers, p. 13.

그림 23. 아부시르의 누세르레 태양신전의 부조
윗줄 맨 오른쪽에서는 파라오의 발에 기름을 바르고 있다.

든 파라오는 대를 이어 재상들을 배출한 귀족 가문을 무시할 수 없는 존재로 여겨야 했다. 중앙정부의 최고위직을 이렇게 세습하는 것은 놀라운 일이지만, 당시 노모스에서는 흔한 일이었다. 지방의 통치자들은 각각 세대를 거치면서 자신들의 노모스에서 점점 더 강력한 거점을 확보하고 있었다. 아들은 같은 노모스에서 아버지를 계승했다. 새 왕조가 정권을 잡는 데 도움을 주었던 귀족들을 배려해야 했던 점은 왕조의 시조인 우세르카프가 '신도시'[45]라 불리는 중이집트의 한 지역의 지사직에 자신의 궁중 재산관리인을 임명한 것에서도 알 수 있다. 그 관직에다가 그는 멘쿠레가 설립했고 아마도 그전에 제4왕조의 총신(寵臣)이 보유했을 가까운 곳에 있는 두 사제

---

[45] I, 213 ff.

단의 소득을 더해 주었다. 그러나 제4왕조가 설립한 기금은 존중되었다.

새 왕조의 설립자로서, 우세르카프는 자신의 혈통이 왕위를 계속 이을 수 있게 하기 위해 할 일이 많았을 것이다. 그는 제1폭포의 바위 위에 자신의 이름을 남겼는데,[46] 이는 그곳 바위에 새겨진 긴 일련의 비문 가운데 가장 최초의 것이며, 이 비문들이 지금부터 우리에게 남부 지역에서의 파라오들의 이력에 대해 알려줄 것이다. 우세르카프의 뒤를 이은 사후레는 역사상 알려진 최초의 해군병력으로 이집트를 계속해서 발전시켰다. 그는 페니키아의 해안에 함대를 파견했다. 아부시르에 있는 그의 피라미드 신전에서 얼마 전 발견된 부조는 이집트 선원들 속에 페니키아의 포로가 타고 있는 네 척의 배를 보여 준다. 이것이 항해하는 배들을 묘사한 현존하는 최초의 그림으로(기원전2750년), 셈족의 시리아인을 그린 최고(最古)의 그림으로 알려져 있다. 사후레는 훨씬 더 먼 곳에까지 함대를 파견해 이집트인들이 푼트라 부른 홍해 남단의 소말리 해안과 아덴(Aden)만 남쪽까지 항해하도록 했다. 동부 전체와 마찬가지로, 그가 '신의 땅'이라 부른 이 지역에서, 그는 근동의 삶에 없어서는 안 될, 향료와 화장 크림의 제조에 필요한 향기로운 고무와 송진을 얻었다. 당시 파라오가 벌써 상당한 양의 몰약을 사용하고 있었던 것으로 보아 이 지역으로의 항해는 제1왕조 시기에 벌써 이루어졌을 수 있다. 하지만 몰약은 육로로 청나일, 아트바라, 나일강 상류까지 몰약을 가져온 중간에 있는 부족과의 무역을 통해 확보했을 수도 있다. 제4왕조에서 쿠푸의 아들이 푼트의 노예 한 명을 소유했었지만,[47] 사후레가 이 목적을 위해 푼트와 직접적인 소통을 했다는 기록을 남긴 첫 번째 파라오였다.[48] 그는 원정에서 아마도 흑단 나무였을 값비싼 목재 통널 2,600개 외에도

---

[46] Mariette, Mon. div., 54 e.
[47] LD, II, 23, Erman, Aegypten, 670.
[48] I, 161, 8.

80,000포대의 몰약과 아마도 약 6,000단위의 호박금(금은 합금)을 가져왔다. 그의 관리들의[49] 흔적도 제1폭포에서 찾을 수 있다. 제1폭포에 그의 관리 가운데 하나가 바위에 새겨진 긴 일련의 비문 가운데 가장 오래된 비문을 남겼는데[50], 그것은 분명 누비아로의 원정이 있었음을 나타내는 것이다.

우리는 이 강력하면서 문화를 가진 국가의 다음 네 왕의 통치 기간에 대해서는 어렴풋한 인상만을 얻을 수 있을 뿐이다. 이 나라는 나라 안의 부를 유지하고, 자국의 천연자원으로는 공급할 수 없는 원료를 얻기 위해 주위의 먼 곳까지 갔다. 왕조 말기인 기원전 27세기 후반기에, 이세시는 나일강에서 3일 여정의 동부 사막에 있는 와디 함마마트(Wadi Hammamat)에 채석장을 열었다. 이 채석장은 아마 각력암(角礫岩)으로 만든, 초기 왕들의 수많은 장식용 병의 원료를 벌써부터 공급했을 것이다. 그러나 이세시는 그곳에 이름을 남긴 첫 번째 파라오였다.[51] 나일강은 상류의 물줄기 가운데 이 지점에서 홍해에 가장 가까이 접근하기 때문에, 대상(隊商)들은 콥토스를 출발해 함마마트 채석장을 지나서 5일이면 바다에 이를 수 있었다. 그러므로 이것은 푼트로 가는 가장 편리한 노선이었다. 앞서 언급한 사후레의 원정대도 아마 이 노선을 따라갔을 것이다. 그리고 당시 원정대를 지휘하도록 그곳에 '신의 회계담당자' 부르데드(Burded)[52]를 파견한 이세시도 또한 틀림없이 이 노선을 이용했을 것이다. 그의 계승자인 우니스(Unis)[53]는 남쪽 지역에서 많은 활동을 했었음이 틀림없다. 제1폭포의 접경지역에서 '열국의 군주'[54]라는 별칭이 그의 이름 뒤에 쓰인 것을 발견했기 때문이다.

---

[49] De Morgan, Catalogue de Monuments, I, 88.
[50] [역주] 앞에서 우세르카프가 제1폭포의 바위 위에 남긴 그의 이름이 최초의 비문이라고 언급했으므로, 이 비문은 그 이후 최고(最古)의 것으로 보아야 한다.
[51] LD, II, 115 l.
[52] I, 351, 353.
[53] [역주] 우나스(Unas)로도 알려져 있고, 웨니스라고도 한다.

이제 관리계급이 느끼고 인정한 파라오의 압도적인 위대함이 어느 정도 약해지고 있었다는 증거가 있다. 시나이에서 파라오가 남긴 이른 시기의 승리의 기록 어디에도 이 원정을 이끈 관리들은 감히 자신들의 이름을 덧붙이지 못했다. 또는 어떤 식으로든 원정 사업과 자신들의 관계를 밝히지도 못했다. 바위 위의 많은 부조에서 파라오는 그들이 파라오를 신이라고 믿었던 것과 같이 마치 신처럼 갑자기 그곳에 나타난 듯 그의 적들을 무찌른다. 정부의 일부 귀족 관리들이 실제로 원정을 지휘했다는 아주 작은 암시마저도 없다. 그러나 이세시 하에서 관리의 자의식은 더 이상 완전히 억제될 수 없었다. 처음으로 우리는 승리를 조각한 흔히 볼 수 있는 부조 아래에서, 원정이 어떤 관리의 지휘 하에 수행되었다고 언급하는 한 줄의 기록[55]을 발견했다. 이것은 관리들의 힘이 점점 커지고 있음을 나타내는 암시이다. 그들은 그 이후로 왕의 업적을 적은 모든 기록에서 자신들을 점점 더 부각시킨다. 시간이 지남에 따라 파라오는 이 힘을 다루는 데 점점 더 어려움을 느끼게 된다. 제5왕조의 왕들이 그들의 전임자인 제4왕조의 왕들이 누렸던 무한의 권력을 더 이상 갖지 못했다는 또 다른 증거가 있다. 기자의 남쪽으로 사막의 가장자리를 따라 아부시르와 사카라(Sakkara)에 위치한 그들의 석회석 피라미드는 작고, 큰 피라미드 높이의 반도 되지 않는다. 중심부는 주로 단단하지 않은 덩어리로, 심지어는 거친 돌이나 모래로 너무 대충 지어서 지금은 완전히 폐허가 되었고, 피라미드는 모두 피라미드의 형태를 약간 띠고 있는 낮은 흙 둔덕이 되었다. 이렇게 초기 파라오들의 집중된 권력은 눈에 띄게 약해지고 있었고, 그것은 그토록 막대한 비율의 국가의 부를 파라오의 무덤이 비정상적으로 완전히 흡수해 버리는 것에 대한

---

[54] Petrie, Season, XII, No. 312.
[55] I, 264, 266.

반작용이 있어야 한다는 점에서 여러모로 정말 바람직한 것이었다. 아마 125년간 지속되었을 아홉 명의 왕이 다스렸던 제5왕조의 과도기는 그러므로 중대한 정치적 발전을 이룬 시기였고, 물질문명에서도 뚜렷한 발전을 이룬 시기였다. 예술과 산업이 전처럼 번성했고, 이집트의 위대한 조각 작품들이 제작되었다. 한편 문학에서는 이세시 왕의 재상이자 최고 재판관이 속담식의 격언을 지었다. 그러한 격언에 대해서는 이미 언급했다. 국가 종교는 그토록 위대한 나라에 어울리는 형태를 받아들였고, 국가 전역에 걸쳐 있는 신전은 계속 잘 관리되었다. 비교적 큰 성소에는 왕을 대신해 더 정성 들인 일상의 공물로 기부가 행해졌다.[56] 이집트 언어가 길게 기록된 최초의 견본뿐 아니라 규모야 어찌 되었든 우리의 첫 번째 종교 문헌이 보존된 것도 이 시기이다. 왕조의 마지막 왕인 우니스의 피라미드(사진51)에는 우리가 앞에서 논의한 이른바 피라미드 텍스트라 불리는 장례의식에 쓰는 표현을 모은 것이 기록되어 있다. 텍스트 대부분은 훨씬 더 이른 시기에 속하고, 일부는 선왕조시대에서 비롯되었으므로 우니스 피라미드가 속한 세대의 것보다 훨씬 더 이른 시기의 언어와 신앙 형태를 나타낸다.

사진 51. 사카라에 있는 폐허가 된 우니스(제5왕조)의 피라미드
종교적 비문이 기록된 최초의 피라미드

---

[56] I, 154-167.

07 제6왕조: 고왕국의 쇠퇴

　토리노 파피루스의 왕가 목록에는 우니스 통치가 끝날 때까지 메네스의 혈통이 중단되었다는 증거가 없다.[1] 이 시기에 새로운 왕조가 들어선 것은 의심의 여지가 없다. 독자들도 벌써 느꼈겠지만, 이 새로운 왕조를 들어서게 한 움직임은 보다 큰 권력과 보다 많은 자유를 위한 지방 통치자들의 투쟁에서 비롯되었다. 헬리오폴리스 파벌의 영향을 받아 제5왕조가 설립되자 그들에게 자신들이 바랐던 기회가 주어졌다. 그들은 관직의 세습권을 확보했고, 왕가의 왕들은 제4왕조까지 유지되었던 지방 통치자들에 대한 온전한 지배력을 다시 얻을 수 없었다. 점차로 지방 통치자들은 파라오의 속박을 털어냈다. 우니스 통치 기간이 끝난 후인 기원전 약 2625년, 그들은 제5왕조를 전복하는 데 성공했다. 그들은 토지를 소유한 봉신(封臣)이 되어 각자 자신의 노모스 또는 도시에 굳건히 자리 잡고, 그곳에 대한 세습권을 유지했다. '지방 통치자'라는 옛 직함도 당연히 사라졌다. 그 직함을 한때 가지고 있었던 사람들은 이제 자신을 이런저런 노모스의 '위대한 족장' 또

---

[1] [역주] 토리노 파피루스는 고대 이집트 파라오의 연대기로, 람세스 2세 시대 정도에 작성된 것이다. 원래 세금 장부였던 파피루스 뒷면에 이집트 왕들의 리스트가 쓰여 있는데, 19세기에 이탈리아인 드로베티(Drovetti)가 룩소르에서 발견해 토리노 박물관에서 소장하게 되었으므로 토리노 파피루스 또는 토리노 리스트로 불린다.

는 '위대한 영주'라 불렀다. 그들은 전처럼 지방정부를 유지했다. 그러나 중앙정부의 관리로서가 아닌, 더 큰 독립성을 가진 영주로서였다. 이것은 왕이 임명한 지방관리들의 권력 강화과정에 의해 중앙집권 국가가 해체되는 것을 역사적으로 추적할 수 있는 첫 번째 사례이다. 이것은 카롤링거 제국이 공작의 영지, 백작의 영지, 소규모 공국들로 분해된 것과 같다.[2] 새로운 영주들은 자신들의 토지나 관직의 보유권을 무조건적으로 세습해 줄 수 없었다. 여기서 파라오는 여전히 그들에게 강력한 지배력을 유지했다. 귀족이 죽으면 그의 지위, 세습 영지, 직함은 군주의 자비로운 은혜로 물려받는 아들에게 수여되어야 했기 때문이다. 이 노모스 지사들 또는 '위대한 영주'들은 파라오의 충실한 지지자들로 먼 지역에서 파라오의 명령을 수행하고 파라오의 대의명분에 최대한의 열의를 나타냈다. 그러나 그들은 이제 더 이상 파라오의 관리들만은 아니었고, 자신들의 무덤을 그의 피라미드 주위에 세울 정도로 왕실과 군주에 애착을 갖지도 않았다. 그들은 이제 자신들의 고향 근처에 무덤 터를 잡을 정도로 충분히 독립했고 지역에도 애착을 갖게 되었다. 엘레판티네와 카스르 사이야드(Kasr-Sayyâd), 셰크 사이드(Shekh-Sa'îd), 자위예트 엘 메틴(Zâwiyet el-Mêtîn)의 절벽에 굴착해 만들었거나 아비도스에 석조 건축으로 지은 그들의 무덤이 발견되었다. 그들은 자신들의 영지 발전과 번영에 많은 관심을 기울였다. 그들 중 한 사람은 심지어 자신이 어떻게 이웃 노모스에서 이주자를 데려와서 세력이 보다 약한 성읍에 정착시키고 자신의 노모스에서 덜 생산적인 지역에 새로운 피를 주입했는지 언급한다.[3]

---

[2] **[역주]** 카롤링거 제국은 800년부터 888년까지의 카롤링거 왕조로, 프랑크족이 통치했다. 나중에는 독일인 황제가 이 지역을 통치하게 되었다. 따라서 현대 프랑스와 독일의 시초로 볼 수 있다.

[3] I, 281.

노모스를 파라오의 중앙정부와 연결하는 주된 행정 결속력은 전처럼 국고였을 것이다. 그러나 파라오는 당시 그의 왕국을 구성하는 영주들의 세습 영지를 전반적으로 통제해야 한다는 것을 알았다. 그래서 제5왕조의 말기에 이미 삼각주 위 계곡 전체를 다스리는 '남부의 총독'을 임명했다. 파라오는 그를 통해 남부의 귀족들에게 정부의 압력을 끊임없이 행사할 수 있었다. 그런데 상응하는 '북부의 총독'은 없었던 것으로 보인다. 북부의 영주들은 덜 공격적이었던 것으로 추정된다. 게다가 왕들은 여전히 자신들을 북부를 다스리는 남부의 왕이라고 여겼다.

정부 소재지, 주요 왕실 소재지는 전처럼 멤피스 부근이었고, 여전히 '하얀 벽'이라고 불렸다. 그러나 새 왕조의 첫 번째 왕인 테티(Teti) 2세의 잘 알려지지 않은 통치 기간 후에, 그의 후계자인 강력한 페피 1세의 피라미드 도시가 '하얀 벽'에 아주 가까워, 그의 피라미드의 이름인 'Men-nofer'가 그리스인들에 의해 멤피스로 와전되었고, 멤피스는 바로 이 도시의 이름이 되었다. '하얀 벽'은 그 지역의 고풍스럽고 시적인 지명으로만 존속했다. 왕실 소재지의 행정은 재상의 주의를 요하는 상당히 중요한 문제가 되었다. 그는 이때부터 왕실 소재지의 직접적인 관리를 맡았다. 당시 소재지를 '도시'라 부르는 게 관습이 되었으므로, 그는 '피라미드 도시의 통치자' 또는 그저 '도시의 통치자'라는 직함으로 불리게 되었다. 철저한 변화에도 불구하고 새 왕조는 전임자들이 지속해 온 공식적인 숭배를 계속했다. 레는 최고로 남았고 오랜 기반은 존중되었다.

새 귀족들이 독립했어도, 페피 1세가 그들을 장악하는 데 필요한 힘을 가지고 있었음은 분명하다. 크고 작은 그의 기념비가 이집트 전역에 걸쳐 발견된다. 당시 관리들의 전기도 나오기 시작했다. 그들의 전기는 우리에게 저 먼 시대 의기양양한 거물들의 바쁜 일상에 대한 실상을 알려 준다. 여기에 다행히 광산과 채석장에서의 그들의 기록도 덧붙일 수 있을 것이다. 충성심은 이제 왕이 자신의 신을 숭배하거나 적을 무찌르는 것을 보여 주는 부조 정도면 된다. 그리고 이것이 행해지면 원정의 지휘자 및 그의 동료들의 허영심은 그들의 행위나 모험을 기록하는 것으로 충족될 수 있다. 그 같은 기록은 시간이 지남에 따라 점점 더 길어진다. 페피 1세는 피라미드의 건설에 뛰어난 건축가와 일군의 장인들 외에도, 최고 건축가와 두 명의 '신의 회계담당자'를 함마마트의 채석장에 보내서 그의 피라미드를 짓는 데 필요한 양질의 돌을 조달하게 했다. 그리고 그들은 채석장에 두 개의 왕의 부조 외에 세 개의 비문을 남겼는데, 비문에 그들의 이름과 직함을 모두 기록했다.[4] 하트누브의 설화석고 채석장에서는 '하레(Hare) 노모스의 위대한 영주'이기도 한 남부의 총독이 페피 1세를 위해 임무를 수행한 것을 그곳에 기록했다.[5] 한편 군사령관은 시나이에 있는 와디 마가라에서 같은 왕을 위해 유사한 임무를 수행한 것을 영구히 남겼다.[6] 관리계급에서 관직에 대한 긍지는 줄어들지 않았다. 그토록 많았던 직함들은 이제 순수하게 명예만을 나타냈다. 귀족들이 사용하는 거창한 술어일 뿐으로, 이들은 한때 재직자가 했던 의무를 수행하지 않았다. 따라서 많은 관직의 실무자에게는 그 같은 직함 뒤에 '진짜'라는 낱말이 덧붙었다. 새로운 정권 아래에서 이러한 관리계급에 관한 매우 흥미롭고 교훈적인 예로 우니(Uni)[7]를 들 수 있다. 왕실의 충실한 추종자인 우니는 다행히 우리에게 전기를 남겼다. 테티 2세 하에서, 그는 왕실 소유지에서 신분이 낮은 하급관리인으로 밑바닥부터 시작했다.[8] 이제 페피 1세는 그를 재판관으로 임명하고 동시에 조정의 고위 관직을

---

[4] I, 295-301.
[5] I, 304-5.
[6] I, 302-3.
[7] [역주] 우니는 웨니(Weni)로도 알려져 있다.
[8] I, 294.

주고, 피라미드 신전의 사제로서의 수입을 보장해 주었다.[9] 그는 곧 왕실 소유지의 상급 관리자로 승진했고 이 같은 능력으로 왕의 총애를 얻어서 하렘에서 국왕에 대한 음모가 있었을 때, 동료 한 명과 함께 그 사건을 맡도록 임명되었다.[10] 페피 1세는 힘과 능력을 갖춘 사람들을 선발하려고 애썼다. 그는 그들과 함께, 자신 및 왕실의 운명에 밀착된 강한 정부를 조직했을 것이다. 남부 이집트의 중심부에서, 페피 1세는 귀족 가운데 '하레 노모스의 위대한 영주'를 발탁해 그를 남부의 총독으로 만들었다. 한편 그는 티니스 노모스지사의 두 자매를 정식 왕비들로 맞아들였다. 두 명 모두 에네크네스 메리레(Enekhnes-Merire)라는 같은 이름을 갖고 있었다. 그들은 페피 1세의 뒤를 이은 두 왕의 어머니들이 되었다.[11]

페피 1세의 대외정책은 초기의 어느 파라오의 정책보다도 강력했다. 누비아에서 그는 흑인 종족들을 완전히 지배하게 되어, 전쟁 시에 그들은 그의 군대에 정해진 인원을 보내야 했다. 그 같은 전쟁이 안전이 허용되는 북부에 발생하면 이 흑인 모병들은 자발적으로 참여했다. 북부의 베두인 종족들은 아주 대담하게 동부 삼각주를 습격하거나 채굴을 위한 시나이로의 원정을 어렵게 했다. 그래서 페피는 우니에게 위임해 흑인들을 대상으로 군대를 모집했고, 군대는 이집트 전역에서 모병으로 보충되었다. 왕은 지위가 더 높은 여러 사람을 고려하지 않고 우니에게 이 군대의 지휘를 맡겨, 베두인에 맞서 싸우도록 보냈다.[12] 물론 그는 어려움 없이 그들을 쫓아냈고 그들의 지역을 쑥대밭으로 만들어 놓고 고향으로 돌아왔다. 이후 네 차례에 걸친 그와 같은 토벌에서 페피 1세는 이 지역의 베두인들에 맞서

---

[9] I, 307.
[10] I, 310.
[11] I, 344-9.
[12] I, 311-313.

그를 보냈다. 베두인 측으로서는 마지막인 교전에서, 우니는 삼각주 동부 지역보다 훨씬 더 북쪽으로 갔다. 그는 군사들을 군 수송선에 태워 남부 팔레스타인 해안을 따라 북쪽으로 팔레스타인의 고원지대까지 가서 베두인을 응징했다.[13] 이것이 고왕국에서 파라오가 북쪽으로 가장 먼 곳까지 진출한 것으로, 예루살렘 아래 게제르(Gezer)에서 중왕국 층보다 아래 층 것인 제6왕조 스카라베(scarab)[14]가 발견된 것과 일치한다. 우니가 자신의 전기에 남긴 이 전쟁들에 대한 순박한 설명은 초기 이집트인들이 전혀 호전적이 아니었음을 보여 주는 가장 특징적인 증거 가운데 하나이다.

이렇게 국가의 수반으로 그의 가문을 굳건히 세웠으므로, 페피 1세가 아마 대략 20년간 통치하고 죽음으로써 그저 젊은이에 불과한 아들인 메르네레(Mernere)[15]가 고왕국의 통치를 맡았다는 사실이 조금도 국가의 명운을 흔들지 않았던 것으로 보인다. 메르네레는 즉시 왕실의 오랜 하인인 우니를 남부의 총독으로 지명했다.[16] 그의 믿음직한 지휘로 모든 게 잘 진행되었다. 남부 국경지대의 유력한 귀족들도 젊은 왕을 열성적으로 지지했다. 그들은 제1폭포 바로 아래 엘레판티네 섬(사진52)에 사는 용감하고 모험을 좋아하는 봉신 가문이었다. 폭포 쪽 계곡은 당시 '남쪽의 문'이라 불렸고, 북누비아의 난폭한 종족을 방어하는 것이 그들 손에 달려서 그 가문의 가장은 '남문의 파수꾼'이라는 직함을 가지고 있었다. 그들이 그 지역을 안전하게 지켰으므로 왕이 자신의 피라미드에 쓰일 석관과 양질의 설비를 구하도록 폭포의 위쪽에 있는 화강암 채석장에 우니를 파견했을 때, 귀족은 '단 한 척의 군함'

---

[13] I, 314-315.
[14] [역주] 스카라베는 고대 이집트에서 부적이나 장식품으로 사용한 풍뎅이 모양으로 조각한 보석이다.
[15] [역주] 메렌레(Merenre)로도 알려져 있다. Merenre Antyemsaf라고도 한다.
[16] I, 320.

을 가지고 임무를 완수하는 전례 없는 업적을 이룰 수 있었다.[17] 진취적인 젊은 군주는 우니를 파견하여 당시 폭포의 화강암 장벽을 지나는 5개의 수로를 잇달아 개통시켜 물길로 화강암 채석장에 이를 수 있도록 했다. 충실한 귀족은 이 어려운 일을 완수했고, 그뿐만 아니라 한 해 동안에만 7척의 배를 건조하여 왕의 피라미드를 위해 거대한 화강암 블록을 실어 날랐다.[18]

사진 52. 남부 변경 영주들의 고향인 엘레판티네 섬
그들의 무덤은 건너편 해안의 절벽 안에 있다.

북부는 접근하기 너무 어렵고, 자연 경계에 의해 나일 계곡으로부터 너무 뚜렷하게 분리되어 있어, 이 까마득한 시대의 파라오는 변경을 수비하고 시나이에서의 채굴 사업을 보호하는 것보다 많은 것을 아시아에서 시도

---

[17] I, 322.
[18] I, 324.

할 수는 없었다. 그러나 그들과 남쪽과의 유일한 장벽은 폭포 지역뿐이었다. 메르네레는 북누비아의 정복이 가능하지 않았다 해도 이제 제1폭포 지역을 수위가 높을 때 배로 통행할 수 있게 만들어 이 지역을 보다 철저하게 통제할 수 있게 되었다. 누비아는 농업에 종사하는 이집트인들이 이용할 수 있는 지역이 아니었다. 나일강의 양옆에 있는, 강과 사막 사이 경작할 수 있는 길고 가느다란 땅은 누비아에서는 너무 좁았고 심지어 곳곳에서 완전히 사라지기도 했으므로 농업적 가치는 아주 작았다. 그러나 동쪽 사막의 높은 산등성이와 계곡은 비록 그곳에서 채굴 작업장이 발견되지는 않았지만, 금을 함유한 석영 광맥이 다량 묻혀 있고 철광석도 풍부했다.[19] 누비아는 게다가 남쪽 지역으로 가는 유일한 입구였고, 당시 남쪽 지역과 끊임없이 무역이 이루어지고 있었다. 금 외에, 수단은 타조의 깃털, 흑단나무 원목, 검은 표범 가죽, 상아를 강을 따라 내려보냈다. 한편 똑같은 경로로 푼트와 더 먼 동쪽의 나라들로부터 몰약, 방향성의 고무, 송진, 방향성의 목재가 들어왔다. 그러므로 파라오는 절대적으로 이 경로를 지배할 필요가 있었다. 우리는 당시 폭포 지역에 거주했던 흑인과 흑인계 사람들에 대해서 거의 알지 못한다. 이집트 국경의 바로 남쪽에는 와와트족이 살고 있었고, 이들은 제2폭포까지 세력이 뻗어 있었다. 제2폭포 위로 상류의 폭포들까지 전 지역이 쿠시(Kush)로 알려져 있는데, 중왕국까지는 이 이름이 유적에 자주 등장하지 않는다. 두 나일의 합류 지점과 제2폭포 사이에 형성된 거대한 'S'자 모양의 나일강 줄기의 위쪽 절반은 강력한 마조이(Mazoi)[20]의 영지로 포함된다. 마조이는 나중에 이집트 군대의 지원군으로 대거 등장하여 군인을 뜻하는 이집트어는 결국 마조이의 후기(콥트어) 형태인 '마토

---

[19] Rössing, Geschichte der Metalle., pp. 81, 83 sq.
[20] **[역주]** 주로 메자이(Medjay)로 알려져 있지만, Mazoi, Madjai, Mejay 등의 명칭도 찾을 수 있다.

이(Matoi)'가 되었다. 아마 마조이의 서쪽이 얌(Yam)의 땅이었던 것 같다. 남쪽의 얌, 마조이와 북쪽의 와와트 사이의 땅에는 몇 개의 부족이 나누어 살았는데, 그들 가운데 이르테트(Irthet)와 세투트(Sethut)가 가장 유력했다. 두 부족은 와와트와 함께 때때로 한 명의 추장 아래 하나로 합쳐졌다.[21] 이 부족들은 모두 여전히 미개한 단계에 머물러 있었다. 그들은 강을 따라 진흙 오두막집의 불결한 주거지에 살거나 나일강에서 오르막인 계곡의 우물 옆에 살았다. 그들은 양 떼와 소 떼를 기르는 것 외에, 또한 협소한 밭에서 나는 불충분한 농작물에 의지하여 살았다.

확실히 그의 새로운 수로를 이용하면서, 메르네레는 당시 이 지역들의 개발에 특별한 관심을 기울였다. 와와트, 이르테트, 마조이, 얌의 추장들은 그의 권력을 매우 중시했으므로, 그들은 우니가 만든 대형 화물선에 쓰일 목재를 공급했다. 화물선은 제1폭포 지역에서 화강암 돌덩이를 실어오기 위한 것이었다.[22] 즉위한 지 다섯 번째 되는 해, 메르네레는 우리가 알고 있는 한, 그 앞의 어느 파라오도 하지 않았던 일을 했다. 그는 남부 지역 추장들에게 충성의 다짐을 받기 위해 친히 제1폭포를 방문했고, 바위 위에 그 일을 기록했다.—바위 위의 부조[23]는 파라오가 자신의 지팡이를 짚고 서 있고, 누비아 추장들은 그의 앞에 고개를 숙여 인사하는 모습을 묘사하고 있다. 전례 없는 사건의 성격이 비문에 명시되어 있다. "왕께서 폭포의 언덕 너머로 친히 오셨다. 언덕에 위치한 나라에는 어떤 것이 있는지 보셨고 마조이, 이르테트, 와와트의 추장들은 왕께 경례하고 찬양했다."[24]

---

[21] I, 336.
[22] I, 324.
[23] I, 316-318.
[24] Ibid.

메르네레는 이제 남부 족장들에 대한 지배력을 강화하는 데 엘레판티네 귀족들의 도움을 활용했다. 당시 엘레판티네의 영주였던 하르쿠프(Harkhuf)는 남부의 총독으로도 지명되었다.25 아마도 활동적인 업무를 하기에는 이제 너무 늙었거나 그사이에 사망했을 수도 있는 우니의 계승자였을 것이다. 하지만 그 직함은 이때에는 자격을 갖춘 귀족 한 사람만이 아닌 여러 명이 가지고 있었던 명예로운 별명이거나 존칭이 되었다. 이제 힘들고 위험한 원정의 지휘자들로서 파라오가 믿는 사람들은 용감하고 모험적인 귀족 가문의 하르쿠프와 그의 친척들이었다. 이들은 그러한 원정을 통해 국경 지역의 야만인들을 겁먹게 하고 남쪽 먼 지역에서 파라오의 명성을 유지하고 그 지역과의 무역도 유지해야 했다. 이 사람들은 아프리카 내륙과 남쪽의 홍해를 최초로 탐험한 사람들로 알려져 있다. 적어도 그 가문에서 두 명이 이 먼 땅에서 파라오의 위험한 명령을 수행하느라 죽었다. 이것은 그들이 모두 고생과 위험에 노출되어 있었음을 의미하는 것이다. 엘레판티네의 영주라는 당당한 직함 외에, 그들은 모두 '고장의 생산물을 군주에게 가져다 주는 대상(隊商) 관리인'이라는 직함을 가지고 있었다. 이들은 오늘날의 아스완 맞은편에 있는 절벽의 앞쪽 높은 곳에서 발굴된, 자신들의 무덤에 자랑스럽게 이 사실을 과시하고 있다. 이들의 무덤은 무덤의 주인인 그 고대 귀족들의 한때의 고향이기도 했던 엘레판티네섬을 여전히 내려다보고 있다26. 여기에 하르쿠프는 메르네레가 어떻게 자신을 먼 얌으로 세 차례에 걸쳐 원정을 보냈는지 기록했다.27 첫 번째 원정에서는 그가 아직 젊었으므로, 그는 아버지인 이리(Iri)를 수행했다. 그는 7개월 동안 원정을 수행했다. 두 번째 여행에서 그는 혼자 가는 것이 허락되었고 8개월 만에 무사히 돌아

---

25 I, 332.
26 사진 52.
27 I, 333-6. 또한 사진 54를 참조하라.

왔다. 세 번째 원정은 보다 모험적이고, 상대적으로 더 성공적이었다. 얌에 도착하자 그는 얌의 족장이 테메후(Temehu) 부족의 최남단 부락과 전쟁 중인 것을 알았다. 테메후는 얌 서쪽의 리비아인들과 관련된 부족이었다. 하르쿠프는 즉시 그를 추격했고 어려움 없이 정복했다. 그가 머무는 동안 조공(朝貢)과 무역으로 얻은 남쪽의 생산물은 300마리의 나귀에 실었고, 얌의 족장이 제공한 호위를 받으며 하르쿠프는 북쪽으로 출발했다. 이르테트, 세투트, 와와트의 족장은 이집트인들의 대규모 병력에 놀라고 또 얌 부족이 하르쿠프를 호위했으므로 많은 짐을 실은 행렬을 약탈하려 하지 않았고, 그에게 가축을 제공하고 길을 안내해 주었다. 그는 값비싼 화물을 가지고 무사히 폭포에 도착했다. 거기서 그는 파라오의 전령을 만났다. 전령의 배는 이제는 지치고 기진맥진한 귀족이 원기를 회복할 수 있도록 왕이 궁궐에서 보낸 맛있는 음식과 식량들로 가득 차 있었다.

먼 남쪽을 얻으려는 이러한 사업은 메르네레의 때아닌 죽음으로 중단되었다. 그는 우니가 그를 위해 조달한 화강암 석관 안에 누워 멤피스 뒤쪽 피라미드 안에 묻혔다. 이 피라미드도 우니가 충실히 만든 것으로, 메르네레의 사체는 1881년 기자의 박물관으로 이전될 때까지 야만인들과 도굴꾼들에도 불구하고, 이곳에 잘 보존되어 있었다(사진53). 메르네레는 4년만 통치하고 재위 5년 초에 자녀 없이 일찍 죽었기 때문에, 아직 어린 아이였던 이복동생이 페피 2세로 왕좌에 올랐다. 그의 계승과 성공적인 통치는 왕실의 안정성 및 왕실과 가까운 영향력 있는 귀족의 충직함을 잘 말해 준다. 페피 2세는 페피 1세가 처음으로 왕비로 맞아들인 티니스 노모스지사의 둘째 누이 에네크네스 메리레의 아들이었다. 그녀의 남자 형제인 자우(Zau)는 페피 2세의 외삼촌으로 당시 티니스 노모스지사였으며, 어린 왕에 의해 재상, 최고 재판관, 왕실 소재지의 통치자로 임명되었다.[28] 이렇게 그는 어린 조카가 미성년일 동안 국가를 책임졌다. 우리가 아는 한, 조정(朝廷)은 아주 작은 혼란도 없이 잘 운영되었다.

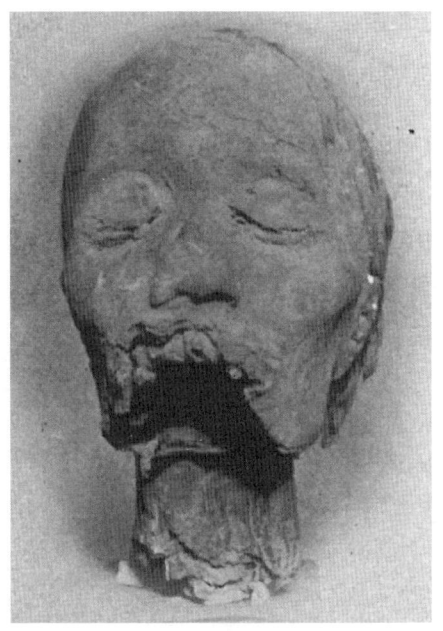

사진 53. 메르네레 왕의 머리
(카이로 박물관)

그림 24. 고대 제국의 난쟁이 조각상
(마스페로의 고고학에서)

물론 초반에 페피 2세와 그의 신하들은 즉시 남쪽에 있는 왕실 저택의 설계를 다시 시작했다. 어린 왕의 재위 2년, 하르쿠프는 네 번째로 얌에 파견되었다. 그곳에서 그는 짐을 가득 실은 행렬과 아프리카 내륙의 피그미족 난쟁이(그림 17, 24) 한 명과 함께 돌아왔다. 묘하고 다리가 바깥쪽으로 굽은 이 생명체를 이집트 귀족은 높이 평가했다. 그들은 외모에 있어 유쾌한 천재인 베스(Bes)[29]와 다르지 않았고, 이집트인들에게 큰 즐거움을 주는 춤을 추었다.

---

[28] I, 344-9.

제2권 고왕국 | 179

나일 거주자들에게 그들의 출신지는 이집트인들이 '영혼의 땅'이라 부르는 죽은 자들이 머무는 신비로운 서쪽 지역과 연관되어 있었다. 이 신성한 땅에서 온 난쟁이들은 왕의 여가 시간에 왕을 즐겁게 해 주는 춤으로 특히 사랑받았다. 어린 왕은 하르쿠프가 이러한 난쟁이 한 명과 함께 국경에 도착했다는 소식을 듣고 너무 기뻐서, 그 운 좋은 귀족에게 난쟁이가 다치거나 나일강에 빠지지 않도록 세심하게 살펴보라고 당부하는 장문의 편지를 썼다. 그리고 하르쿠프에게 그가 푼트에서 난쟁이를 데려오면 이세시 왕이 '신의 회계담당자'인 부르데드에게 준 것보다 더 큰 포상을 하겠다고 약속했다. 하르쿠프는 이 편지가 너무 자랑스러워 그가 왕실로부터 총애를 받았음을 보여 주는 증거로[30] 그의 무덤 앞에 이것을 새겨 넣었다(사진54).

기원전 26세기에 아프리카 내륙의 접근이 어려운 열대지역에서 자신들의 목숨

사진 54. 아스완에 있는 하르쿠프의 무덤
왕의 편지 뒷부분은 오른쪽 가장자리에서 알아볼 수 있다.
(사진의 저작권은 뉴욕 언더우드 앤 언더우드 소유)

---

[29] [역주] 베스는 고대 이집트 오락의 신이다. 가정의 수호신, 특히 어머니, 아이들, 순산의 신으로 숭배되었다. 커다란 머리, 부릅뜬 눈, 내민 혀, 바깥쪽으로 휜 다리, 털이 많은 꼬리가 있고 대개의 경우 큰 깃털 왕관을 쓴 난쟁이 모습이다. 그는 이집트의 일반적인 초상화와는 달리 옆모습보다는 주로 전체 모습으로 표현되었다. 과거에는 베스가 중왕국 때 누비아나 소말리아에서 수입된 것으로 여겼으나, 최근의 연구에서 베스는 고왕국 초기에도 존재한 것으로 밝혀졌다. 베스는 선왕조시대 나일 계곡 문화로 볼 수 있다는 의견도 있지만 그의 숭배는 신왕국 초기에 이르러서야 널리 퍼졌다.
[30] I, 350-354.

을 걸었던, 엘레판티네의 이 용감한 귀족들 모두가 하르쿠프만큼 운이 좋았던 것은 아니었다. 그들 중의 한 사람인 남부의 총독 세브니(Sebni)는 어느 날 갑자기 와와트 남쪽으로 원정 간 그의 아버지 메쿠(Mekhu) 영주가 죽었다는 부음을 들었다. 세브니는 재빨리 자신의 영지에서 군대를 소집하고 100마리의 나귀와 함께 남쪽으로 급히 진군하여 메쿠의 죽음에 아마도 책임이 있는 종족을 처벌하고 아버지의 사체를 수습해 나귀의 등에 싣고 국경으로 되돌아왔다. 그는 그 전에 전령을 파라오에게 보내 사실을 알리고, 1.5미터 길이의 상아를 보내면서 자신이 가진 것 중에 가장 좋은 것이 3미터라고 덧붙였다.[31] 폭포에 도착하자, 그는 전령이 파라오의 자비로운 편지를 가지고 돌아온 것을 알았다. 파라오는 또한 왕실 소속의, 사체를 방부 처리하는 사람, 장의사, 문상객, 장례(葬禮) 사제 일행을 보냈고, 그들이 즉시 죽은 귀족의 사체를 미라로 만들고 매장할 수 있도록 양질의 리넨, 향신료, 기름, 향기가 강한 향수 등의 비품도 함께 넉넉하게 보냈다. 세브니는 그 뒤 곧 멤피스로 가서 파라오에게 경의를 표했고, 아버지가 남쪽에서 모은 풍부한 물자를 진상했다. 아버지의 시신을 찾아온 그의 효성스러운 행동에 왕실에서는 할 수 있는 모든 은혜를 베풀었다. 호화로운 선물과 '칭찬의 금'이 그에게 쏟아졌고, 이후 재상의 공식 문서로 그에게 땅 한 구획이 양도되었다.[32]

느슨한 통치권이 이제 누비아 종족에게까지 확대되었다. 엘레판티네의 영주 가운데 한 사람인 페피나크트(Pepinakht)[33]는 '외국의 통치자'라는 직함

---

[31] **[역주]** 원서에는 상아의 길이가 각각 5피트, 10피트로 되어 있는데, 저자가 숫자 10(ten)의 글자체를 *ten*으로 기울여 썼다. 아마도 가지고 있는 것이 10피트 길이의 상아인데, 왕에게 진상한 것이 5피트 길이의 상아였으므로 오류일 가능성이 있어 이렇게 처리한 것 같다.

[32] I, 362-74.

[33] **[역주]** 페피나크트라는 이름 외에 Heqaib(마음의 지배자)라는 이름도 있다. 페피 2세 하에서 상이집트 첫 번째 노모스인 'Land of Bow'의 지사였다.

과 함께 이들을 통치하는 자리에 앉게 되었다.[34] 이러한 지위로 페피 2세는 그를 와와트와 이르테트에 맞서 싸우도록 보냈다. 그곳에서 그는 반란자들을 학살하고, 수많은 포로와 족장의 자녀들을 인질로 데려왔다.[35] 두 번째 출정은 더 성공적이었다. 그는 적군의 두 사령관과 수많은 가축 외에, 이 지역의 족장 두 명을 생포했기 때문이다.[36] 원정은 상류의 폭포 지역까지 깊숙이 들어갔다. 이곳은 엘레판티네의 무덤들에서 일찍이 쿠시로 기록된 곳이다.[37] 중왕국에서 下누비아의 정복을 가능하게 해 줄 준비작업이 대체로 이루어졌다. 정말로 내부의 원인이 제6왕조의 몰락을 야기하지 않았더라면 그러한 정복이 그때 벌써 시작되었을 것이다.

이집트와 푼트 지역 및 남부 홍해 지역과의 상거래를 발전시킬 책임도 엘레판티네의 귀족들에게 주어졌다. 분명히 그들은 홍해로부터 나일까지 이르는 남부 전체를 책임지고 있었다. 푼트로 파견된 엘레판티네 지휘관들의 모험은 누비아에서의 그들의 위업만큼이나 위험했다. 나일과 홍해를 연결해 주는 물길이 없었으므로 이 지휘관들은 콥토스의 대상(隊商)이 나일강으로부터 이동하는 경로의 동쪽 종착지에서 배를 만들어야 했다. 이 종착지는 코세르(Kosêr), 즉 류코스 리멘[38] 같은 항구 중 하나로 바닷가 해안에 있었다. 대형 범선은 선미 기둥 같은 곳에 배를 조종할 수 있는 노를 설치하

---

[34] I, 356.
[35] I, 358.
[36] I, 359.
[37] I, 361.
[38] [역주] Leucos Limên. 한상복(2009:152)에 의하면, 로마 통치 시기 이집트에 있는 모든 홍해 항구 가운데 류코스 리멘이 나일강과 제일 가까워서 두 지역 사이에 상품을 운반하는데 소요되는 거리와 시간, 비용을 절감해 주었기 때문에 당시 상인들에게는 류코스 리멘이 중요한 항구로 인식되었다고 한다. 한상복은 Sidebotham(1992:20)을 인용하여 이 항구는 기원 1세기에 건립되었다가 3세기경에 폐기되었다고 밝혔다. 현재의 지명은 쿠세이르알카딤이다.

고 방향 제어장치를 연결함으로써 제6왕조에 크게 개선되었다. 그렇게 이 지역과의 통상에 몰두하고 있을 때, 페피 2세의 해군 지휘관인 에넨케트(Enenkhet)가 베두인의 습격을 받았다. 베두인은 그와 그의 부대 전체를 살해했다. 파라오는 즉시 페피나크트를 파견해 그 불행한 귀족의 사체를 수습하도록 했다. 그는 자신의 위험한 임무를 성공적으로 수행하고 베두인을 응징한 후 무사히 돌아왔다.[39] 이처럼 위험한데도 푼트와의 왕래는 당시 활발했고 빈번했다. 엘레판티네 가문의 한 하급관리는 자신의 영주의 무덤에, 자신이 아마 적어도 11차례 푼트로 가는 영주를 수행했고 무사히 귀환했다고 자랑한다.[40] 고왕국은 더 이상 세상과 격리된 곳일 수 없었다. 동쪽과 서쪽에서 그의 땅을 감싸고 있는 사막과, 한때 남쪽의 국경을 형성했던 폭포도 전혀 파라오를 고립시키지 못했다. 그는 이제 남쪽과 활발한 상거래를 유지했다. 그리고 왕의 선단(船團)은 북쪽 레바논의 고원지대로부터 삼나무를 들여왔다. 이러한 상황에서 북쪽의 미케네 문명보다 앞선 먼 섬 지역의 문명과 가졌던 직접적인 상거래로 주목할 만한 것은 없지만, 현재 고고학적인 증거는 그러한 상거래가 있었음을 보여 준다.

아버지의 죽음 직전에 태어난 것이 확실한 페피 2세는 겨우 아이로 왕좌에 올라 역사에 기록된 것으로는 가장 긴 기간을 통치했다. 마네토의 전설에 의하면 그는 6세에 즉위했고 100번째 해가 될 때까지 일생 동안 통치했다. 에라토스테네스(Eratosthenes)가 보존한 명단은 그가 한 세기를 꽉 채워 통치했음을 입증한다. 왕들이 적힌 토리노 파피루스에도 그가 90년 넘게 다스린 것으로 기록되어 있어 첫 번째 전설을 뒷받침하고 있다. 그러므로 그 진실성을 의심할 만한 이유는 없다. 따라서 그는 역사상 최장 기간을

---

[39] I, 360.
[40] I, 361.

통치했다. 몇 명의 짧은 통치 기간이 뒤를 이었다. 그 가운데 어처구니없는 전설이 따라다니는 니토크리스(Nitocris) 여왕의 통치 기간도 포함되었을 것이다.[41] 두 왕 이티(Iti)와 임호테프의 관리들이 함마마트를 방문해 두 왕의 피라미드와 조상을 지을 돌을 확보했는데,[42] 두 왕은 아마 이 시대에 속한 인물들일 것이다.[43] 하지만 그들이 제5왕조의 말기에 통치했을 수도 있다. 그러나 페피 2세가 죽은 후에는 모든 것이 불확실하다. 이해할 수 없는 모호함이 제6왕조의 말기를 덮어 버렸다. 제6왕조가 약 150년 넘게 지배했을 때, 토지를 소유한 귀족들의 힘은 파라오가 더 이상 저항할 수 없는 원심력이 되었고, 국가의 해체가 뒤따랐다. 노모스들은 독립했고 고왕국은 분열했다. 이렇게 해서 일시적으로 선사시대처럼 작은 공국들로 분해되었다. 통일국가가 등장하고 거의 천 년간 이룩한 유례없는 발전은 처음과 같은 정치적인 상황 속에서 기원전 25세기에 이렇게 끝났다.

무한한 에너지를 가진 민족의 젊은 힘이 처음으로 그 힘이 잘 표현될 수 있는 조직된 형태를 찾자, 천 년간 무궁무진한 풍요를 누릴 수 있었다. 모든 면에서 우리는 결코 소모되지 않은 국가적 신선함과 활기가 만들어 낸 산물을 본다. 내부의 알력을 억제하고 전 국민의 결합된 에너지를 화합의 방향으로 인도하는 단일한 지도자 아래서 나라의 통합은 막대한 축복을 가져왔다. 이 시대의 유례없는 위대함은 파라오 덕분이다. 파라오는 그들 시대에 신들의 반열에 올랐을 뿐 아니라, 2000년 후 독립국으로서의 이집트의 역사가 끝나는 제26왕조 때에도 여전히 파라오를 숭배하도록 임명받

---

[41] [역주] 마네토는 니토크리스가 "당대의 모든 남자보다 용감했고, 모든 여자 가운데 가장 아름다웠으며, 살결은 희고 뺨은 붉었다"라고 묘사했다. 헤로도토스는 그녀가 오빠를 살해한 범인들을 꾀로 물에 빠뜨려 죽이고 자신도 자살했다고 했으나 이를 입증하는 증거는 발견되지 않았다. 클레이턴(2009:87).

[42] I, 386-390.

[43] [역주] 어떤 자료에는 두 왕이 제7, 제8왕조에 속하는 인물로 되어 있다.

은 사제들이 있었다. 고왕국에 그렇게 풍부했던 젊은 적응력과 창의적 에너지를 모두 잃어버린 나라의 멸망기에, 사제들과 현인들이 기울인 유일한 노력은 수천 년을 거슬러 올라가 고왕국을 아쉬운 듯 돌아보면서 그들의 맹신적인 상상 속에서 고왕국에 존재했던 깨끗한 종교, 삶, 정부를 회복하려는 것이었다. 우리에게 고왕국은 서부 사막의 가장자리를 따라 수십 킬로미터에 걸쳐 당당하게 줄지어 늘어선 신전, 무덤, 피라미드를 남겼다. 이것은 고왕국을 그토록 위대하게 만든 사람들의 뛰어난 지혜와 거대한 에너지를 가장 잘 드러낸 증거이다. 제작 기술과 내부 구조에서 이 같은 경이로운 성과를 거두었을 뿐 아니라, 최초의 것으로 알려진 항해용 배를 건조하고 미지의 수역을 탐험하거나 무역을 위해 멀리 나일을 거슬러 올라가 아프리카 내륙까지 진출했다. 조형 미술에서 그들은 최고의 업적을 이루었다. 건축에서 그들은 한결같은 재능으로 원기둥을 창조했고 열주를 고안해냈다. 정치적으로는 방대한 법을 가진 계몽되고 고도로 발전한 국가를 만들었다. 종교적으로 그들은 이미 내세에서의 신의 심판에 의한 천벌을 희미하게 의식하고 있었다. 따라서 그들은 도덕적인 직관으로 내세의 행복은 품성에 달렸다고 본 최초의 인류이다. 곳곳에서 소모되지 않은 힘이 풍부하고 다양한 문화에 드러나 있으며, 이 같은 문화는 어떤 국가도 후세에 남기지 못한 그토록 귀중한 유산을 세상에 남겼다. 이 주목할 만한 시대의 끝자락에서, 지방과 중앙정부의 갈등이 이 고대 사람들의 근본적인 힘을 소진할지 아니면 다시 화합과 통일을 가져올 융합이 이루어져서 놀라운 발전이 지속될지 지켜보아야 한다. 우리는 지금까지 이 놀라운 발전의 첫 결실을 살펴보았다.

제3권
중왕국: 봉건시대

08 북부의 쇠퇴와 테베의 흥기

고왕국의 몰락을 야기한 내부의 투쟁이 마침내 혼란을 가져왔고, 혼란 속에서 파괴적인 힘이 일시적으로 완전히 승리했다. 정확히 언제, 누가 멸망을 초래했는지는 지금으로서는 단언할 수 없지만, 고왕국 군주들의 대규모 장례사업이 파괴의 아수라장으로 희생자들을 몰아넣었고, 이 와중에 다수가 몰살당했다. 신전들은 약탈당하고 더럽혀졌을 뿐 아니라 신전의 훌륭한 예술작품도 조직적이고 계획적으로 파괴되었다. 화강암과 섬록암으로 만든 화려한 왕들의 조각상은 산산조각으로 부서졌으며, 피라미드 둑길 끝의 기념 건조물 입구에 있는 우물로 던져졌다. 이렇게 옛 정권의 적들은 옛 정권을 대표하고 지지했던 사람들에게 복수했다. 국가는 완전히 와해되었다. 마네토의 불충분한 기록에 의하면, 공동 통치를 하려는 귀족들의 시도였을 과두정부의 집권자들이 잠깐 동안 멤피스에서 지배권을 차지했던 것으로 보인다. 마네토는 그들을 제7왕조라 부른다. 그는 멤피스 왕들의 제8왕조를 그 뒤에 놓았다. 이 왕들은 고대 멤피스 정권의 좀처럼 사라지지 않는 그림자일 뿐이었다. 아비도스 목록에 보존된 그들의 이름이 그들이 제6왕조를 자신들의 조상으로 여겼음을 보여 준다. 그렇지만 그들의 피라미드는 발견되지 않았고, 이 암흑의 시대 지방 귀족의 무덤으로 연대를 추정할 수 있는 것도 없다. 성공한 왕이라면 모두 자신들의 권력을 명시하는 시나이와 함마마트의 광산과 채석장의 기록에서도 이 단명한 파라오들의 흔적은 발견되지 않았다. 너무 약하고 무질서한 시기여서 왕이든 귀족이든 당시에 대해 우리에게 알려줄 수 있는 오래 보존될 유적을 건설하지 못했다. 얼마나 오랫동안 이 같은 불행한 상황이 계속되었는지 지금으로서는 알 수 없다. 그렇기는 하지만 하트누브에 있는 설화석고 채석장에서, 다량의 비문이 그곳에서의 일을 기록하고 있다. 비문들은 하레 노모스의 영주들에 의해 작성되었는데, 귀족 가문에서 힘을 결집한 과정을 보여 준다. 이들은 왕을 무시하고 자신들만의 통치 연도로 사건을 기록했다. 이러한 세습 영주 가운데 한 사람은 심지어 왕의 권력을 물리친 것을 자랑스럽게 기록했다. "나는 폭력이 있던 날 왕실의 공포에서 내 도시를 구했다."[1] 제6왕조가 무너지고 한 세대 후에 헤라클레오폴리스의 노모스 지사 가운데 한 가문이 제8왕조의 약한 멤피스 왕실로부터 왕관을 빼앗았다. 이들은 쉽게 멸망하지 않고, 거의 한 세기 동안 왕실의 영예를 주장했다.[2]

　헤라클레오폴리스의 노모스 지사들이 승리함으로써 마침내 어느 정도 질서가 회복되었다. 파이윰의 바로 남쪽에 있는 이 도시는 초기 왕조시대부터 호루스신전이 있었고 호루스 숭배가 행해지던 곳이었다. 이곳의 영주들은 이제 그들 무리의 한 사람을 왕좌에 앉히는 데 성공했다. 마네토에 의하면 새 왕조의 설립자 아크토에스(Akhtoes)는 그의 적들에게 매우 단호하게 복수했던 것 같다. 마네토가 그에 대해 알고 있는 것은 그가 당시의 모든 왕 가운데 가장 폭력적인 왕이었고, 광기에 사로잡혀 악어에게 살해당했다는 것이 전부였다. 새 왕실은 마네토에게 제9왕조와 제10왕조로 알려져 있다. 그러나 이 왕조의 왕들은 너무 약해서 오래 보존될 유적을 남기지 못했

---

[1] I, 690.
[2] [역주] 마네토는 제7왕조와 제8왕조가 합해서 30년 동안 존속한 것으로 기록했다. 또 제9왕조와 제10왕조에서는 모두 18명의 헤라클레오폴리스 왕들이 285년 동안 통치한 것으로 추정했다.

다. 또한, 마지막 세 세대 동안을 제외하고는 이 가문과 같은 시대의 기록도 남아있지 않다. 마지막 세 세대 동안에는 시우트의 강력한 노모스지사들이 절벽을 파서 무덤(사진55)을 만들었고, 다행히도 그 안에 그들 가문의 활동적이고 성공적인 생애에 대한 기록[3]을 남겼다. 기록은 우리에게 헤라클레오폴리스의 영주들이 질서를 회복했을 때, 나라의 상태가 어떠했는지 알려준다. 시우트의 귀족들이 자신들의 영지에 대해 다음과 같이 적고 있기 때문이다. "모든 관리가 자신의 관직을 지키고 있었고, 싸우는 사람도 없었고 활을 쏘는 사람도 없었다. 아이는 어머니 곁에서 공격받지 않았고, 시민도 아내 곁에서 공격받지 않았다. 악을 행하는 사람도 없었다.···누구도 자신의 집에서 폭력을 휘두르지 않았다."[4] "밤이 오자 거리에서 자는 사람이 나를 칭찬했다. 그는 자신의 집에 있는 사람 같았고, 내 병사에 대한 두려움이 그의 방패였기[5] 때문이다."[6]

이 시우트 노모스지사들은 헤라클레오폴리스 왕실과 가장 친밀한 관계를 유지했다. 우리는 먼

사진 55. 시우트의 서쪽 절벽
제9왕조와 제10왕조 노모스지사들의 무덤이 있다.
(사진의 저작권은 뉴욕 언더우드 앤 언더우드 소유)

---

[3] I, 391-414.
[4] I, 404.
[5] [역주] 마지막 문장에서 자기 집에 있는 사람 같았다는 것은 마치 자기 집에 있는 것처럼 안전하고 편안하게 여겼다는 의미이고, 병사에 대한 두려움이 그의 방패였다는 것은 병사들을 두려워하기 때문에 질서가 유지되어 안전했다는 의미로 풀이된다.
[6] I, 395, I. 10.

저 왕이 이 귀족 가문 우두머리의 장례식에 참석한 것을 발견한다. 고인이 된 영주의 딸이 시우트를 다스렸다. 그녀의 아들 케티(Kheti)는 당시에는 소년이었는데, 왕실의 자제들과 함께 교육받았다.[7] 충분히 나이가 들자, 그는 어머니를 섭정에서 물러나게 했다. 만일 우리가 이 시우트 귀족의 정치로 그 영지를 판단한다면, 그 영지는 틀림없이 번영과 풍요를 누렸을 것이다. 그는 수로를 팠고 세금을 줄여주었으며, 많은 양의 수확을 거둬들였고 많은 가축을 길렀다. 그는 항상 언제라도 군대와 함대를 소집할 수 있었다. 시우트 귀족들의 부와 힘이 이렇듯 막강했으므로, 그들은 곧 헤라클레오폴리스 왕실에는 더없이 소중한 남쪽의 완충국이 되었고, 케티는 '중이집트의 군 사령관'이 되었다.[8]

한편 남부의 귀족들 사이에서 이와 비슷한 어느 강력한 노모스지사 가문이 천천히 주목을 끌기 시작했다. 멤피스 위로 약 708km, 제1폭포 아래로 225km 미만 거리에, 나일강 줄기가 갑자기 홍해로부터 방향을 틀기 전 홍해에 가장 가까이 근접한 크게 굽은 곳 위로, 강과 절벽 사이에 있는 좁은 기슭이 강을 따라 약 64km에 걸쳐 넓고 비옥한 평원으로 확대되어 있다. 평원의 한 가운데에는 세계에서 가장 장대한 고대 문명의 유적이 펼쳐져 있다. 이 유적들이 세계 최초의 기념비적인 도시 테베의 잔해이다. 당시 이곳은 잘 알려지지 않은 지방의 성읍이었고, 가까이 있는 헤르몬티스(Hermonthis)[9]는 노모스지사들인 인테프(Intef), 멘투호테프(Mentuhotep) 가문의 본거지였다. 헤라클레오폴리스 정권 말기에 테베는 남부에서 주요한 위치를

---

[7] I, 413.
[8] I, 410.
[9] **[역쥐]** 상이집트 지역에 있던 고대 도시로, 나일강 서안의 테베 근처에 있었다. 이곳은 태양숭배 의식을 치르거나 왕이 즉위식을 올리던 자리였으며 전쟁의 신인 멘투를 숭배했다. 멘투는 매의 머리를 가진 인간의 모습을 했으며 사람에게는 황소인 부키스의 모습으로 나타났다.

차지했다. 테베 노모스지사인 인테프는 '남문의 파수꾼'이었다.[10] 남부는 단결하여 식량이 부족할 때는 노모스끼리 식량을 서로 원조해 주었다.[11] 인테프는 곧 폭포에서 북쪽으로 적어도 테베까지 군대를 소집해 남부 전체 지역에서 반란을 조직할 수 있었다. 그와 그의 후임자들은 마침내 남부 동맹을 헤라클레오폴리스의 지배에서 분리시키고 테베를 근거지로 독립된 왕국을 세웠다. 이 인테프는 그 뒤 쭉 테베 가계의 조상으로 인식되었다. 중왕국의 군주들은 테베의 신전 안, 그곳에서 숭배된 이전 왕들의 조각상 사이에 그의 조각상을 세웠다.[12]

이 중차대한 시기에, 시우트 영주들의 확고한 충성은 헤라클레오폴리스 왕실에게는 구제수단이었다. 아마도 노모스지사인 케티의 아들인 듯한 시우트의 테피비(Tefibi)는 여기서 처음 기록에 보이는데, 테베의 공격에 맞서 전장에 그의 군대를 배치했다. 그는 남부 사람들의 침입을 막기 위해 남쪽으로 진군하여 강의 서쪽 해안에서 그들과 만났다. 그는 그들을 물리치고 남쪽으로 아마도 아비도스였을 '남쪽 항구의 요새도시'까지 잃어버린 땅을 수복했다.[13] 동쪽 해안에서 그와 만난 두 번째 군대도 마찬가지로 그에게 패했다. 남쪽 함대의 배들은 해안에 강제로 상륙했고, 그들의 사령관은 강에 뛰어들어야 했다. 선박들은 테피비에 의해 나포되었던 것으로 보인다.[14] 그의 아들인 케티는 이제 전국의 '군사령관'과 '중이집트의 위대한 영주'로 임명되었다.[15] 그는 그의 군주인 헤라클레오폴리스의 메리케레(Merikere)[16]에

---

[10] I, 420.
[11] I, 457-9.
[12] I, 419.
[13] I, 396.
[14] Ibid.
[15] I, 398, 403, l, 23.
[16] [역주] Merikare, Merykare, Merykara 등의 표기도 보인다.

게 충성스러운 지지를 이어갔다. 이제는 비틀거리는 왕실의 명실상부한 '킹메이커'였다. 그는 남부 국경의 반란을 진압했고, 반항적인 지역이 고분고분해졌음을 보이기 위함인지 왕을 남부로 데려오기도 했다. 왕과 함께 북부로 귀환하며, 케티는 자신의 고향을 지날 때 그의 거대한 함대가 어떻게 강을 거슬러 수 마일을[17] 펼쳐져 있었는지 자랑스럽게 이야기한다. 그들이 개선하여 상륙한 헤라클레오폴리스에서 케티는 말한다.[18] "시민들이 나와서 그들의 군주를 축하했다. ……여자들은 남자들, 노인들, 어린이들과 섞여 있었다." 이렇게 시우트 영주들의 무덤(사진55) 비문에서 우리는 헤라클레오폴리스 왕들이 곧 그 장면에서 사라지기라도 할 듯 그들에 대해 급히 훑어볼 수 있다.

한편 테베의 운은 끊임없이 상승하고 있었다. 노모스지사인 인테프의 뒤를 (즉시인지 그렇지 않은지는 불확실하지만) 또 다른 인테프가 계승했다. 이 또 다른 인테프가 왕의 영예와 직함을 차지한 첫 테베인으로, 왕조(제11왕조)의 첫 번째 왕인 인테프 1세가 되었다. 그는 헤라클레오폴리스인들을 강력하게 압박하고 국경을 북쪽으로 밀어 올렸으며, 아비도스와 티니스 노모스 전체를 함락했다. 마치 제1폭포 지역의 엘레판티네가 '남쪽의 문'이었던 것처럼 그는 북쪽의 경계를 '북쪽의 문', 즉 그의 왕국의 북부 국경으로 정했다.[19] 그의 '북쪽 문'은 아마도 시우트 노모스의 테피비가 수복했던 '남쪽 항구의 요새도시'였던 것 같다.[20] 50년이 넘는 그의 오랜 통치가 끝나고, 그의 아들

---

[17] [역주] 본서에 사용된 도량형 피트, 마일, 파운드, 그레인 등은 모두 우리나라에서 사용되는 도량형 m, km, kg, g 등으로 바꿔 표기했다. 그러나 마일이 수 마일처럼 어림수로 쓰인 경우, 수 킬로미터일 수도 있고 수십 킬로미터일 수도 있어 정확하게 바꾸기 어려워 그대로 두었다. 참고로 1마일은 1.6km가 조금 넘는다.

[18] I, 401.

[19] I, 422, 423 D, l. 4.

[20] 193쪽 참조.

인 인테프 2세가 그의 뒤를 이었다. 인테프 2세에 대해서 우리는 그가 계승했다는 것 이외에는 아는 것이 거의 없다.[21] 아마도 테베 가문의 방계 혈통이었을 멘투호테프 가문의 계승으로 테베의 우위가 확립된 것은 이때였다. 멘투호테프 2세는 분명 북부와 전쟁하여 최종 승리를 거두었다.[22] 그는 무사히 자신의 승리에 대해 국민에게 자랑했다. 게벨렌(Gebelên)에 있는 그의 신전 벽에, 그는 자신이 이집트인과 외국인을 함께 때려눕히는 것을 묘사해 놓았다. 함께 새겨진 비문은 "두 영토의 족장을 묶고 남쪽과 북쪽 땅, 외국과 두 지역[이집트], 아홉 활[외국인],[23] 두 영토[이집트]를 함락했다"[24]는 말로 그 장면을 나타냈다. 기원전 22세기 중엽에 헤라클레오폴리스 정권은 결코 일어서지 못하고 완전히 붕괴되었고, 지배권은 북부에서 남부로 넘어갔다. 아마도 제6왕조의 몰락과 고왕국이 막을 내린 지 거의 3세기 만에 이집트는 강하고 활기찬 혈통의 영주들 아래서 재통일되었다. 이 영주들은 전국에 걸쳐 있는, 당시 노모스에 확고하게 자리 잡은 강력하고 다루기 어려운 귀족들을 어느 정도 억제할 수 있었다. 이 새로운 테베 가문의 가족관계에 대해서는 확실하게 알려진 것이 없다. 왕위는 아마도 아버지에게서 아들로 이어졌을 것이다. 그러나 경쟁자가 왕권을 요구한 분명한 증거가 있고, 왕들의 서열이 전적으로 분명하지도 않다.[25]

---

[21] I, 423 G.

[22] [역주] 멘투호테프의 멘투는 테베의 전쟁신을 가리키고, 호테프는 '만족하다'라는 뜻으로, 멘투호테프는 '멘투가 만족한다'를 의미한다. 멘투호테프 이전에도 제11왕조의 왕으로 인테프 1세, 인테프 2세, 인테프 3세가 재위했으나 클레이턴(2009:92)은 중왕국은 멘투호테프 2세의 이집트 재통일과 함께 시작된다고 보았다.

[23] [역주] "아홉 개의 활"은 고대 이집트에서 전통적인 적들을 나타내는 말이다.

[24] I, 423 H.

[25] [역주] 저자가 책을 저술하던 이집트학 초기에는 발굴된 사료의 부족으로 역사를 정확하게 재구성하는 것이 어려웠을 것이다. 저자는 제11왕조를 통치한 왕으로 인테프 1세, 인테프 2세, 멘투호테프 1세, 멘투호테프 2세, 멘투호테프 3세, 멘투호테프 4세,

오랫동안 중단되었던 왕실의 해외 원정도 이때 다시 시작되었다. 니브토웨레(Nibtowere)-멘투호테프 3세의 재상인 아메넴헤트는 함마마트 채석장에 아주 흥미로운 일련의 비문을 남겼다. 그는 왕의 석관과 뚜껑을 만드는데 쓰는 돌덩이를 조달하기 위해 그곳에서 25일간 머문 것을 기록했는데, 당시 원정대는 만 명으로 이집트 역사상 지금까지 알려진 바로는 가장 큰 규모였다. 지역의 신 민(Min)은 그들이 일을 빨리 추진하도록 그들에게 불가사의한 일을 선사했다. 가젤이 인부들 앞으로 뛰어와 그들이 석관과 뚜껑을 만드는데 쓸 수 있는 바로 그 돌덩어리 위에 자신의 새끼를 놓았다. 또 후에 폭풍우가 근처의 우물을 가장자리까지 가득 채웠다. 작업은 이렇게 해서 빠르게 완성되었고, 아메넴헤트는 다음과 같이 자랑하고 있다.[26] "나의 병사들은 아무 손실 없이 돌아왔다. 한 명도 죽지 않았고 한 부대도 실종되지 않았다. 나귀 한 마리도 죽지 않았고 허약해진 인부도 없었다."[27] 이 원정을 위해 인부들은 왕국의 전역에서 차출되었다. 따라서 마지막 세 명의 멘투호테프가 전국을 지배한 것과 그들이 파라오 정권의 힘과 위신을 회복한 것도 분명하다. 지방의 귀족 및 노모스지사들과 왕실의 관계에 대해서는 제12왕조로 알려진 테베의 가문이 곧 등장할 것이므로 머지않아 더 분명히 파악할 수 있을 것이다.

멘투호테프 5세의 7명의 왕을 차례로 열거했다. 그러나 현 이집트학계에서는 인테프 1세, 인테프 2세, 인테프 3세, 멘투호테프 2세, 멘투호테프 3세, 멘투호테프 4세의 6명의 왕이 제11왕조의 왕으로 재위했던 것으로 보고 있다.

[26] [역주] 멘투호테프 3세는 사카라와 아비도스 양쪽 왕의 목록에서 제11왕조 마지막 왕으로 기록되어 있고, 바로 다음에 제12왕조의 시조인 아메넴헤트가 등장한다. 그러나 토리노 파피루스에는 멘투호테프 3세 이후에 왕이 없는 기간이 7년 있어 클레이턴(2009:98)은 이 공백 기간이 멘투호테프 4세의 6년의 재위 기간이라고 보았다. 또 멘투호테프 4세의 재상인 아메넴헤트가 바로 제12왕조의 시조일 가능성이 크다고 보았다. 그렇다면 지역 신 민에 관한 이 일화는 멘투호테프 4세 시기의 일화일 것이다.

[27] I, 434-453.

몇 세기 동안 잠복해 있던 팽창력이 고왕국이 몰락하기 전 제6왕조에서 그랬던 것처럼, 이제 누비아에서 다시 기회를 얻었다. 니브헤페트레(Nibhepetre)-멘투호테프 4세는 나라를 완전히 지배하고 있었으므로 누비아의 정복을 위해 제6왕조가 계획한 것을 다시 시작할 수 있었다. 그는 재위 41년, 자신의 회계담당자인 케티를 함대와 함께 와와트[28]로 보냈다. 너무 오랫동안 중단되었던 건설 사업이 다시 추진되었고, 멘투호테프 4세는 테베의 서쪽 평원의 절벽 아래에 작은 계단식 신전을 지었다. 이 신전은 후에 데르 엘 바흐리(Dêr el-Bahri)[29]에 있는 이웃한 하트셉수트(Hatshepsut) 여왕의 아름다운 성소의 모델이 되었다. 최근에 발견된 이 유적들은 테베에서 가장 오래된 건축물이다. 이 유적은 확실히 무덤의 성격을 지닌다. 벽 위의 부조는 외국인들이 파라오에게 조공을 바치는 모습을 그리고 있다. 적어도 46년에 걸친 긴 통치 기간 덕분에 멘투호테프 4세는 자신의 권력을 공고히 하고 조직할 충분한 기회를 얻었다.[30] 그는 여러 세기 후에 테베의 주권을 세우고 확립한 위대한 인물로 간주되었다. 그의 후임자인 멘투호테프 5세도 오래 중단된, 고왕국 파라오들의 해외 원정 사업을 계속할 수 있었다. 그는 남쪽 나라들과의 모든 상거래의 책임을 '남문의 파수꾼'이라는 오래된 직함으로 제6왕조에도 벌써 존재했던 강력한 관리의 손에 일임했다. 멘투호테프 5세의 최고 회계담당자로, 이 중요한 관직을 맡은 헤누(Henu)[31]는 3천

---

[28] I, 426.
[29] **[역주]** 데이르 엘 바하리(Deir el-Bahari)로도 표기한다. 룩소르 맞은편 나일강의 서안에 위치한 장제전들과 무덤들이 위치한 곳으로 테베 공동묘지의 일부이다.
[30] **[역주]** 지금까지 알려진 역사적 사실에 의하면 멘투호테프 2세가 50년간 통치하고 멘투호테프 3세가 12년간 통치했으며, 멘투호테프 4세가 6년 정도 치세한 후, 아메넴헤트가 제12왕조를 열었다. 그렇다면 저자가 밝힌 46년간 통치한 멘투호테프 4세가 실제로는 멘투호테프 2세이고, 저자가 멘투호테프 5세라고 한 왕은 실제로 멘투호테프 3세일 가능성이 크다.
[31] **[역주]** 헤누는 헤네누(Henenu)로도 알려져 있다. 헤누가 3천 명의 병사를 데리고 매일

명의 인부를 데리고 함마마트 길을 거쳐 홍해로 파견되었다. 그의 조직은 대단히 효율적으로 운영되어서, 모든 사람이 각자 매일 물 두 병과 작은 비스킷 같은 것을 20개씩 받았다. 사막을 행진하는 동안이나 함마마트의 채석장에 체류하던 기간에 매일 식량으로 6,000병의 물과 60,000개의 비스킷을 배급했다는 의미이다.[32] 사막을 안전하게 지나갈 수 있도록 할 수 있는 모든 조치가 취해졌다. 헤누는 15개의 우물 및 저수지를 팠다.[33] 식민지 개척자들을 위한 부락이 후에 급수시설이 있는 곳에 세워졌다.[34] 여정의 끝인 홍해에 도착해서 헤누는 선박을 건조하여 푼트로 파견했다. 반면 그 자신은 함마마트를 경유하여 돌아왔다. 함마마트에서 그는 왕의 신전의 조각상에 쓰일 양질의 돌을 확보해서 돌아왔다.[35] 멘투호테프 5세는 적어도 8년을 통치했다.[36]

5명의 멘투호테프가 연이어 집권한 후에, 제11왕조는 아메넴헤트가 지배자인 새롭고 활기찬 테베 가문에 의해 교체되었다. 우리는 이미 테베에서 멘투호테프 3세의 재상이었던 강력한 아메넴헤트 한 명을 언급했었다. 이 새로운 아메넴헤트는 제11왕조의 마지막 아들을 밀어내고 제12왕조의 첫 번째 왕으로서 왕좌를 차지할 수 있었다. 새 왕의 혈관에 왕족의 피가 흘렀을 가능성도 크다. 어떤 경우이든 그의 가문은 항상 노모스지사인 인테프를 그들의 조상으로 여겼다. 그들은 그에게 경의를 표했고, 그의 조각상을 테베에 있는 카르나크(Karnak) 신전에 놓았다.[37] 제11왕조는 약 160년을

물 두 병과 빵 20개씩을 지급했다는 이 일화는 클레이턴(2009:97)에는 멘투호테프 3세 때의 일화로 소개되어 있다.

[32] I, 430.
[33] I, 431.
[34] I, 456.
[35] I, 432-433.
[36] I, 418.

조금 넘게 통치한[38] 후, 기원전 약 2000년에 종말을 고했다. 그들은 유물을 거의 남기지 않았다. 테베의 서쪽 평원에 있는, 햇볕에 말린 벽돌로 지은 그들의 수수한 피라미드는 천 년 후에는 완벽한 상태로 보존되어 있었으나,[39] 현대까지는 거의 잔존하지 못했다. 마리에트가 사라진 그들의 유적을 발굴했다. 그렇지만 그들은 테베 정권의 토대를 쌓았고, 이제는 그들의 후임자들이 활기찬 발전을 지속할 수 있도록 길을 닦았다.

아메넴헤트가 고귀한 지위를 얻었을 때 교전이 없었던 것은 아니었다. 삼나무로 만든 20척의 배로 구성된 함대가 나일강에서 전투를 벌였고[40] 뒤이어 알려지지 않은 몇몇 적이 이집트에서 추방되었다고 들었다. 이 싸움에서 승리했지만, 아메넴헤트는 매우 어려운 상황에 직면했다. 도처에서 고왕국시대부터 서서히 세력을 확대한 지방 귀족들, 노모스지사들이 이제 독립국처럼 자신의 영지를 다스리고 있었다. 그들은 자신들의 조상들을 아버지 세대에 이르기까지 쭉 돌이켜 보았다. 그들의 권력이 고왕국의 몰락을 초래했고 우리는 그들이 자신들 가문의 시조들의 무너진 무덤들을 수리하고 있는 것을 발견한다.[41] 제11왕조의 왕들은 이 야심만만한 귀족들을 분명히 어느 정도는 억제했지만, 아메넴헤트는 나라를 돌아다니며 차례로 그들에게 완력을 써야 했다. 여기저기서 몇몇 공격적인 노모스지사들은 이웃의 영토나 성읍을 강탈함으로써 위험한 권력과 부를 얻고 있었다. 왕좌를 안전하게 지키기 위해 그러한 경우에 힘의 균형을 회복하는 것이 필요했다. "그는 남부의 경계를 정하셨고 하늘처럼 북부 경계를 영원히 확립하

---

[37] I, 419.
[38] I, 418.
[39] IV, 514.
[40] I, 465.
[41] I, 688-9.

셨다. 그는 강을 중심을 따라 나누셨는데, '호루스의 지평(Horizon of Horus)' 동편은 동쪽의 고원지대만큼 멀었다. 아툼과 같이 빛나는 폐하께서 오셔서 악을 떨쳐 버리셨다. 그러고 나서 폐허가 된 것을 복구하셨고, 도시가 이웃에서 강탈한 것을 원래대로 되돌려 주셨다. 그리고 도시가 그 경계를 알게 하셨고 하늘처럼 경계를 확립하셨다. 기록에 있는 대로 물길을 구분하셨고, 예전의 것에 따라 조사하셨다. 그는 정의를 매우 사랑했기 때문이다."[42] 이렇게 오릭스 노모스 지사는 아메넴헤트가 어떻게 자신의 할아버지를 그곳 노모스 지사로 취임시켰는지 언급한다.

    토지를 가진 귀족들을 완전히 진압하고 고왕국 같은 관료정치 국가를 지방 통치자들과 함께 재건하는 것은 불가능했다. 제5왕조 때 분명해진 새로운 국면은 이제는 타당한 결과가 되었다.[43] 아메넴헤트는 이 상황을 받아들이고 할 수 있는 최선을 다해 대처할 수밖에 없었다. 그는 호의와 공정한 약속을 통해 자기편으로 만들 수 있는 귀족 가문을 그의 대의를 위해 능란하게 고용함으로써 나라를 정복했고 재조직했다. 그는 이제 귀족 가문들을 무시할 수 없는 존재로 여겨야 했다. 그는 자신의 지지자 가운데 한 사람인 크눔호테프(Khnumhotep)에게 오릭스 노모스를 선물하여 보답했다. 우리가 이미 베니하산의 크눔호테프 가문의 유명한 무덤[44]에 있는 위의 기록으로부터 알게 되었던 것처럼, 오릭스 노모스의 일부 경계는 아메넴헤트가 확립한 것이다. 그러므로 아메넴헤트가 할 수 있었던 최대한은 그의 가문 쪽으로 호의적으로 기운 귀족들을 노모스에 임명하는 것이었다. 국가는 이 위대한 정치가의 전례 없는 활기와 노련함으로 마침내 건립되었고, 다시 한

---

[42] I, 625.
[43] [역주] 제5왕조 때부터 분명해진 새로운 국면이란 이집트가 봉건국가가 된 것을 가리킨다.
[44] I, 619-639.

번 이집트가 안정된 조직을 갖추게 함으로써, 이집트는 기원전 약 2000년에 제2의 위대한 성장기인, 중왕국으로 접어들 수 있었다.

09 중왕국, 봉건시대: 국가, 사회와 종교

　제11왕조의 왕들이 테베에 거주한 것은 그저 당연한 것이었다. 북부의 정복을 위해 오래도록 전쟁을 치르는 동안 왕실의 시조들이 테베에 살았기 때문이다. 그러나 아메넴헤트는 확실히 이 전통을 지속할 수 없었다. 그가 북부 노모스지사들 틈에서 자신의 지위를 유지하려면 북부에 머물러야 한다고 결론을 내린 이유는 쉽게 짐작할 수 있다. 북부의 지사들은 여전히 헤라클레오폴리스의 무너진 왕실에 미련이 있었던 것 같다. 더욱이 천 년 전 티니스 왕가가 없어진 이후 아메넴헤트가 밀어낸 제11왕조만 제외하고 모든 이집트의 왕들이 북부에서 살았다. 그가 선택한 위치는 멤피스에서 남쪽으로 여러 마일 떨어져 있는 강의 서쪽이었다. 정확한 지점은 현재 알 수 없지만, 지금은 리슈트(Lisht)[1]라 불리는 곳 가까이에 있었을 것이다. 이곳에서 황폐한 아메넴헤트의 피라미드가 발견되었다. 이 거주 도시에 주어진 이름이 이곳의 목적을 나타내고 있다. 아메넴헤트는 이 도시를 '두 땅의 점령자'란 의미의 이트토웨(Ithtowe)[2]라고 불렀다. 상형문자로 이 이름은 항상 총안(銃眼)이 있는 벽을 갖춘 사각형의 요새 안에 쓰여 있다. 이 요새에서 아메넴헤트는 한 국가의

---

[1] [역주] 리슈트(Lisht) 또는 엘 리슈트(El Lisht)라고 한다. 카이로에서 남쪽으로 약 55km 떨어진, 나일강 서안에 위치한 마을이다.
[2] [역주] Ity-tawy로 표기한 것도 보인다.

운명을 좌지우지했는데, 이 국가는 왕실의 위신을 유지하기 위해 아주 강력한 통치자들의 모든 수완과 정치적 현명함을 필요로 했다.

이 국가는 작은 나라들과 영주의 영지들로 구성되어 있었고, 이 작은 나라나 영지의 통치자는 파라오에게 충성해야 했지만, 그들은 파라오의 관리나 하인은 아니었다. 이 같은 지방 귀족들 일부는 '대영주'이거나 한 노모스 전체를 다스리는 노모스지사들이었다. 다른 귀족들은 요새화된 성읍을 가진 보다 작은 영지의 '백작(count)'³일 뿐이었다. 이렇게 아메넴헤트가 조직한 국가는 훗날 유럽의 봉건국가와 본질적으로 다르지 않은 봉건국가였다. 이것은 이트토웨의 왕궁에 그 같은 강한 사람이 있을 때만 존재할 수 있는 국가였다. 조금이라도 약한 징후를 보이면, 그것은 곧 국가의 급속한 와해를 의미했다. 우리는 당시 봉신(封臣)들에 대한 정보를 그들이 남긴 무덤과 사후 기념물에서 얻는다. 삼각주에 있는 그러한 유적들은 모두 없어졌다. 그래서 우리는 확실히 남부의 상황에 대해서만 논할 수 있고, 남부조차 지금 우리가 적절한 정보를 얻을 수 있는 것은 중이집트에서뿐이다.

그림 25. 베니하산에 있는 노모스지사 크눔호테프의 집무실
왼편에는 최고 회계담당자가 있고, 그 앞에서 누군가 금과 은의 무게를 재고 있다. 가운데에는 농장의 집사가 오른편의 곡물창고로 운송되는 곡식의 양을 기록하고 있다.

---

³ [역주] 중세 유럽의 백작과 완전히 일치하지 않겠지만, 적절한 용어를 찾지 못해 백작으로 옮겼다. 저자는 작은 땅의 세습영주라는 의미로 썼는데, 프랑스의 백작은 서기 900년까지 공작의 봉신이었다가 후에 관직의 성격은 사라지고 작은 땅의 세습영주가 되는 경향을 보였으므로, 저자는 그런 의미에서 백작(count)으로 쓴 것 같다.

지방 귀족 가문들은 어떤 경우 4, 5세기 전의 고왕국 시기 조상까지 그 가계를 거슬러 추적할 수 있다.[4] 이들은 자신들의 영지나 영토에서 확고한 거점을 확보했었다. 또한, 우리는 고왕국 이후 쇠퇴기의 약한 파라오 밑에서 이들이 더 이상 파라오의 재위(在位) 연도가 아닌 자신들만의 통치 연도로 사건을 기록하며 거의 독립국의 세습군주처럼 통치한 것을 기억한다. 그들은 어떤 경우 파라오에게 공공연히 반항했고, 심지어 거역했다.[5] 노모스지사는 사실 그의 작은 왕국에서 축소된 파라오가 되었다. 제12왕조 하에서도 이 같은 상황은 계속되었다. 덜 호화로운 규모로, 그들의 저택은 파라오의 궁전 및 하렘의 관리들과 다르지 않은 사람들에 둘러싸여 있었다. 그의 정부는 사무실(그림25), 서기, 직원들과 함께 최고 회계담당자, 사법재판소를 필요로 했고, 우리가 왕실 소재지에서 찾을 수 있는 꼭 있어야 하는 모든 정부 기구를 필요로 했다. 노모스지사는 이 조직을 통해서 스스로 영지의 세금을 걷었다. 그는 성직 기관의 대사제, 즉 우두머리였다. 또한, 그의 작은 왕국의 상설조직인 민병을 통솔했다. 그의 힘은 대단했다. 오릭스 노모스지사는 누비아로 자신의 400명의 병력을 이끌었고, 콥토스 길에 있는 금광에 가기 위해 600명을 이끌고 사막을 건너갔다.[6] 콥토스에서 지사는 자신의 원정대를 함마마트 채석장으로 보낼 수 있었다. 원정대는 채석장에서 5m 18cm 길이의 돌덩이 두 개를 가져왔다. 두 번째 원정에서는 6m 25cm의 돌덩이를 거의 200명이 사막의 길을 따라 나일강까지 80km 넘게 끌어서 가져왔다.[7] 하레 노모스지사의 사람들은 60톤이 넘는 거대한 설화석고 덩어리를 하트누브의 채석장에서 강까지 약 16km를 끌고 갔다. 이것

---

[4] I, 688-9.
[5] I, 690.
[6] I, 520-521.
[7] I, p. 225, note c.

은 약 6.7m 높이의 노모스지사 조각상을 만드는데 충분한 크기였다. 그러한 영주들은 신전을 짓고[8] 그들의 주요 성읍에 공공건물을 세울 수 있었다.[9] 그들은 공예를 가르치고 산업을 장려했다. 그들이 직접 관심을 가지고 몸소 감독하자 공전(空前)의 경제적 발전기가 도래했다.[10] 헤라클레오폴리스 통치 시기 시우트 노모스지사 가운데 한 사람은 그 후 어떤 일이 있었는지에 대해 다음과 같은 단서를 제공한다. "나에게는 곡식이 풍족하게 있었다. 작황이 좋지 않았을 때 나는 식량 정책[11]으로 도시를 유지했다. 나는 시민들이 자신들을 위해 곡식을 가져가도록 했고, 아내와 과부, 과부의 아들을 위해서도 가져가게 했다. 나는 나의 아버지 적에 계산된 모든 미납 세금을 면제해 주었다. 나는 목초지를 소 떼로 채웠다. 모든 이들이 다양한 품종을 가지고 있어 암소들은 새끼를 두 배로 낳았다. 가축의 우리는 송아지로 가득 찼다."[12] 그가 만든 새 관개 수로는 확실히 그의 영토의 생산성을 높이는 데 기여했다.[13] 노모스지사의 성실한 관리들은 그들이 배치된 지역사회의 복지에 대해 같은 고민을 한 것으로 보인다. 제11왕조 때 게벨렌(Gebelen)에 주재한, 테베 노모스의 회계담당보조는 우리에게 말한다. "나는 흉년이 든 해에 게벨렌 주민을 부양했다. 400명이 매우 빈곤한 상태였다. 그러나 나는 남자의 딸을 취하지 않았고 그의 밭도 차지하지 않았다. 나는 각 염소 떼를 맡고 있는 사람들과 함께 10무리의 염소 떼를 길렀고, 두 무리의 소 떼, 한 무리의 나귀도 길렀다. 나는 온갖 종류의 작은 가축을 길렀다. 나는 30척

---

[8] I, 403; 637, and note a.
[9] I, 637.
[10] I, 638.
[11] **[역주]** 원서에는 kha와 heket으로 옆에 [grain measures]라고 설명이 붙어 있다. 즉 kha와 heket은 곡물의 계량 단위를 이른다.
[12] I, 408.
[13] I, 407.

의 배를 만들었고, 그런 다음 30척을 더 만들었으며, 게벨렌을 살 수 있게 한 후 에스네(Esneh)와 투피움(Tuphium)[14]을 위해 곡식을 가져갔다. 테베 노모스에서는 [보급품을 가지러 게벨렌으로] 강을 거슬러 올라갔다. 게벨렌은 [보급품을 얻기 위해] 결코 다른 지역으로 강을 거슬러 올라가거나 내려가지 않았다."[15] 노모스지사는 이렇게 그의 백성의 이익을 위해 헌신했고, 자비롭고 인정 많은 통치자라는 평판을 후세에 남기는 데 관심이 있었다. 위에서 언급한 기록들은 무덤의 비문에서 가져온 것인데, 사람들 사이에 그와 같은 기억이 오래 이어지도록 의도된 기록들이다. 오릭스 노모스 지사인 아메니(Ameni)의 전기에는 같은 목적에서 더 적극적으로 언급한 부분이 있다. 이것은 베니하산에 있는 그의 무덤에 새겨져 있다. "나는 어떤 시민의 딸도 학대하지 않았고 박해한 과부도 없었으며 내가 퇴짜 놓은 소작인도 없었다. 내가 쫓아버린 목동도 없었다. 감독관에게 세금을 내지 않고 그들의 농노를 일하게 하지 않았다. 내 마을에는 불쌍한 사람도 없었고, 나의 시대에는 배고픈 사람도 없었다. 몇 년간 기근이 들었을 때, 오릭스 노모스의 모든 땅을 남쪽과 북쪽의 변경까지 경작하여, 노모스 내 주민들이 살아있게 했고 식량을 공급했다. 따라서 노모스 안에서 굶주리는 이는 없었다. 나는 남편이 있는 여자에게 주는 것처럼 과부에게도 주었고, 나는 위대한 사람을 미천한 사람보다 우대하지 않고 똑같이 주었다. 그 후 위대한 나일강 덕에 곡식과 모든 것에 풍년이 들었지만, 나는 밭의 밀린 소작료를 징수하지 않았다."[16] 노모스 정부의 가장 좋은 면을 기록하려는 노모스 지사의 자연스러운 소망을 충분히 고려하더라도, 대부분 일상의 접촉만으

---

[14] **[역주]** 고대 이집트의 성읍이 있던 곳으로 룩소르에서 남서쪽으로 20km 떨어진 곳에 있다. 지금은 El-Tod로 불린다.
[15] I, 459.
[16] I, 523.

로 알고 지내는 적은 인구를 가진 지역사회에서 그 지방 특유의 주민을 자식처럼 대하는 직접 통치 성격은 지역과 일반 민중에게는 막대한 축복이 었음이 분명하다.

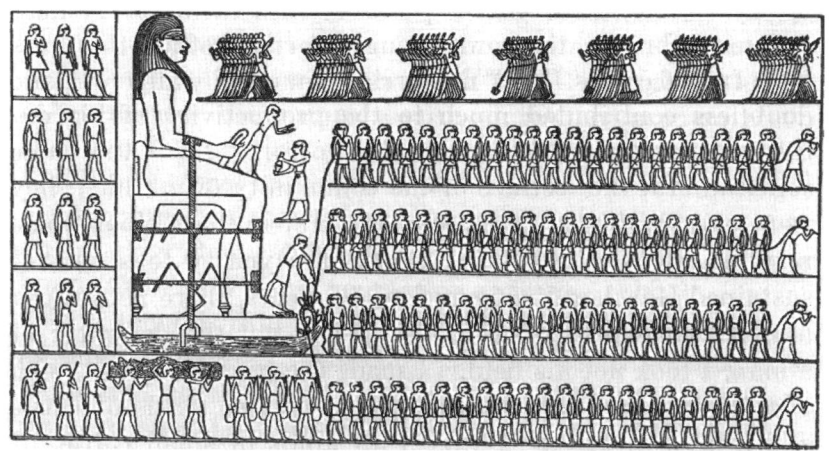

그림 26. 172명의 사람이 두 명씩 네 줄로 서서 끄는 썰매로 수송되는 약 6.7m 높이의 거대한 설화석고 조각상 (엘 베르쉐에 있는 중왕국 무덤으로부터)

노모스 지사가 다스리는 영토가 꼭 부당하게 소유한 것은 아니었다. 그의 부는 두 종류의 땅과 수입으로 구성되었다. 조상으로부터 받아서 그의 일가에서 상속한 '아버지의 땅'과 망자가 좌우할 수 없는 '백작의 땅'[17] 이 두 종류였다. 백작의 땅은 노모스지사가 죽으면 파라오에 의해 새로 봉토로 양도되었다. 파라오가 전국적으로 어느 정도 봉건영주들을 지배하고 왕실의 열렬한 지지자들을 임명할 수 있었던 것은 바로 이 사실 때문이었다. 그렇기는 하지만 파라오는 장녀를 통한 자연 계보에 따른 상속을 무시할 수 없었다. 우리가 시우트에서 살펴보았듯이 장녀는 심지어 아버

---

[17] I, 536.

지가 사망하면 아들이 통치할 나이가 될 때까지 영지를 다스렸던 것 같다.[18] 베니하산에 있는 오릭스 노모스 귀족들의 웅장한 무덤은 이러한 관습이 이 가문의 자산에 영향을 미쳤음을 매우 분명하게 보여 준다. 살펴보았듯이 아메넴헤트 1세는 승리하여, 그의 열렬한 지지자 가운데 한 사람인 크눔호테프라는 사람을 오릭스 노모스의 봉토인 '호루스의 지평(Horizon of Horus)'의 주요 도시 메나트 쿠푸의 백작으로 임명했다.[19] 크눔호테프는 또한 곧 오릭스 노모스지사 직을 계승했다. 아메넴헤트 1세가 죽은 후 세소스트리스(Sesostris) 1세의 특별한 총애를 받아 크눔호테프의 두 아들이 아버지의 영지를 물려받았다. 나크트(Nakht)가 메나트 쿠푸의 백작으로 임명되었고, 조금 전 읽은 인정 많은 통치의 주인공 아메니가 오릭스 노모스를 물려받았다. 그들의 누이인 베케트(Beket)는 궁궐의 유력한 관리로 재상이자 왕실 소재지의 통치자인 네흐리(Nehri)와 결혼했다. 네흐리는 이웃인 하레 노모스의 지사였다. 어머니를 통한 상속으로 크눔호테프 2세가 된 이 부부의 아들은 외삼촌인 나크트를 이어 메나트 쿠푸의 백작으로 임명되었다. 파라오의 눈에 노모스지사 딸의 아들이 갖는 가치를 파악하여, 크눔호테프 2세는 북쪽에 이웃한 자칼(Jackal) 노모스 지사의 장녀 케티(Kheti)와 결혼했다. 이렇게 해서 크눔호테프 2세의 장남은 어머니를 통해 자칼 노모스에 대한 권리를 주장했고, 당연한 순서를 따라 파라오는 그를 임명했다. 부부의 차남은 궁중에서 의식을 치른 후, 메나트 쿠푸의 아버지 영지를 물려받았다.[20] 네 세대에 걸친 이 가문의 역사는 이렇게 파라오가 유력한 가문의 후계자의 요구를 무시할 수 없었음을 보여 준다. 파라오가 그들을

---

[18] I, 414.
[19] [역주] 원서의 제6장에는 Menat-Khufu로 되어 있고, 여기서는 Menet-Khufu로 표기되어 있다. 모두 현 베니하산의 주도인 동일 장소를 지칭한다.
[20] I, 619 ff.

존중해야 했던 상황은 그들보다 덜 두려운 귀족 가문에 대한 그의 지배력을 명백하게 제한했다.

이 영주들이 자신들의 통치와 행정에서 왕실로부터 어느 정도로 제약을 느꼈는지 현재로서는 확언할 수 없다. 파라오의 소유권을 지키는 것이 임무인 왕실의 사무장은 노모스에 주재한 것으로 보이며, (아마 그 밑에) 각 노모스에서 왕의 가축을 맡고 있는 '국왕 재산의 감독관들'이 있었다.[21] 그러나 노모스지사가 노모스로부터의 모든 세입을 국고에 전달해 주는 중개인이었다. "왕실의 모든 세금은 내 손을 거쳐 갔다"라고 오릭스 노모스의 아메니는 말한다. 국고는 중앙정부 기관으로, 그렇지 않으면 느슨했을 노모스 집단들이 행정적으로 결속되게 했다. 국고는 수입이 있어서 모든 노모스에 자산을 지급했다. 살펴본 대로 이 자산 일부는 정부의 감독관이 관리한 것으로 보인다. 한편 많은 부분은 귀족에게 위탁되었는데, 아마도 '백작의 땅'의 일부로서 위탁 관리되었을 것이다. '오릭스 노모스의 국왕 소유재산의 감독관들'은 아메니에게 3천 마리의 황소를 주었고, 이것에 대해 아메니는 파라오한테 연례 보고를 했다. 아메니는 말했다. "나는 [파라오의] 왕궁에서 그 일로 칭찬받았다. 나는 그들이 내는 모든 세금을 왕실로 전달했고, 내가 그의 어떤 관청에도 미납한 것은 없었다."[22] 하레 노모스 지사인 투트호테프(Thuthotep)는 엘 베르쉐(El Bersheh)에 있는 자신의 무덤에 '왕에게서 받은 수많은 가축과 하레 노모스에 있는 [아버지로부터 받은] 땅에서 나온 가축'을 자랑스럽게 묘사했다.[23] 우리는 각 노모스에 있는 국왕 소유의 자산 비중과 '백작의 땅'의 비중을 짐작할 수도 없다. 그러나 이러한 강력한 가신들의 권리는 파라오의 전통적인 세수를 크게 줄어들게 했을 것이다.

---

[21] I, 522.
[22] I, 522.
[23] I, 522, note a.

비록 영주들이 봉토를 보유할 수 있는 것은 공식적으로 오로지 왕의 은혜에 의한 것이었지만, 왕은 고왕국에서처럼 나라의 자원을 더 이상 마음대로 가질 수 없었다. 그러나 국고의 다른 자원들은 당시 이용할 수 있었다. 만일 완전히 새로운 것이 아니라면 더 효과적으로 활용할 수 있었다. 노모스들과 왕실 소재지의 조세를 포함한 국내의 수입 외에, 파라오는 누비아의 금광과 홍해로 가는 콥토스 길에 있는 금광에서도 정기적인 수입이 있었다. 푼트와 홍해 남부 해안과의 통상은 국왕의 독점적인 특권이었던 것으로 보이며, 상당한 수입이 있었을 것이다. 시나이의 광산과 채석장, 아마도 함마마트의 채석장도 정기적인 수익의 원천으로 개발되었다. 누비아의 정복과 이따금 시리아-팔레스타인으로 약탈을 위한 원정을 간 것도 국고에 상당한 공헌을 했다.

국고의 중앙 사무소는 여전히 '하얀 집'이었다. 하얀 집을 통해 하위 부서인 곡물 창고, 목동들, '이중 황금의 집', '이중 은(銀)의 집', 나라의 다른 생산물 부서가 파라오가 받아야 하는 연 세입을 중앙 창고와 가축 수용소로 수집했다. 강 위의 화물 수송선들은[24] 관련된 물품을 대량으로 운반하는 데 꼭 필요했다. '하얀 집'의 지휘자는 전처럼 최고 회계담당자였고, 그의 보좌관인 '신의 회계담당자'가 있었다. 당시의 왕성한 행정 활동은 이 활동적인 관리들의 빈번한 기록에도 분명히 드러난다. 기록에 의하면, 그들의 지위에도 불구하고 그들은 종종 시나이, 함마마트, 또는 콥토스 길의 종착지인 홍해 해안에서 왕의 사업을 직접 감독했다. 국고가 고왕국 이후 보다 고도로 발전된 기관이 되었음은 분명하다. 하위 부서의 지휘자 밑에 사무실을 채운 하급자, 재산관리인, 감독관, 서기 등은 분명 전보다 많았다. 그

---

[24] Tombstone of a commander of one of these fleets(어느 선단(船團) 지휘관의 묘비), Cairo, No. 20,143.

들은 다양한 직함을 보이기 시작했는데, 그때까지 알려지지 않은 많은 계급의 여러 직함이 점차로 차별화되고 있었다. 이들 가운데 행정관리 하에서 광산과 채석장을 개발하던 기술자와 숙련된 장인들이 그때까지보다 더 두드러지게 나타난다. 이 같은 상황으로 인해 정식으로 중간 계층이 등장하게 되었다.

고왕국에서처럼 정의는 여전히 행정관리에 의해 집행되었다. 따라서 신의 회계담당자는 자신이 '법을 알고 그것을 집행하는 데 신중한'[25] 사람이라고 뽐낸다. 재상이 최고 책임자인 여섯 곳의 '큰집' 즉 사법재판소들은 이트토웨에 위치했다.[26] 이 밖에 사법 기능을 가진 것이 분명한 '30인의 집'도 있었다. 마찬가지로 재상이 주재했는데, 이것과 여섯 '큰집'과의 관계는 분명하지 않다. 당시 둘 이상의 '남부 10인'이 있었다. '남부 10인의 고관들'은 자주 국왕으로부터 다양한 행정 및 관리 임무를 위임받았다. 살펴보겠지만, 그들은 국세 조사와 세금 기록을 담당했다. 그러나 사법행정과 그들의 연관성은 확실하게 단언할 수 없다. '판사'라는 유일한 직함을 가진 치안 판사들의 묘비가 가끔 발견되는데, 이들은 제한된 지방의 사법관할 지역 내에서 사법적 직능을 맡았던 부유한 중산층 시민이었을 수 있다. 그들이 시행했던 법률은 전해지지 못했지만, 틀림없이 고도로 발전된 것이었으며, 미세한 차이도 구분할 수 있었다. 시우트의 한 노모스 지사가 백작으로서의 자신과 도시 신전의 대사제로서의 자신 사이에 한 계약은 다른 두 지위로 인해 갖는 권리가 세세한 부분까지 구별되었음을 보여 준다.[27]

당시의 부족한 기록은 토지관리국, 관개 시스템 같은 다른 정부 기관에 대해서는 아주 적은 정보만을 제공한다. 과세, 국세 조사 기록 이외에도

---

[25] I, 618.
[26] Sharpe, Eg. Inscr. I, 100.
[27] I, 568 ff.

공공사업을 수행하기 위해, 국가는 남부와 북부의 두 행정구역으로 나뉘었다. '남부 10인의 고관들'은 두 구역에서 근무함으로써 남부에서만 활동한 것이 아님을 보여 준다. 남부의 총독이라는 관직은 없어졌고, 그 직함은 이미 고왕국이 멸망하기 전에, 만일 조금이나마 사용되었다고 한다면 단지 명예로운 용어가 되었을 뿐이다. 인구 등록에는 정교한 시스템이 시행되었다. 각 가정의 가장은 그가 독립된 가정을 꾸리자마자 그의 가정에 속한 농노와 노예를 포함한 모든 구성원과 함께 등록되었다. 등록된 명부가 정확하다고 서약하면, 토지사무소의 '남부 10인의 고관들'이 이를 가져갔다. 토지사무소는 재상의 사무국 가운데 하나로 이곳에서 모든 등록서류가 보관되었다. 이 인구 등록은 아마 몇 년마다 고정된 간격으로 진행되었을 것이다. 그 기간이 15년이었을 것이라는 약간의 증거가 있다.[28] 이처럼 재상의 집무실은 전처럼 정부의 중심 기록보관소였다. 인구 조사 및 조세 등록과 함께 토지 관리국의 모든 기록이 그의 사무실에서 보관되었다. 이렇게 해서 재상은 자신을 '경계의 기록을 확인하고, 지주를 이웃과 분리하는'[29] 사람이라고 부른다. 전처럼 그는 또한 사법행정의 수반으로 6곳의 '큰집'과 '30인의 집'을 통솔했다. 그가 최고 회계담당자의 직책마저 맡으면, 세소스트리스 1세 밑의 강력한 재상인 멘투호테프가 그랬던 것처럼, 그가 묘비에 자신에 대해 남길 수 있는 설명은 왕의 권력을 선언하는 것처럼 해석될 수 있다.[30] 그가 왕에게 위험할 수 있다는 것은 재상직에서 올라왔을 아메넴헤트 1세의 전력(前歷)에도 분명히 드러난다. 그의 높은 관직은 제후와 백작의 지위를 갖게 해 주었고, 경우에 따라서 그는 한 노모스를 통치하기도 했다.

---

[28] Kahun Papyri, pl. IX-X, pp. 19-29.
[29] I, 531.
[30] I, 530-534.

이제 그 어느 때보다도 더 의심의 여지 없는 충성심을 가진 사람들이 정부 조직을 장악하는 것이 필요했다. 젊은이들이 왕실의 테두리 안에서 자라면 왕실에 애착을 가지고 성장할 것이다. 따라서 세소스트리스 3세는 자신의 최고 회계담당자인 이케르노프레트(Ikhernofret)에게 사명을 맡기는 다음과 같은 편지를 썼다. "짐은 그대를 보낸다. 나의 마음은 그대가 짐의 뜻에 따라 모든 것을 행할 것임을 확신한다. 그대는 짐의 가르침을 받고 컸고 짐의 훈련을 받고 내 궁에서 유일무이한 교육을 받았기 때문이다."³¹ 당시 왕의 안전을 지키기 위해, 또한 파라오의 시중을 드는 야심만만한 귀족이 위험한 권력을 얻는 것을 막기 위해 끊임없이 용의주도하게 감시해야 했다. 우리는 아메넴헤트 1세의 관리들이 그의 신임을 배반하고 그의 생명을 노렸음을 알게 될 것이다. 멀리 누비아에서는 세소스트리스 1세의 사령관인 멘투호테프가 아우구스투스 하의 코르넬리우스 갈루스³²처럼 승리를 축하하는 왕의 기념물에 자신을 너무 돋보이게 함으로써 그의 형상이 지워져야만 했다. 귀족 자신도 아마 십중팔구 불명예스럽게 해임되었을 것이다.³³ 파라오를 향한 신중한 처신이 출세의 조건이었다. 현인들은 왕을 섬기며 침묵을 지킬 줄 아는 사람을 칭찬한다.³⁴ 아메넴헤트 3세 조정(朝廷)의 유력자인 세헤테피브레(Sehetepibre)는 자식들에게 왕을 충심으로 보필하라고 묘비에 훈계의 글을 남겼다. "그의 이름을 위해 싸우고, 그의 맹세로 너희 자신을 정화하라. 그러면 너희는 고뇌로부터 자유로울 것이다. 왕의 사랑을 받는 사람들은 복 받을 것이고, 폐하께 적대적인 사람은 묻힐 곳도 없을

---

³¹ I, 665.
³² [역주] 코르넬리우스 갈루스(Cornelius Gallus)는 아우구스투스가 안토니우스와 벌인 전쟁에서 크게 활약해 이집트 총독이 되었다. 그러나 이집트에서 분별없는 행동으로 아우구스투스에게 소환된 뒤 추방되어 자살했다.
³³ I, 514.
³⁴ I, 532.

것이며, 그의 몸은 강물에 던져질 것이다."[35] 그가 한 여러 가지 말 중 일부이다.

그와 같은 상황에서 파라오는 유사시에 그의 뜻을 집행하는 데 꼭 필요한 병력을 주위에 포진시켜야만 했다. 따라서 군인 '수행원들' 또는 문자 그대로 '폐하의 추종자들'이 생겨났다. 그들은 직업 군인들이었다. 고대 이집트의 이 최초의 직업 군인에 대해 우리는 약간의 지식을 갖고 있다. 백 명으로 된 중대들이 궁전과, 누비아로부터 아시아의 변경에 이르는 왕실의 요새에 각각 주둔했다. 중대가 얼마나 많았는지는 지금으로서는 알 수 없다. 비록 상비군이라는 용어로 칭하기에는 아직 충분한 수는 되지 못한 것이 분명하지만, 그들은 적어도 상비군의 토대를 형성했다. 그들이 어디 출신인지도 또한 모르지만, 그들의 지휘관들은 적어도 중간층보다는 더 높은 신분의 사람들이었다. 그들은 파라오가 치른 모든 전투에서, 특히 누비아 전투에서 가장 뛰어난 병력이었다. 또한, 광산, 채석장, 홍해 항구로 가는 왕의 원정도 맡았다. 그렇지만 이 당시 파라오에 의해 고용된 군대는 거의 모두 중간 계급 출신의 자유 시민으로 구성되었다. 이들은 노모스 지사의 민병이거나 상설 병력을 형성했다. 노모스지사는 왕이 소환하면 그들의 지휘관이 되어 군주의 전투에서 그들을 지휘했다. 그러므로 전시에 군대는 가신(家臣)들이 제공하고 지휘하는 분견대로 구성되었다. 평화 시에 그들은 또한 거대한 기념물을 운반하거나 공공사업을 수행하는 데 쓰이는 머리를 쓸 줄 아는 노동력을 제공하도록 자주 소환되었다. 사제이든 아니든 모든 자유 시민은 '세대(generation)'별로 조직되고 등록되었는데, 세대는 대대로 군 복무나 공공사업에 선발될 의무가 있는 젊은이들의 여러 등급을 가리키는 용어였다. 고왕국에서와같이 전쟁은 느슨하게 조직된 약탈을 목적으로

---

[35] I, 748.

하는 원정에 지나지 않았다. 원정의 기록들은 이집트인들이 여전히 호전적이 아닌 특성을 분명히 보여 준다.

    제6왕조 이후 왕궁에서 귀족들이 이탈함으로써 지방 사회가 생겨나기 시작했다. 특히 노모스지사의 무덤이 여전히 보존되어 있는 엘레판티네, 베르쉐(Bersheh), 베니하산, 시우트, 그리고 당시 모든 계층에서 무덤을 만들고 기념비를 세우려 했던 아비도스에서, 우리는 이 지역사회에 대해 엿볼 수 있다. 그러므로 귀족들의 삶은 더 이상 궁중에 초점을 맞추지 않았다. 당시의 귀족은 전국적으로 흩어져 있어서 지역적인 형태를 띠었다. 노모스지사는 대가족을 거느리고 사교적 오락, 사냥, 운동을 즐긴 흥미롭고 멋있는, 지역의 귀족이었다. 공간이 허락된다면 우리는 기꺼이 그와 함께 머물 것이다. 이 시대의 특징은 중간 계급이 뚜렷하게 눈에 띈다는 점이다. 이들이 뚜렷하게 드러난 것은 어느 정도 이 계층의 다수에게도 무덤, 묘비, 장례시설이 필수가 되었다는 사실에 기인한다. 이 계층은 고왕국에서는 그러한 필요성을 느끼지 못했고, 그들의 존재를 보여 줄 기념물도 남기지 않았다. 아비도스의 묘지에는 거의 800명의 당시 사람들이 묻혀 있는데, 네 명 중 한 명은 관직이나 직위 같은 어떤 직함도 표시하지 않았다.[36] 그들은 때로 자신들을 '도시의 시민들'이라고 지칭했지만,[37] 보통은 묘비에 이름만 남겼고, 무덤 주인의 신분에 대해서 어떤 암시도 하지 않았다. 이들 중 일부는 상인, 지주였고, 일부는 공예가, 명장(名匠)들이었다. 그러나 이들 중에는 상당한 부를 축적한 이들도 있었다. 시카고 미술연구소에는 그처럼 직함이 없는 시민의 것인 아주 좋은 관이 있는데, 그것은 그가 레바논으로부터 수입된 값비싼 삼나무로 만든 것이다. 종종 이름에 이승에서의 지위를 지칭

---

[36] Catalogue Cairo, Nos. 20,001-20,780.
[37] Ibid. passim(여기저기에 나온다).

하는 다른 명칭 없이 '명인 샌들제조자', '금세공인', '구리세공인' 같이 직업을 지칭하는 말이 이름 앞에 붙는 사람들도 확실히 이 부류에 넣어야 한다. 아비도스에 있는 이 중왕국 묘비들에 관직 이름이 적힌 사람 중 대다수는 작은 관직을 맡은 사람들로 직급이 표기되어 있지 않은데, 확실히 이 중간 계층에 속하는 사람들이다. 관공서의 업무는 이제 이 세상에서 이 신분의 젊은이들에게 출세의 길을 열어주었다. 독자들도 기억하겠지만, 기근이 들었을 때 테베 노모스 부양에 전념했던,[38] 회계담당보조는 자신을 분명히 '시민'이라고 부른다. 아버지의 직업을 아들이 계승하는 것은 고왕국에서도 드문 일은 아니었는데, 이제는 더 일반적인 일이 되었다. 당시의 묘비는 통행인들에게 망자를 위해 기도하면, 그들의 자손이 망자의 관직을 물려받을 수 있다는 듯이 망자를 위해 기도해 줄 것을 권한다. 직업을 계승하는 관습은 필연적으로 관리들로 이루어진 중간 계급을 형성하게 되었다. 읽고 쓸 줄 아는 그들의 능력 덕분에 그들은 또한 자신들과 같은 신분이지만 문맹인 사람들보다 더 높은 지위를 갖게 되었다. 궁정학교에서 아들을 서기로 교육받도록 데려가는 아버지는 그에게 근면하라고 권하고 여러 가지 직업을 시도해 보라고 한다. 그리고는 모든 수공예는 어려움과 고생이 많다는 것, 반면 서기라는 직업만은 명예와 안락, 부를 가져다준다고 알려 준다.[39] 비록 당시의 예술 수준이 당시 공예가들이 종종 매우 우수한 능력을 갖춘 사람들임을 보여 주고, 삶에서의 그들의 신분도 바람직하지 않은 것도 아니었지만, 서기나 관리들로 이루어진 중간 계층은 그들을 얕잡아보고 서기라는 직업을 모든 것 위에 올려놓았다. 이때부터 우리는 서기가 끊임없이 자신의 지식과 신분을 자랑으로 여기는 것을 발견한다. 고왕국의

---

[38] 204-205쪽 참조.
[39] Pap. Sallier II.

기념물은 우리에게 궁전에서 직함을 가진 귀족들과 그들 땅에서 일하는 농노들의 삶만을 보여 주지만, 중왕국에서는 이렇게 지방에서 성공한, 그리고 종종 부유한 중산층을 식별할 수 있다. 그들은 때로는 자신들만의 노예와 땅을 소유하고 노모스지사가 했던 것처럼 처음 수확한 과일을 성읍의 신전에 공물로 가져갔다.[40] 노모스지사는 이 계층의 행복에 큰 관심을 보였다. 독자들은 기근이 들었을 때 그가 곡식을 그들에게 주었던 것을 상기할 것이다. 그들 중 한 사람은 자신의 묘비에 그의 성공에 대해 짧은 기록을 남겼다. "나는 꽤 큰 정원과 큰 무화과나무를 소유한 사람이었다. 나는 내 도시에 넓은 집을 지었고, 절벽에 있는 묘지에 무덤을 파서 만들었다. 나는 내 도시를 위해 수로를 만들고, 사람들을 내 배에 태워 강을 건네주었다. 나는 [봉사를 위해] 준비된 사람이었다. 나는 좋은 날[죽는 날]이 와서 그것[그의 재산]을 아들에게 유증하는 날이 올 때까지 농부들을 이끌었다."[41] 사회계층 구조 맨 아래층에는 이름 없는 농노들, 방금 읽은 비문 속 농부들, 땅에서 농사를 지어 부를 창출하는 힘든 일을 하는 수백만 명이 있었다. — 멸시받는 계층이지만 그들의 노동은 국가 경제활동의 근간을 이루었다. 노모스에서 그들은 수공예도 배웠다. 베니하산과 다른 곳의 무덤에 그들이 온갖 종류의 수공품 제작에 몰두하고 있는 모습이 묘사되어 있다. 그들이 만든 것이 노모스지사의 땅 안에서만 쓰였던 것인지 아니면 전국에 걸쳐 있는 중산층과 시장에서 대규모로 거래하기 위한 것이었는지는 전혀 알 수 없다.

중왕국 이집트인들의 삶에서 종교보다 더 뚜렷하게 변화와 발전의 증거를 보여 준 삶의 요소는 없었다. 우리는 다시 새로운 시대에 있다. 제5왕조

---

[40] I, 536.
[41] Florence, Stela 1774, 필자가 직접 촬영한 사진으로부터.

이후 그토록 두드러졌던 공인된 레의 최고 지위는 고왕국의 붕괴 이후 뒤따랐던 내부 갈등 속에서도 지속되었고, 제12왕조가 등장하면서 그의 승리는 완전해졌다. 아마도 순수하게 지역적인 자신만의 신이 태양신의 영예를 나누어 갖기를 바랐던 다른 사제들은 점차로 그들의 신이 레의 형상과 이름을 가진 것을 발견했다. 그들 중의 일부는 더 나아가 신학적으로 접근해 신의 이름에서 현실적인 표현을 찾았다. 예를 들면, 처음에는 태양신과 아무 관련이 없던 악어의 신, 세베크(Sebek)[42]의 사제들은 이제 세베크를 세베크-레라고 불렀다. 같은 방식으로 지금까지 잘 알려지지 않은 테베의 지역신 아몬(Amon)은 도시가 정치적으로 번영하자 어느 정도 유명해졌는데, 그때부터 태양신이 되었고, 그의 사제들은 보통 그를 아몬-레라고 불렀다. 범신론적 태양신 일신교 풍조는 이러한 움직임에서 시작되었다. 우리는 이러한 풍조가 최고조에 이른 시기도 살펴볼 것이다.

신전은 아마 크기에 있어 다소 커진 것 같다. 그러나 공식적인 신앙은 실질적으로 바뀌지 않았고, 여전히 사제단은 큰 계층을 이루지 않았다. 파이윰 옆 카훈(Kahun)에 있는 세소스트리스 2세의 아누비스 신전은 '신전의 감독관'이라는 직무를 맡은 귀족 한 사람이 신전을 책임졌는데, '최고 강사' 한 사람이 9명의 하급자와 함께 그를 도왔다. '신전 감독관'과 '강사'만이 항상 성소에서 근무했고, 9명의 하급자는 평신도로 그해 한 달만 신전에서 일하고 매달 새로운 9명에게 자리를 내주고 신전을 넘겨주었다. 이들 외에 성소의 하찮은 일을 위해 6명의 문지기와 두 명의 하인이 필요했다.[43]

오시리스의 성공은 레의 성공 못지않았다. 물론 둘의 성공은 완전히 다른 이유에서였다. 레가 최고의 자리에 오른 것은 주로 태양신이 나일 계곡

---

[42] **[역주]** 원서에는 Sobk로 되어 있다.
[43] Borchardt, Zeitschrift für Aegyptische Sprache, 1900, 94.

에서 항상 누렸던 명성에 그의 정치적 유명세가 더해졌기 때문이다. 반면 오시리스의 성공은 국가와는 아무 관련이 없는, 순수하게 대중적인 승리였다. 그렇기는 하지만 오시리스의 사제들이 지속적으로 포교한 것이 그의 성공에 공헌했을 것이다. 그러나 그들이 포교를 시행한 곳은 민간에서였을 것이다. 아비도스에서 오시리스 신화는 일련의 극적인 공연으로 만들어져서, 신의 삶과 죽음, 마지막 승리 등 주요 사건들이 해마다 사제들에 의해 사람들 앞에서 상연되었다. 사실 신화의 일부를 공연하면서 사람들의 참여가 허용되었다. 전체는 기독교 시대의 기적과 수난의 연극처럼 의심의 여지 없이 대중의 눈에 인상적이었을 것이다. 우리는, 가까운 미래에 무덤에서 나와서 이 흥겨운 공연을 볼 수 있었으면 하는 기도문을 그들의 묘비에서 드물지 않게 발견한다. 상연된 사건 가운데 신의 몸을 매장하기 위해 무덤으로 나르는 행진이 있었다. 마지막으로 이 관습은 자연스럽게 오시리스의 원래 무덤이 아비도스 뒤쪽 사막에 있다고 확인하는 것으로 끝을 맺는다. 이 장면에서 아비도스 뒤쪽 사막에 있는 곳이 오시리스의 무덤이 되었다. 이렇게 해서 천여 년 전에 이집트를 통치했던 제1왕조 제르 왕의 무덤이 중왕국에서는 이미 오시리스의 무덤으로 여겨졌다.[44] 그 장소에 대한 숭배가 늘어남에 따라 그곳은 진정 신성한 무덤이 되었고, 아비도스는 이집트의 다른 어떤 지역도 갖지 못한 거룩함을 갖게 되었다. 이 모든 것이 사람들에게 강력하게 영향을 미쳤다. 그들은 성지를 순례하러 그곳을 방문했다. 제르의 옛 무덤은 그들이 가져온 공물을 담은 단지로 생긴 산 밑에 깊이 묻혀 있었다. 만일 가능하다면, 이집트인들은 당시 신전을 둘러싼 벽 안쪽의 아비도스에 묻혔을 것이다. 무덤들이 신전 영역을 잠식하면, 사제들은 무덤 주위에 담을 세워서 신성한 영역이 더 잠식당하는 것을 막아야

---

[44] I, 662, 669.

할 필요성을 깨달았다. 재상으로부터 보잘것없는 직공에 이르기까지 이 가장 신성한 이집트의 묘지에 밀려들었다. 그러나 아비도스에 매장할 수 없게 되면, 노모스지사의 경우처럼 귀족 계급의 망자들은 위대한 신과 교류하고 그의 의식에 잠깐이라도 참여하기 위해 적어도 미라로 만들어진 후 그곳으로 옮겨졌다. 그런 다음 그들은 다시 집으로 옮겨져 묻혔다. 그러나 이조차도 불가능했던 일반 대중은 그곳에 그들 자신과 친족들을 위해 추도를 위한 갓돌을 올려놓고 신에게 기도하고 찬송하며 내세에 자신들을 기억해 달라고 빌었다. 업무차 도시를 방문한 왕실 관리들과 정부의 사절들은 그러한 갓돌을 쌓을 기회를 반드시 활용했다. 그들이 때로 덧붙인 임무의 날짜 및 성격은 만약 그들이 그렇게 하지 않았다면 결코 얻을 수 없는 귀중한 역사적인 사실을 우리에게 알려 준다.[45]

죽은 사람들의 운명이 오시리스의 운명과 점점 더 동일시됨에 따라 그가 겪어야만 했던 심판이 또한 그의 왕국으로 간 모든 이를 기다리고 있었다. 이상한 것은 지하세계에 도착한 모든 이가 당시 받기로 되어 있는 심판을 주재하는 것이 오시리스 자신이라는 점이다. 그는 이미 고왕국에서도 심판으로 알려져 있었지만, 중왕국이 되어서야 비로소 이 사상이 분명하게 발전했고 당시의 사후 신앙을 굳건히 지배했다. 망자들은 심판의 방으로 인도되어, 이집트의 각 노모스를 나타내는 42명의 보조 심판들, 즉 섬뜩한 악령들과 함께 있는 왕좌 위의 오시리스 앞에 자리했다. 여기서 망자는 심판에게 탄원하고, 42명의 보조 심판 모두에게 죄가 없음을 호소했다. 그러는 동안 그의 탄원의 진실을 시험하기 위해 그의 심장은 저울에 달려 진실의 상징인 깃털의 무게와 비교되었다. 그가 무죄라고 말하는 42가지의 죄는 현대인의 양심에 의해서도 마찬가지로 비난받는 죄들이다. 이것들은 살

---

[45] E. g. I, 671-2.

인, 절도, 특히 미성년자로부터의 약탈, 거짓말, 사기, 거짓 증언, 중상, 욕설, 도청, 음란, 간통, 신에 대한 모독이나 제사실의 공물을 훔치는 것과 같은 신이나 망자에 대한 불법 침해 행위로 요약될 수 있다. 윤리적인 기준이 높았던 것으로 보인다. 게다가 이 심판에서 이집트인들은 인류 역사상 처음으로 망자의 미래 운명은 이승에서의 삶의 도덕적인 정도에 전적으로 달려있다는 대단히 발전된 사상, 즉 미래에 대한 책임 관념을 도입했다. ― 이 관념에 대해 우리는 고왕국에서 처음으로 흔적을 찾았었다. 전체 생각은 주목할 만하다. 이러한 생각은 이후 천 년 이상 다른 민족에서는 알려져 있지 않았다. 바빌로니아와 이스라엘에서는 선인(善人)과 악인이 죽으면 똑같이 암흑의 저승으로 떨어지며 그곳에서 그들 사이는 구분되지 않았다. 오시리스 앞에서 시련을 견뎌내지 못한 사람들은 무덤의 어둠 속에 누운 채로 굶주림과 목마름을 겪어야 했다. 무덤 속에서 그들은 해를 보기 위해 나올 수도 없었을 것이다. 또한, 소름 끼치는 집행자들도 있었다. 그들 중 하나가 악어와 사자, 하마의 섬뜩한 결합체로 심판 때 그곳에 있다가 죄 있는 자가 그에게 던져지면 그를 갈가리 찢었다. 심판에 대한 관념이 보편적으로 확산되자, 적어도 인정 많고 결백한 삶이었다는 평판을 누리려는 소망이 전보다 더 일반화된 것도 중왕국에서 두드러진다. 이제 우리는 우리가 고왕국에서 언급한 다음과 같은 말들을 묘비에서 더 자주 발견한다. "나는 배고픈 자들에게 빵을 주었고, 목마른 자들에게 물을 주었고, 벌거벗은 자들에게 옷을 주었고, 배가 없는 자들에게 나룻배를 제공했다." 또는 "나는 고아에게 아버지였고 미망인에게 남편이었으며 집이 없는 자에게는 피난처였다." 우리는 이미 당시 봉건 영주들의 선행에 대해 언급한 바 있다.

심판을 성공적으로 견뎌낸 축복받은 망자들은 각각 '하는 말이 진실한'이라는 용어를 받았는데, 이 말은 '승리를 얻은'이라는 의미로 풀이되며, 그 당시부터 그러한 의미로 사용되었다. 모든 망자는 산 사람들에 의해 언급될 때

모두 이 용어로 불렸다. 이 말은 죽은 자들의 이름 뒤에 항상 쓰였고, 마침내 자신들의 행복한 운명을 기대하는 산 사람들의 이름 뒤에도 쓰이게 되었다. 미래의 삶에 관한 지배적인 생각은 오시리스의 보편적인 영향력에 의해 분명해지지 않았다. 그와는 반대로 모든 오래된 믿음들은 이제 풀리지 않는 혼란 속에서 뒤섞였고, 오시리스 신앙 속으로 그것들을 수용하려는 노력에 의해 더 혼란스러워질 뿐이었다. 처음에 이 믿음들은 오시리스 신앙과는 아무 관련이 없었다. 가장 선호된 생각은 여전히 죽은 자들이 야루의 땅에서 체류하며 평화와 풍요를 누리고, 약 3.6m 높이로 곡물이 자라는, 섬의 기름진 평원을 경작함으로써 그 땅에 공헌하는 것이다. 동시에 그들은 무덤 안에서도 살 수 있고, 근처에도 머무를 수 있다. 그들은 레의 동료가 되기 위해 하늘에 오를 수 있고, 지하세계에 있는 오시리스 왕국으로 내려갈 수도 있다. 아니면 한때 아비도스에서 이집트를 지배했던 죽은 귀족들과 어울릴 수도 있다.

　미래의 상태에 대한 이집트인들의 믿음은 한 가지 중요한 면에서 놀라운 변화를 겪어 왔다. 이집트인들은 이제 다음 세계에서 수많은 위험에 둘러싸여 있다. 그 위험에 대해 미리 경고받아야 하고 사전에 준비해야 한다. 피라미드 텍스트에 흔한 큰 뱀들 외에도, 가장 기괴한 적들이 그를 기다리고 있다. 망자에게서 망자의 강력한 매력을 빼앗을 수 있는 악어가 있고, 망자의 콧구멍에서 숨을 거두어 갈지도 모를 대기(大氣)의 적도 있다. 물이 망자가 마실 때 불꽃으로 폭발할 수도 있다. 제사실의 음식과 마실 것을 빼앗길 수도 있다. 자신의 몸에서 나온 쓰레기를 먹도록 강요당할지도 모른다. 그의 왕좌와 지위를 도둑맞을 수도 있다. 그의 몸이 썩을 수도 있다. 그의 적들이 그에게서 입, 심장, 심지어 머리까지 빼앗을지도 모른다. 그들이 그의 이름을 가져간다면 그는 정체를 완전히 잃어버리거나 소멸될 것이다. 이러한 두려움 중 어느 것도 피라미드 텍스트에는 없었다. 그러나 거듭 말하자면 망자들은 이제 이 모든 위험에 대해 미리 경고받고 사전에 준비가 되어야 한다. 따라서 적절히 암송하면 망자가 이 모든 적을 이기고 승리하여 무사히 살 수 있게 해 주는 여러 가지 마법의 표현이 고왕국 이후로 생겨났다. 이러한 주문들은 죽은 사람이 그가 원하는 형태를 가질 수 있게 해 주고, 자유롭게 무덤에서 나오거나 무덤으로 되돌아가서 육체로 들어갈 수 있게 해 주는 다른 주문들과 함께 읽힌다. 심판도 망자가 그러한 경우에 준비해야 하는 모든 말과 함께 자세하게 묘사되어 있다. 이 모든 것이 망자가 사용할 수 있도록 관 안쪽에 쓰여 있다. 이런 문장 중 규범적인 것들이 아직 존재하지는 않았지만, 이 문장들은 후에 사자(死者)의 서의 핵심이 되었다. 또는 이집트인들이 후에 표현한 대로 '낮의 외출을 위한 구절들'이 되었다. 이것은 망자가 무덤을 떠날 수 있게 해 주는 기능에 관한 것이었다. 이러한 종류의 문헌이 양심 없는 사제들에게는 돈을 벌 기회가 되었다. 이후 여러 세기 동안 사제들은 이 기회를 이용했다. 이미 적당히 내세를 위한 '안내서'라 불린 것과 죽은 사람이 여행할 수 있는 두 가지 길의 지도가 들어간 다른 세상의 지리책이 시도되었다. '이 두 가지 길에 관한 책'은 아마 다름 아닌 돈벌이를 위해 쓴 것이다. 그리고 이 같은 경향은 이후 여러 세기 동안 이집트인의 삶과 종교에 가장 나쁜 영향을 줄 것이 분명했다.

　망자들의 물질적인 시설인 석실 분묘는 완전히 없어지지는 않았지만, 주로 굴착해 만든 절벽의 무덤으로 대체되었다. 고왕국 상이집트 귀족들은 벌써 이 무덤이 실용적이고 편리하다는 것을 알고 있었다. 그러나 왕들은 계속 피라미드를 지었다. 무덤에서 죽은 사람들과 함께할 가구 중 관은 이제 흔히 안쪽에 그림이 그려졌다. 이밖에 정교한 설비(사진56)가 관 옆에 놓였는데, 망자가 행복의 섬으로 물을 건너가는 데 어려움이 없도록 선원이 모두 승선한 모형 배도 있었다. 사막의 모래에 있는 세소스트리스 3세의 피라미드 가에는 심지어 왕과 그의 집을 물 건너 실어다 줄, 다섯 척의 커다란 나일 배(사진57)가 묻혀 있었다. 왕은 이제 귀족의 무덤에 놓인 그 귀족의 조각상 외에, 귀족을 기리는 헌정사가 새겨진 또 다른 인물상을 기증함으로써 국가에 공로가 있는 부하에게 보답했다. 인물상은 비교적 큰 신전 중 한 곳에 세워졌는데, 그곳에서 귀족의 인물상은 신에게 바치고 난 후 분배되는 공물을 분배받았고, 더욱 좋은 것은 그곳에서 죽은 귀족이 살아생전 해 온 것처럼 신전에서 거행되는 모든 축제에 참여할 수 있었다는 점이다.

사진 56. 중왕국의 관과 묘실의 가구
배, 음식과 맥주를 준비하는 하인들, 집(가운데)을 포함한다. 베를린 박물관

사진 57. 세소스트리스 3세의 무덤 선박
다슈르의 피라미드에 있다. 길이 9m 14cm, 너비 2m 44cm, 깊이 1m 22cm의 레바논 삼나무로 건조되어 있다. (시카고의 필드(Field) 콜롬비아 박물관)

10 제12왕조

아메넴헤트 1세의 단호하고 능숙한 통솔하에, 토지를 소유한 유력한 귀족들의 권리와 특권이 처음으로 적절히 조정되고 중앙집권적 왕권의 지배를 받게 되었다. 이렇게 해서 나라는 오랜 기간 후에, 국사(國事)를 통일되게 지휘함으로써 생긴 무수한 이점을 다시 누릴 수 있었다. 이 어렵고 힘든 일에 아메넴헤트 1세는 분명 통치 기간의 대부분을 소비했지만, 일단 철저히 실행하자 그의 가문은 2세기 넘는 기간 동안 나라를 다스릴 수 있었다. 이집트의 역사에서 어떤 시기도 나라가 당시처럼 광범위하고 풍요로운 번영을 누렸던 적은 아마 없었을 것이다. 아메넴헤트는 직접 이같이 언급했다.

  나는 곡식을 재배했고, 수확의 신을 사랑한 사람이었다.
  나일강은 계곡 전역에서 나를 환호하며 맞아주었다.
  내가 다스리던 때에는 굶주린 자도 없었고 목마른 자도 없었다.
  사람들은 내가 한 일 덕분에 평화롭게 살며 나에 대해 이야기했다.[1]

한창 이와 같을 때, 아메넴헤트는 자신의 덕을 그토록 많이 본 나라의

---

[1] I, 483.

왕좌에 자신과 그의 가문이 확고히 자리 잡았다고 자부했다. 그런데 그때 그를 암살하려는 더러운 음모가 왕실의 관리들 사이에 생겨났다. 음모는 밤에 왕의 옥체를 향해 최후의 공격을 할 정도에 이르렀고, 왕은 침실에서 암살자들과 싸우고 목숨을 겨우 부지했던 것으로 보인다. 어쨌든 궁전의 홀에서 무기들이 부딪치는 소리가 울리고 왕의 생명이 위험에 처하기까지 했다.[2] 아마 그 사건 이후로 얼마 되지 않았을 때인 기원전 1980년, 확실히 이 사건의 영향을 받아서 아메넴헤트는 세소스트리스,[3] 이 이름으로는 처음인 그의 아들을 공동 통치자로 임명했다. 왕자는 자신의 높은 관직에 신선한 활력을 가져왔다. 국내 일이 마침내 보다 안정되자 그는 봉신(封臣)의 흥기와 제6왕조의 몰락으로 중단되었던 사업인, 남단 지역을 얻는 데 관심을 쏟을 수 있었다. 남쪽에서는 제6왕조 시기 이룬 업적에도 불구하고, 제1폭포 아래에서 북쪽으로 에드푸까지의 지역이 여전히 누비아에 속하는 것으로 간주되었으며, 이 지역은 흔히 누비아에 쓰이는 '활 모양의 땅(Bow-Land)'[4]이라는 뜻의 타페데트(Tapedet)라는 이름을 여전히 가지고 있었다. 노왕(老王)의 재위 29년, 이집트 군대는 와와트를 돌파하고 나일강이 서쪽으로 크게 굽은 데서 끊기는 사막 경로의 종점인 코루스코(Korusko)로 갔고, 그 너머 지역 마조이(Mazoi)에서 포로를 생포했다.[5] 우리는 젊은 세소스트리스가 이 원정의 지휘자였다고 생각한다. 함마마트 채석장의 일도 다시 시작되었다.[6] 그리고 북쪽에서는 삼각주 동쪽의 혈거인, 아시아인, 사막의 거주자(Sand-dweller)들을 응징했다. 이 북부의 동쪽 변경은 와디 투밀라트(Wadi

---

[2] I, 479-480.
[3] **[역주]** 세누스레트로도 잘 알려져 있다.
[4] I, 500, l. 4.
[5] I, 472-3, 483.
[6] I, 466-8.

Tumilat의 동쪽 끝에 있는 방어 시설로 방비를 강화했다. 아마도 이 방어 시설은 고왕국의 파라오 하에서도 이미 존재했을 것이다. 감시탑 위에서 보초병이 계속 망을 보는 수비대가 그곳에 주둔했다.[7] 이렇게 북부와 남부에서 똑같이 공격적인 정책이 유지되었다. 국경은 안전해졌고, 왕국의 대외 관계는 신중해졌다.

늙은 왕은 자신의 마지막이 다가오고 있음을 느끼고, 아들에게 자신이 오랜 삶을 살며 쌓아온 성숙한 지혜를 구체적으로 나타내는 짧은 교훈을 전했다.[8] 독자들은 그의 말에서 바로 자신과 가장 가까운 사람들이 그의 생명을 노렸던 것이 늙은 아메넴헤트에게 쓰라린 상처를 주었음을 분명히 알 수 있다. 그는 아들에게 말한다.

> 내가 네게 하는 말에 귀를 기울여라.
> 너는 지상의 왕일 수 있고
> 땅의 지배자일 수 있고
> 선(善)을 키울 수 있다.
> 모든 부하들에 대비하여 네 자신을 강건하게 하라.
> 사람들은 자신들을 위협하는 사람에게 주의를 기울인다.
> 그들에게 혼자 접근하지 말라.
> 형제로 여기지 말라.
> 친구로 생각하지 말라.
> 너를 위해 친하게 지내지 말라.
> 그 점에서 끝은 없다.
> 잠을 잘 때 네 심장은 스스로 지켜라.
> 악의 날에

---

[7] I, 493, ll. 17-19.
[8] I, 474-483.

너를 위할 사람들은 없다.⁹
나는 거지들에게 베풀었고
고아를 먹여 살렸고
보잘것없는 이들도 받아들였다.
중요한 사람들과 마찬가지로.
그러나 내 음식을 먹은 그가 반역을 꾀했다.
내가 손을 내밀어줬던 사람이 그 안에 근심을 일으켰다.¹⁰

늙은 왕의 쓰라린 충고를 더 확실히 하기 위해 마침내 그를 살해하려는 공격이 있었다는 배은망덕의 이야기가 뒤이어 이어졌다. 아마 이로부터 얼마 되지 않았을 때, 세소스트리스는 서부 변경의 리비아인들을 정벌하기 위해 군의 지휘관으로 파견되었다. 기원전 1970년 이 출정으로 왕자가 없는 동안 아메넴헤트가 사망했다. 그는 30년간 통치했다. 전령들이 세소스트리스에게 아버지의 서거에 대해 알리기 위해 급파되었다. 그는 무슨 일이 일어났는지 군에 알리지 않고, 그날 밤 급히 병영을 빠져나와 이트토웨에 있는 거주지로 서둘러 갔다. 거기서 그는 하렘의 아들들 가운데 왕위를 노리는 자가 선수를 치기 전에 왕좌에 올랐다.¹¹ 이 모든 과정은 근동에서는 태곳적부터 이어져 온, 모든 왕실 역사의 특징이다. 비슷하게 노왕이 죽었다는 소식은 우연히 세소스트리스의 왕실 거주지에까지 들렸고, 그곳 귀족 가운데 한 사람인 시누헤(Sinuhe)라는 사람을 비참한 공포의 상태로 몰아넣었다.¹² 따라서 그는 즉시 자취를 감추고 기회를 보아서 아시아로 달아

---

⁹ [역주] 원서의 2행 For a man has no people, In the day of evil을 우리말 어순에 맞게 도치시켰다.
¹⁰ I, 478-9.
¹¹ I, 491.
¹² [역주] 시누헤는 아메넴헤트 1세의 왕비가 왕을 위해 만들어 놓은 하렘을 담당하는

났고, 그곳에서 여러 해 동안 머물렀다. 그가 공동 통치자였던 왕자의 노여움을 살만한 어떤 행동을 했는지 아니면 아메넴헤트의 죽음으로 법적으로 유효해진 왕좌에 대해 어떤 간접적인 요구를 했는지는 확실하지 않다. 그러나 그가 이집트에서 다급하게 도주한 것은 파라오의 죽음으로 해방된 위험한 세력들이 있었다는 또 하나의 놀라운 증거이다.[13]

이집트 국경 밖 누비아, 함마마트, 시나이에서 아메넴헤트 왕실이 이룬 업적은 이집트 안에서의 자비롭고 번영된 통치보다 더 괜찮은 기록을 남겼다. 왕조의 발전은 적어도 비문에 새겨진 기록으로는, 국내에서보다 해외에서 더 분명하게 추적될 수 있다. 그러므로 국내에서의 왕조의 업적을 자세히 설명하기 전에 해외에서의 사업을 추적하는 것이 더 쉬울 것이다. 아버지와 공동 통치자로 10년간 경험을 쌓은 덕분에, 세소스트리스 1세는 왕실의 위신을 영예롭게 지킬 수 있었다. 그는 자신이 물려받은 위대한 사업을 계속할 수 있음을 증명했다. 누비아의 정복은 전처럼 추진되었다. 봉신들은 할당 인원을 징집할 것을 요구받았다. 나중에 오릭스 노모스의 지사가 된 아메니는 베니하산에 있는 자신의 무덤에 아메넴헤트 1세에 의해 노모스지

관리였다. BC 1908년 리비아 원정 도중 그는 왕의 암살 소식을 듣고 도망쳤다. 왕에 대항해 음모를 꾸미는 대화를 엿듣고 두려워 달아났다고 한다(그리스티앙 자크 1997:155). 남쪽으로 여행하려 했으나 나일강을 건너던 도중 바람에 밀려 북쪽으로 올라갔고, 결국 팔레스타인으로 들어갔다. 팔레스타인과 레바논에서 오랫동안 방랑을 한 그는 어느 레테누(시리아) 족장 덕분에 그곳에 정착할 수 있었다. 족장은 시누헤를 자신의 맏딸과 혼인하게 했다. 그곳에서 그는 가족을 거느렸으며 존경받는 족장이 되었다. 또한 장인이 관리하는 지역을 지키며 이집트를 오가는 사절들을 대접했다. 세소스트리스 1세는 시누헤에게 이집트로 돌아오도록 요청했고 그는 이 요청을 기꺼이 받아들였다. 왕은 그의 죄를 용서하고 많은 선물로 환영했다. 시누헤의 일대기는 민중 서사시로 구전되어 지금까지 전해지고 있는데, 그 내용으로 볼 때 실제 일어난 사건에 기초한 것으로 보인다. 시누헤 이야기는 핀란드 작가 미카 왈타리(1908~1979)의 소설의 소재가 되었고, 우리나라에도 『시누헤』(이춘희 역, 2007)라는 역서로 소개되었다.

[13] I, 486 ff.

사로 임명되었던 자신의 아버지가 이제는 너무 늙어 그 같은 전투를 수행할 수 없으므로, 자신이 아버지를 대신하여 오릭스 노모스 군대의 지휘관이 되었고 자신의 군주인 세소스트리스 1세의 통솔하에 쿠시의 적진을 돌파했다고 언급한다. 이렇게 해서 전쟁은 제2폭포 위쪽의 쿠시로 알려진 넓은 지역 안에서 치러졌다. 이곳은 비록 고왕국의 유적에서는 단 한 번만 그 이름이 등장하지만,[14] 당시 유적의 기록에는 자주 등장한다. 우리는 군사행동의 추이에 대해서는 알지 못한다. 그러나 심각한 전투가 발생하지는 않았다. 왜냐하면, 아메니가 한 사람의 손실도 없이 돌아왔다고 자랑했기 때문이다.[15] 제6왕조에서와 마찬가지로, 엘레판티네의 노모스지사도 전쟁에서 탁월한 역할을 수행했다. 아스완에 있는 자신의 무덤에서 언급한,[16] 코끼리를 생포한 것도 이 원정에서였을 것이다. 이 전투는 우리가 아는 한, 파라오가 직접 지휘한 외국에서의 첫 번째 군사행동으로 유명하다. 원정의 날짜는 알려지지 않았지만, 왕의 아버지가 죽은 지 8년 만에 행해진 것보다는 분명히 이른데, 왜냐하면 이 당시 세소스트리스 1세는 더 이상 남부의 정복을 직접 지휘할 필요가 없다고 여겼기 때문이다. 따라서 그는 쿠시에서 수행한 그 이후의 출정에서는 그의 사령관 중 하나인 멘투호테프를 파견했다. 멘투호테프는 제2폭포 바로 아래인 와디 할파(Wadi Halfa)에 커다란 석비[17]를 세웠다. 석비에 승리를 기록함으로써 우리는 당시 정복한 외국 지역과 성읍의 최초 목록을 확보할 수 있었다. 불행히도 우리는 이 먼 시대 누비아의 지리에 대해 아는 것이 거의 없어서 열거된 10개의 지역 가운데 한 곳의 위치만 가리킬 수 있다. 그곳은 셰트(Shet)라 불렸는데, 와디 할파에

---

[14] I, 361.
[15] I, 519.
[16] I, p. 247, note b.
[17] I, 510-514.

서 남쪽으로 약 오륙십 킬로미터 거리에 있는 제2폭포 위 지역으로, 오늘날 쿰마(Kumma)[18]와 가까웠다. 그가 정복한 지역 안쪽이 아니어도 멘투호테프의 석비가 정복지 가까이에 세워졌을 수도 있다. 우리는 멘투호테프가 자신을 그토록 두드러지게 만들었던 이 석비에 대해 이미 언급한 바 있다. 그로 인해 그의 모습은 지워지고 신의 모습이 그 위에 놓였다. 모든 상황이, 그 성공적인 지휘관이 면직되고 실각했음을 가리킨다. 누비아 지역은 이제 충분히 정복되었다. 따라서 족장들은 동쪽에 있는 와디 알라키(Wadi Alâki)와 근방의 광산을 채굴하도록 강요받았다. 오릭스 노모스의 아메니가 생산된 금을 가져오기 위해 그의 노모스에서 400명의 병력을 이끌고 누비아로 파견되었다. 왕은 이 기회를 활용해 나중에 아메넴헤트 2세가 된 젊은 왕세자를 아메니와 함께 가도록 했다. 젊은 왕자가 언젠가는 정복해서 파라오의 왕국으로 병합해야 할 지역에 대해 잘 알게 하기 위해서였을 것이다.[19]

비슷하게 콥토스 동쪽의 금 생산지가 당시 개발되었고, 충실한 아메니는 귀중한 금속을 안전하게 나일 계곡으로 운송하기 위해 그곳에 보내진 재상을 호송하는 임무를 맡았다. 아메니는 오릭스 노모스에서 징집된 600명의 병력으로 이 일을 성공적으로 완수했다.[20] 분명 세소스트리스 1세는 이집트의 대외 사업이 커지는 것을 빈틈없이 관찰했다. 오아시스 지역과의 교류에 대해 처음 들은 것도 그의 통치하에서이다. 파라오가 오아시스 지역을 차지하지 못했던 시기에도, 분명히 그는 그 지역들과 소통하고 있었다. 세소스트리스 1세의 재산관리인 이쿠디디(Ikudidi)는 아비도스의 서쪽에 있는 거대한 오아시스인 하르가[21]로 파견되었다. 오아시스로부터 여행자 무리는

---

[18] [역주] 원서에 Kummeh로 표기되어 있다. 현 수단의 Kumma이다.
[19] I, 520.
[20] I, 521.
[21] [역주] 원서에는 El Khargeh로 표기되어 있다. 현 영어 명칭은 Kharga이다. 하르가는

아비도스로 출발했다. 오시리스의 신성한 무덤의 도시를 방문한 것은 그의 많은 동료에게처럼 이쿠디디에게는 기회였다. 그는 그곳에 신의 은총을 비는 기념이 되는 석비를 세웠다. 아비도스에 그가 방문한 것을 이 기념물에 우연히 언급한 것이 오아시스로의 그의 원정에 관한 우리의 유일한 정보자료이다.[22]

세소스트리스 1세가 아버지와 공동통치자로 함께 통치함으로써 누렸던 분명한 이점들을 자각했던 것이 똑같은 방식으로 자신의 아들을 공동통치자로 지명하도록 한 것이 분명하다. 35년간 집권한 후, 기원전 1935년에 그가 죽었을 때 그의 아들인 아메넴헤트 2세는 이미 3년간 공동통치자로 있었기 때문에[23] 어려움 없이 유일한 권력을 이어받았다. 이 정책은 또한 아메넴헤트 2세에게도 이어져 그의 아들인 세소스트리스 2세 역시 아메넴헤트 2세가 사망하기 전, 아버지와 공동으로 3년간을 통치했다.[24] 이 두 왕이 잇달아 통치하던 50년 동안 나라는 전과 다름없는 번영을 누렸다. 시나이의 광산 개발은 다시 시작되었고,[25] 아메넴헤트 2세가 재개한 푼트와의 통상은 그의 아들 하에서도 계속되었다.[26] 콥토스로부터 사막을 가로질러 홍해에 이르는 5일간의 노선에는 벌써 제11왕조 테베의 왕들에 의해 우물 및 역사(驛舍)들이 설치되어 있었다.[27] 이 노선은 함마마트 길의 북쪽에 있으며, 오늘날의 와디 가수스(Wadi Gasûs)의 어귀에 있는 작은 항구가 종착지이

이집트 알와디알자디드 주에 있는 오아시스로, 이집트 최남단에 위치한 오아시스이다. 나일강 협곡에서 서쪽으로 약 200km 정도 떨어진 곳에 위치하며 총면적은 약 150km²이다.

[22] I, 524-8.
[23] I, 460.
[24] Ibid.
[25] I, 602.
[26] I, 604-6, 618.
[27] 197쪽 참조.

다. 와디 가수스는 프톨레마이오스 왕조시대의 류코스 리멘인, 훗날의 코세르라는 항구에서 북쪽으로 몇 마일 거리에 있다. 이 항구(와디 가수스)에서 출항한 지휘관 중 두 명은 그들이 무사히 귀환한 것을 기념하기 위해 그곳에 비문을 남겼다.[28] 푼트의 먼 해안은 점차로 이집트 사람들에게 잘 알려졌고, 인기 있는 이야기는 이 수역에서 난파된 뱃사람의 놀라운 모험 이야기였다. 누비아의 금광은 계속해서 왕실 부의 원천이 되었다. 누비아에서의 이집트의 사업은 와와트에 있는 요새에 의해 보호되었다. 요새에는 수비대가 배치되어 정기적인 시찰을 받았다.[29] 기원전 1887년 세소스트리스 2세가 죽었지만, 제1폭포와 제2폭포 사이의 322km에 걸친 나일 계곡을 완전하고 철저하게 정복하기 위해 모든 것이 준비되어 있었다.

세소스트리스 3세는 아마도 그의 왕실에서 고위급 직무를 위한 준비작업으로 아버지와의 공동 통치 기간을 누리지 못했던 유일한 사람일 것이다. 그렇기는 하지만 그는 자신이 속한 위대한 혈통에 자신이 어울리는 사람임을 증명했다. 그는 왕위를 계승하자마자 바로 누비아에서 대사업을 완성하기 위해 준비작업을 했다. 이러한 조치 가운데 가장 중요한 것이 제1폭포 위의 지역을 물길로 잇는 공사였다. 제6왕조 때 우니가 폭포를 통과하는 수로를 판 이후로 600년 넘게 시간이 흘렀다. 그 사이에 강력한 물살에 의해 수로가 파괴되었을 수도 있다. 어쨌든 우리는 이에 대해 더 이상은 알지 못한다. 화강암 장벽에서 가장 어려운 지점에, 세소스트리스 3세의 기술자들은 약 79.2m 길이의 암석을 지나는 수로를 팠다. 너비가 거의 10.4m, 깊이가 거의 8m였다.[30] 수로는 "케쿠레[31](세소스트리스 3세의 즉위명)의 길은 아름답

---

[28] I, 604-6, 617-18.
[29] I, 616.
[30] I, 642-4.
[31] [역주] 원서에 케쿠레(Khekure)로 표기되어 있다. '카카우레'로도 알려져 있다.

다"라고 명명되었다. 파라오의 많은 전쟁갤리선이 이 수로를 통해 이 왕의 초기 출정 기간에 거슬러 올라갔을 것이다. 이것에 대해서는 불행히도 기록이 없다. 재위 8년 물길이 막힌 것이 발견되었고, 당시 강을 거슬러 올라가는 원정을 위해서는 물길을 깨끗이 해야 했다.[32] 당시 그 지역의 정복이 큰 진전을 이루어서 세소스트리스 3세는 그 해에 지금의 쿰마와 셈나(Semna)[33]를 국경으로 하는, 유리한 전략적 위치를 선택할 수 있었다. 두 지역은 제2폭포 바로 위 강의 양옆 기슭에서 마주 보고 있는 곳이다. 그는 이 지점을 자신의 왕국의 남쪽 국경으로 공식 선언했다. 그는 강의 양쪽에 국경선을 나타내는 석비를 세웠다. 이 두 개의 중요한 경계표지 가운데 하나가 지금까지 보존되었다. 석비에는 다음과 같은 중요한 비문이 남아있다. "영원히 생명을 부여받은 상하이집트의 왕 세소스트리스 3세의 위엄 하에, 재위 8년 남쪽 국경이 만들어졌다.―통상을 위해 강을 건너는 흑인들이나 … 임무를 띠고 온 흑인들을 제외하고, 수로이든 육로이든 배를 가지고 오든 어떤 흑인의 무리도 건너오지 못하도록 하기 위함이었다. 모든 친절한 처우가 그들에게 주어졌지만, 오래도록 흑인들의 배가 한 척도 헤[Heh, 셈나]를 지나 강을 따라 내려가게 하지 않았다."[34] 물론 끊임없이 군사력을 보여 주지 않고서는 이런 식으로 국경을 유지하는 것은 불가능했다. 그러므로 세소스트리스 3세는 이 지점에서 강의 양쪽에 강력한 요새를 세웠다. 둘 가운데 서쪽의 셈나에 있는 더 강하고 큰 요새는 "케쿠레(세소스트리스3세)는 강력하다"[35]라고 불렸다. 견고하게 만든 담 안쪽에, 그는 누비아의 토착신 데드웬(Dedwen)[36]을 위한 신전을 세웠다. 이 두 요새(그림27)는 지금까지

---

[32] I, 645-7.
[33] **[역주]** 원서에 Semneh로 표기되어 있다. 쿰마와 마찬가지로 현 수단의 영토이다.
[34] I, 652.
[35] I, 752.

잔존한다. 비록 폐허가 된 상태이긴 하지만, 두 요새는 부지의 선정에 있어 노련함과 효과적인 방어 시설의 건축 기술에 대한 예상 밖의 지식을 보여 준다.

그림 27. 셈나와 쿰마의 요새 복원도(페로, 쉬피즈에서 인용)

4년 후, 국경 남쪽의 난폭한 누비아 종족들 사이에 소요가 일어나 왕이 다시 누비아로 갔다. 비록 이집트가 제2폭포 위 지역인 쿠시에 대해 통치권을 주장하지 않았지만, 그래도 파라오는 아주 먼 남쪽으로부터 쿠시를 지나 그의 새 국경으로 가는 무역 노선을 보호할 필요가 있었다. 이 길을 따라

---

[36] [역주] Dedun이라고도 한다. 그 기원이 기원전 2400년까지 거슬러 올라간다. 향(香)의 신으로 알려져 있다.

당시 수단의 생산물이 끊임없이 이집트로 들어왔다. 국경 선언문으로부터 무역을 하러 온 흑인이나 남부의 어떤 족장으로부터 업무상의 일을 전달하러 온 흑인의 통행을 허가했음을 알 수 있다. 그때부터 파라오가 자주 대대적으로 등장해야 했던 곳은 제1폭포와 제2폭포 사이의 지역이기 보다는 국경의 남쪽 지역이었다. 게다가 국경 지역으로의 이러한 원정에서 얻는 이익은 많았다. 따라서 남부의 무역 노선을 유지하는 것이 보상이 있었다. 세소스트리스 3세는 그의 최고 회계담당자인 이케르노프레트를 보내서 쿠시에서 얻은 금으로 아비도스의 오시리스 신상을 복원하게 했다.[37] 금은 지속적으로 은보다 더 많이 생산되었고, 따라서 덜 비쌌다. 이 일 때문에 왕이 회계담당자에게 보낸 편지에 대해서는 이미 앞장에서 살펴보았다.[38]

나일 계곡 동쪽의 야만인을 포함한 쿠시 종족들이 세소스트리스 3세가 즉위한 지 16번째 해가 되기 직전에 국경 지역을 이례적으로 습격했었던 것으로 보인다. 세소스트리스 3세가 재위 16년 그들을 상대로 광범위한 군사행동을 전개해 그들 지역을 쑥대밭으로 만들어 놓고, 그들의 수확을 불태웠으며 그들의 가축을 끌고 갔기 때문이다. 그런 다음 그는 셈나의 남쪽 국경 선언문을 새롭게 해서 국경 지역에 대한 두 번째 선언문이 실린 석비를 그곳 신전 안에 세웠으며,[39] 자신이 세운 곳에 석비를 유지하라고 자손들에게 훈계했다. 그는 또한 자신의 존재로 그 지역의 주민들을 위협하려는 듯 자신의 조각상을 국경에 세웠다.[40] 동시에 그는 아마도 그가 세웠을 와디 할파의 요새와, 남쪽으로 약 19km 더 떨어진 마투가(Matuga)의 요새로 변경의 방어를 강화했다. 마투가의 요새에서 그의 이름이 발견되었다. 그는

---

[37] I, 665.
[38] 213쪽 참조.
[39] I, 653-660.
[40] I, 660.

또한 셈나 바로 밑의 우로나르티(Uronarti) 섬에 또 하나의 요새를 세웠다. 이곳에 그는 두 번째 선언문을 똑같이 배치했다.[41] 그는 이 새로운 요새를 '혈거인 격퇴'라 불렀다.[42] 똑같은 이름을 가진 연례 축제가 셈나의 신전에서 치러지도록 했고, 그곳에서 정기적인 일정으로 공물이 헌납되었다. 제국 아래에서 이 축제는 여전히 거행되었고, 공물 헌납 일정이 갱신되었다.[43] 3년 후 왕은 아마도 단지 시찰이었을 쿠시로의 출정을 직접 이끌었다. 우리가 아는 한 이것이 그곳으로의 그의 마지막 원정이었다.[44] 그는 그곳에서의 모든 전투를 몸소 지휘한 것으로 보인다. 그의 강력한 정책이 새롭게 얻은 땅에서 파라오의 패권을 매우 확고하게 해 주었으므로 제국은 그를 그 지역의 진정한 정복자로 간주했고, 그는 제18왕조 때 벌써 땅의 신으로 숭배되었다.[45] 이렇듯 남쪽으로 파라오가 점진적으로 이동한 것은 선사시대에 엘 카브(네켄)에서 시작되었고, 제6왕조 초기까지 제1폭포 지역을 병합했는데, 이제는 제2폭포까지 남하했고, 나일 계곡의 322km를 왕국으로 포함할 수 있었다. 이러한 정복이 제6왕조 때 벌써 시작되었지만, 정복을 완성한 것은 제12왕조의 왕들이었다.

파라오들이 시리아를 처음으로 침공했다고 들은 것도 공격적인 세소스트리스 3세의 통치하에서였다. 그의 군 수행원 중 하나인 세베크-쿠(Sebek-khu)는 당시 왕실 소재지의 지휘관으로 누비아에서도 복무했었는데, 아비도스에 있는 자신의 기념비[46]에 자신이 레테누(Retenu, 시리아)[47]에 있는 세크멤

---

[41] I, 654.
[42] Ibid.
[43] II, 167 ff.
[44] I, 692.
[45] II, 167 ff.
[46] I, 676-687.
[47] **[역주]** 레테누는 가나안과 시리아를 일컫는 고대 이집트의 이름이다.

(Sekmem)⁴⁸이라 불린 지역으로의 출정에 왕을 수행했다고 언급한다. 아시아 사람들은 전투에서 패했고 세베크-쿠는 포로를 잡았다. 그는 왕이 자신에게 어떻게 보답했는지 자랑스럽게 이야기한다. "그는 내게 [그 포로의] 무기들과 함께 호박금으로 된 지휘봉, 활, 호박금으로 세공한 단검을 주셨다." 이곳에 250년 후 파라오 제국이 같은 지역을 정복하게 한, 군의 열정이 남긴 자취가 남아있다. 불행히도 우리는 시리아의 세크멤의 위치를 모른다. 그러나 제6왕조의 파라오들이 누비아에서 했던 것처럼, 중왕국의 파라오들은 어느 정도 아시아에서 정복을 위한 길을 닦고 있었음이 분명하다. 세소스트리스 1세 때 벌써 파라오의 궁궐을 드나드는 고정된 전령⁴⁹이 시리아와 팔레스타인을 횡단했다. 이집트인들과 이집트어가 그곳에서 낯설지 않았다. 파라오의 이름이 주는 경외감은 이미 그곳에서도 느껴졌다. 예루살렘과 바다 사이의 게제르(Gezer)에서, 이 시대 이집트 관리의 석비가 최근 발견되었다.⁵⁰ 게제르 '텔'⁵¹의 밑으로 '네 번째 도시' 안에 있는 '고(高)지대' 구역 안에서였다. 메나트 쿠푸의 크눔호테프는 그의 잘 알려진 베니하산의 무덤에 분명히 노모스지사와 상거래 하러 온 37명의 셈족 사람들을 묘사했다. 그들은 지사에게 이집트인들이 아주 많이 사용하는 향기로운 화장품을 가져다주었다.⁵² 그들의 대표는 '산등성이 지역의 통치자인 압샤(Absha)'로, 이 이름은 헤브라이어로는 압샤이(Abshai)로 잘 알려져 있다.⁵³ 아메넴헤트 1세가 죽었을 때 시리아로 도망친 불행한 귀족 시누헤는 국경 너머 멀지 않은

---

⁴⁸ **[역주]** 세크멤은 성서에 나오는 세겜으로 고대 가나안의 도시이다.
⁴⁹ I, 496, l. 94.
⁵⁰ PEFQS 1903, 37, 125.
⁵¹ **[역주]** 텔(tell)은 중동에서 고대 도시의 유적이 겹쳐 쌓여서 만들어진 언덕을 이르는 말이다.
⁵² I, p. 281, note d.
⁵³ II Sam., 10: 10.

곳에서 이집트에 살았었던 친절한 족장을 만났고, 더 북쪽에서 이집트인들이 살고 있는 것을 발견하기도 했다.[54] 한편 베두인의 습격을 막기 위해 삼각주 변경에 요새가 있었다.[55] 세소스트리스 3세가 제2폭포에서 유지해 온 흑인의 이동을 막기 위한 봉쇄가 흑인들을 막지 못했던 것처럼 요새도 합법적인 무역과 왕래를 막는 장애물이 되지 못했다. 이 수에즈(Suez) 지역은 수에즈만과 마찬가지로 나일의 동쪽 지류와 수로로 이미 연결되어 있었다. 이 수로는 알려진 바로는 지중해와 홍해를 잇는 최초의 물길로 알려져 있다. 타니스와 네베쉐(Nebesheh) 같은 북동부 삼각주의 도시들에 있는, 이 왕조 때 세워진 신전 건물의 부서진 거대한 잔해가 이 지역에서 이 시기 사람들의 활동을 보여 준다. 이웃한 아시아 셈족 사람들의 필수품은 이미 문명인의 필수품이었고, 무역을 위한 충분한 계기가 되었다. 베니하산의 무덤에 있는 부락민들은 정교하게 무늬를 넣어 짠 모직물을 입고 가죽 샌들을 신고 있으나, 금속 무기를 소지하고 있고 화려하게 세공된 현악기인 수금을 사용한다. 소아시아의 카파도키아(Cappadocia)의 히타이트족들이 만든 붉은 도기는 당시 벌써 남쪽 팔레스타인의 셈족들에게까지 전해졌을 것이다. 확실히 팔레스타인을 지나 카르멜(Carmel) 너머 북쪽의 유프라테스강을 따라 내려가 바빌론에 이르는 이 경로를 통한 상거래가 아직은 큰 비중을 차지하지 못했다 하더라도 벌써 오랫동안 있어 왔다. 또한, 남유럽과의 상거래도 시작되었다. 에게해 사람들의 문명은 당시 빠르게 미케네시대의 문명으로 발전하고 있었는데, 당시 이집트에도 알려져 있었다. 에게해 사람들은 하우네부(Haunebu)로 불렸다. 제11왕조의 한 회계담당자의 임무는 국경의 항구를 안전하게 유지하는 것이었는데, 그는 자신이 '하우네부를 진압하는' 사람이라고 자랑

---

[54] I, 493, l. 26, 494.
[55] I, 493, ll. 16-19.

했다.[56] 이는 이집트와 그들의 교류가 항상 평화로웠던 것만은 아니었음을 보여 준다. 당시의 서기도 마찬가지로 자신의 기록에는 하우네부 사람들에 대한 것도 포함되어 있다고 자랑했다. 그들의 도기는 카훈(Kahun)[57]에 있는 이 시대의 묘지에서 발견되었다. 당시 에게 문명의 장식 미술에서 특히 나선형의 문양은 이집트 예술의 영향을 받은 것이다. 이렇게 유럽은 중왕국 시기에 나일 계곡 사람들의 시야로 더 분명하게 들어왔다.

세소스트리스 3세가 시리아로 출정한 것은 제6왕조의 누비아 원정처럼 그 지역을 정복하려던 것과는 거리가 먼, 약탈을 위한 원정에 지나지 않았다. 그렇기는 하지만 원정이 왕실의 평판에 지대한 영향을 미쳤음은 틀림없다. 외국에서의 군사행동을 몸소 이끈 첫 파라오로서, 세소스트리스 1세의 누비아 전투는 그 이름에 불멸의 명성을 가져다주었고, 이 명성은 세소스트리스 3세의 업적으로 인해 더 대단해졌다. 그러므로 전설은 세소스트리스라는 이름에 파라오 가운데 첫 외국 정복이라는 업적을 덧붙였다. 이 이름을 둘러싸고 전쟁과 정복의 이야기가 그 후로 끊임없이 생겨났다. 그리스 시대에 세소스트리스는 어느 특정한 왕과 동일시될 수 없는 그저 전설의 인물이 된 지 오래였다. 람세스 2세의 업적 일부가 세소스트리스에 관한 그리스의 전설로 섞여 들어갔을 수 있다고 해서 세소스트리스와 그 제19왕조의 왕을 동일시해야 할 이유는 전혀 없다. 마찬가지로 전설적인 세소스트리스에 관한 뒤죽박죽인 행적들도 어느 특정한 역사적 왕과 그를 같은 인물로 보게 하지는 않는다.

38년 동안 세소스트리스 3세는 당시 나일 계곡의 1,609km에 걸친 왕국을 강력하게 다스렸다. 그는 심지어 봉건 귀족들을 제압하는 데 성공했다.

---

[56] I, 428.
[57] **[역주]** 일라훈(알라훈) 근처의 고대 이집트 마을로 유적지이다.

베니하산과 베르쉐에서처럼 그들의 무덤은 현재 사라졌다. 만년에 그는 아들을 공동통치자로 지명했다. 지명하게 된 동기는 파이윰에 있는 아르시노에(Arsinoe)[58]의 신전 벽에 기록되어 있다. 기원전 1849년 세소스트리스 3세가 죽자, 이 공동통치자인 아들 아멘엠헤트 3세가 어려움 없이 왕좌를 물려받은 것으로 보인다.

국가의 번영을 위한 수많은 평화 사업들 및 왕실 조세 수입의 증가가 아멘엠헤트 3세에 의해 성공적으로 추진되었다. 시나이 광산의 운영이 일찍이 세소스트리스 1세의 통치 시기에 재개되었는데, 다른 곳에서 이루어진 왕조의 대외 사업은 이곳에서의 성취를 크게 능가했다. 아멘엠헤트 3세는 반도의 역사시설을 발전시켜 광산에서 일하는 몇 달 동안 단순한 캠프보다는 보다 지속적으로 머무를 수 있는 시설이 되게 해야 했다. 이러한 원정은 엄청난 고생을 수반했다. 당시 한 관리는 그를 둘러싼 어려움을, 어떤 불운이 그가 그곳에 여름에 도착해야 한다고 명령을 내렸을 때 겪는 곤경으로 표현한다. 그는 "광산에 갈 계절은 아니지만" 그는 움츠리지 않고 말했다. "고지대는 여름에 뜨겁고, 산맥은 뜨거워 피부에 낙인을 찍을 정도지만" 그래도 그는 "이 악마 같은 여름철에 대해 불평하는 일꾼들을 격려하여, 일을 완수하고 그가 요구받은 것 이상을 가져왔다"라고 말한다. 그는 그곳에 경험을 털어놓고 비슷한 곤경에 처할지 모를 후손들을 격려하는 내용의 석비를 세웠다.[59] 그러한 상황에서 영구적인 우물과 저수탱크, 일꾼들을 위

---

[58] [역주] 아르시노에(2세)는 이집트에 마케도니아 왕조(프톨레마이오스 왕조)를 세운 프톨레마이오스 1세와 베레니케 사이에서 태어난 딸이다. 트라키아의 여왕이었으며 뒤에는 오빠인 이집트 프톨레마이오스 2세의 왕비가 되었다. 두 남편을 이용해 자신의 지위를 강화했으며 마침내 양쪽 왕국에서 모두 막대한 권력을 휘둘렀다. BC 270년 아르시노에가 죽은 뒤 여러 곳에서 그녀를 숭배하는 의식이 자리를 잡았다. 프톨레마이오스 왕국의 수도인 알렉산드리아의 경우 '아르시노에이온'이라는 거대한 성지가 세워져 그녀에게 헌정되었다. 프톨레마이오스 2세의 통치가 끝날 무렵에는 카이로 남서쪽에 있는 파이윰 지방을 아르시노에를 기리는 뜻에서 아르시노이테 지방으로 개명하기도 했다.

한 막사, 지휘관들을 위한 집, 약탈하는 베두인들을 막기 위한 방어 시설은 꼭 필요한 것이었다. 이러한 것 중 일부는 벌써 전임자들에 의해 만들어졌을 수 있지만, 아메넴헤트 3세는 세라빗 엘 카딤[60]에 있는 역사를 산맥의 광물자원 개발을 위한 시설을 갖춘 거주지로 만들었다. 그는 바위를 굴착해 큰 저수탱크를 만들고, 재위 44년 축제 의식을 진행하고 개봉했다.[61] 지역신 하토르(Hathor)를 위한 신전이 세워졌고, 우리는 출납을 맡은 관리가 공물을 가지고 물길로 그쪽을 여행했음을 발견한다. 이 같은 사실은 수에즈만이 피곤한 사막여행을 피하기 위해 자주 이용되었음을 보여 준다.[62] 광산은 각각 십장의 책임 하에 있었고, 십장의 이름을 따서 명명되었다. 회계담당 관리들이 정기적으로 방문하여 각 광산으로부터 정해진 양의 광석을 요구했다.[63] 가까이 있는 베두인이 이따금 침입하는 것은 '신의 회계담당자'에 의해 여전히 통제되는 군대를 고려하면 확실히 그렇게 중대한 문제는 아니었다. 그는 거주지에 너무 가까이 접근할지 모를, 약탈을 일삼는 무리를 쉽게 쫓아버릴 수 있었다. 이곳에서 이집트인들은 죽었고 자신이 쓰던 모든 장비와 함께 뜨거운 계곡에 묻혔다. 그리고 여전히 남아있는 폐허(사진58)가 전에는 이따금 있었던 성과가 이제는 왕실의 국고에 고정된 연소득을 가져다주는 지속적이고 중단되지 않는 산업이 되었음을 보여 준다.

---

[59] I, 733-740.
[60] [역주] 원서에 Sarbut el-Khadem으로 표기되어 있다. 지금은 Serabit el-Khadim으로 표기한다. 시나이반도에 위치하며 홍해와 시나이산 사이에 있다.
[61] I, 725-727.
[62] I, 717-718; similar offerings I, 738.
[63] I, 731.

사진 58. 시나이 세라빗 엘 카딤에 있는 중왕국의 채굴 지역 잔해
(Ordnance Survey 사진)

봉건 시기 이 왕들이 처한 상황이 그들로 하여금 나라 밖에서 새로운 부의 원천을 찾도록 했음이 확실하다. 그러나 앞에서도 언급했듯이 이와 동시에 그들은 토지의 생산능력을 전례 없는 수준으로 끌어올렸다. 불행히도 이러한 업적을 기록한 연대기나 기록물은 현존하지 않는다. 관개 시스템에 관심을 가졌던 것은 특히 아메넴헤트 3세였다. 제2폭포 지역의 셈나 요새에 있는 그의 관리들은 그곳의 바위에 나일강의 수위를 기록하라는 지시를 받았다. 이렇게 해서 몇 년 안에 해마다 나일의 최고 수위를 기록하는 나일강의 수위계(水位計)가 생겨났다. 바위 위에 여전히 보존된 이러한 기록들은[64] 오늘날 나일강이 불었을 때보다 약 7.6~9.1m 더 높다. 재상의 집무실에 있는 하이집트 관리들에게 지체 없이 전달된 그러한 관측 결과 덕분에, 그들은 다가오는 계절의 수확량을 예측할 수 있었고 그에 따라 세율도 정해졌다.

---

[64] LD II, 139; Lepsius, Sitzungsber. der Berliner Akad. 1844, 374 ff.

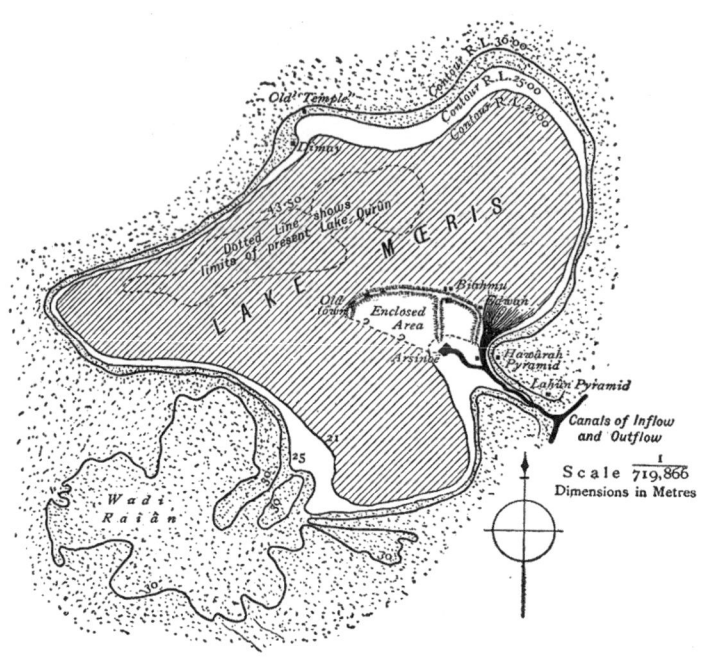

지도 3. 파이윰(Maj. R. H. Brown, R.E.에서 인용)

하이집트에서는 또한 거대한 관개 시스템 설계로, 범람하는 강물을 이용할 수 있도록 강물이 침수되는 기간을 늘리기 위한 계획이 고안되었고, 이 계획은 대단히 성공적으로 수행되었다. 지도(297쪽 지도4)를 보면 삼각주의 남쪽 꼭짓점 위로 약 105km 떨어져 있는 나일 계곡 서부 고원에 위치한 빈터를 볼 수 있다. 서부 고원의 이 빈터는 파이윰이라고 알려진, 리비아 사막의 움푹 파인 곳으로 이어진다. 파이윰 분지는 서부에 있는 오아시스 분지들과 다르지 않은, 확실히 나일 계곡에 가까운 광대한 오아시스이며 앞에서 언급한 빈터에 의해 나일 계곡과 연결되어 있다. 분지는 거대한 단풍잎 모양으로, 거의 동쪽을 가리키는 이 단풍잎의 꼭지는 나일 계곡과 연결된 부분을 나타낸다. 분지는 대체로 어느 방향으로 가로질러 가든 약 64km 거리이다. 분지에서 북서쪽의 낮은 지역은 오늘날 비르케트 엘 쿠룬(Birket el-Kurun, 사진59)이라 불리는 호수가 차지하고 있는데, 아주 많이 움푹 들어가 있어 현재 호수의 표면은 해수면보다 약 42.6m 넘게 낮다. 선사시대에는 수위가 높은 나일강이 파이윰 분지 전체를 채워 호수의 크기가 상당했다. 제12왕조의 왕들은 관개 시스템을 위해 당시 대대적으로 강물의 유입과 유출을 조절하는 계획을 생각해냈다. 동시에 그들은 경작을 위해 파이윰 지역 일부를 매립하기 위해 파이윰 안쪽으로 물이 들어오는 지점에 거대한 유지 벽 설치에 착수했다. 제12왕조의 초기 왕들이 이 매립과정을 시작했지만, 이 거대한 벽을 연장해 약 43km 정도 되게 함으로써 최종적으로 총 109km²[65]의 땅을 매립한[66] 것은 아메넴헤트 3세였다. 스트라보(Strabo)[67]의 표현대로, 호수에서 가장 흔히 방문하는 지점에 있던 이 거대한 건축물은 물 전부(호수)가 '라마레스(Lamares)' 왕이 굴착해 만든 인위적인 산물이라는 인상을 주었다. 우리는 '라마레스'가 아메넴헤트 3세의 즉위명이라고 확신한다. 이것이 당시 고대 그리스·로마 시대 지리학자들과 여행자들에게 유명한 모에리스(Moeris) 호수였다. 고대 관찰자 가운데 가장 자세하게 호수를 관찰한 스트라보는 헤로도토스의 더 모호한 묘사를 뒷받침하며, 나일강의 수위가 높을 때 강물은 빈터를 지나 흐르는 물길을 통해 호수를 계속 채웠고, 강물이 다시 내려가면 물은 똑같은 물길을 통해 빠져나갔고 관개에 사용되었다고 말한다. 스트라보는 또한 물의 유입과 유출을 조절하는 장치를 보았다. 아메넴헤트 3세가 파이윰에 주의를 기울인 것으로 보아서 이 조절

---

[65] **[역주]** 원서에는 27,000에이커로 표기되어 있다. 약 109km²로 3천3백만 평이 넘는다.
[66] Maj. R. H. Brown, R.E. The Fayûm and Lake Moeris, London, 1892.
[67] **[역주]** 그리스의 지리학자·역사학자. 그의 『지리학』(Geography)은 아우구스투스 왕의 재임기간(BC 27~AD 14) 동안 그리스·로마에 알려져 있던 국가와 민족들을 기록한 현존하는 유일한 책이다.

사진 59. 북서부 파이윰에 있는 비르케트 엘 쿠룬을 가로질러 바라본 전경

장치는 적어도 그가 굴착해 만들었다는 평판을 그에게 안겨준, 그 유명한 호수 입구 가까이 있던 건축물만큼이나 오래되었던 것으로 보인다. 현대의 계산법으로 계산하면, 나일의 수위가 낮은 4월 1일부터 100일 동안 충분한 물이 축적되어 파이윰 밑으로 강물의 양이 두 배 정도 축적되었던 것으로 보인다.[68]

호수로 얻은 비옥하고 번영한 지역은 확실히 왕실의 소유지였을 것이다. 이곳이 제12왕조 후반기의 왕들이 주거지로 가장 선호하는 지역이었다는 증거들이 있다. 그리스인들에게 크로코딜로폴리스(Crocodilopolis)로 알려진 번영된 작은 도시 아르시노에가 악어 신인 세베크[69]의 신전과 함께 벌써 새로운 지역에 생겨났고, 세소스트리스 1세의 오벨리스크가, 매립한 땅의

---

[68] Ibid.
[69] **[역주]** 고대 이집트 종교의 악어 신으로 Sebek로 알려져 있다. Suchos, Sebeq, Sobk라고도 쓴다. 원서에는 Sobk로 표기되어 있다. 처음에는 다산의 신이었거나 죽음 및 장례와 관련된 신이었을 것이며, 훗날에는 파충류의 보호자이자 왕들의 수호신이 되었다.

중심부에서 멀리 떨어진 에브기그(Ebgig)에 있다. 아메넴헤트 3세, 즉 적어도 헤로도토스 시대에 호수를 만든 사람으로 평가받은 왕의 거대한 두 조각상은 물 한가운데에 있는 거대한 벽 바로 바깥쪽에 세워져 있었다. 물이 유입되는 수로의 북쪽 기슭에 있는 빈터에 위치했던 거대한 건축물은 폭이 약 244m에, 길이가 약 305m로 일종의 전국적인 종교 및 행정의 중심지였다. 그곳에는 각 노모스를 위한 홀들이 갖춰져 있었다. 홀에서는 각 노모스의 신들이 모셔져 숭배되었고, 각 노모스 정부의 의회가 이따금 모였다. 스트라보의 발언으로 보면 각 홀은 각 노모스의 행정과 관련된 중앙정부의 집무실로 보이며, 그러므로 건물 전체는 전국을 위한 파라오의 정부 청사였을 것이다. 건물은 스트라보 시대에도 여전히 있었는데, 당시 벌써 그리스·로마 시대의 여행객들과 역사가들 사이에서 유명한, 이집트의 불가사의 중 하나인 라비린스(Labyrinth)[70]로 오랫동안 알려져 있었다. 그리스·로마의 여행객과 역사가들은 방과 통로가 복잡하게 얽혀있는 이 건물을 그리스 전통양식으로 된 크레타의 라비린스와 비교했다. 이 건조물은 전적으로 신전으로만 활용되지 않은, 이 까마득한 시대의 유일한 건축물로 아주 오랫동안 잔존해 온 것으로 알려졌다. 이 건조물에 대해 스트라보가 묘사한 말이 이 건물의 내구성을 말해 준다. 그는 다음과 같이 말했다. "놀랍게도 각 방의 천장이 돌 하나로 이루어져 있고, 통로들도 똑같이 어마어마한 크기의 평평한 돌 하나로 되어 있다. 나무도 다른 건축 자재도 쓰이지 않았다." 스트라보는 이 주목할 만한 건물 주위에 성장한 작은 도시를 보았다. 그러나

---

[70] [역주] Labyrinth는 우리말로 '미궁'으로 번역된다. 구불구불해서 빠져나오기 어려운 길을 의미하며, 그러한 상황을 묘사할 때 쓰이는 말이다. 원래 미궁이란 고대 그리스 로마인들이 지하나 반지하에 지었던 것으로서 수많은 방과 통로들이 빠져나오기 어려운 구조로 배치되었던 건물을 가리키는 말이었다. 헤로도토스에 따르면 이곳은 건물 전체가 하나의 담으로 둘러싸여 있고, 상형문자와 그림들로 가득한 방이 지하 1,500개, 지상 1,500개 등 모두 3,000개에 달했다고 한다.

도시도 건물도 이제는 완전히 사라졌다. 세소스트리스 2세는 또한 빈터 바로 바깥에 작은 도시를 세웠는데, 이 성읍은 호테프-세소스트리스, '세소스트리스가 만족하다'라고 불렸다. 그는 나중에 그 옆에 자신의 피라미드를 지었다. 이러한 상황에서 파이윰은 이 시기 왕실과 정부 생활의 가장 두드러진 중심지가 되었다. 그리고 파이윰의 위대한 신 세베크는 왕조에서 아몬 신에 필적했는데, 왕조의 마지막 후계자는 이 신의 이름을 포함한 세베크 네프루 레(Sobk-nefru-Re)라는 이름을 가지고 있었다. 이 신의 이름은 또한 다음 왕조의 수많은 세베크호테프(세베크가 만족하다)에도 등장했다.

거의 반세기 동안 아메넴헤트 3세의 따뜻한 통치는 그의 번영된 왕국 전체에 평화와 번영을 지속시켜 주었다. 사람들은 그에 대해 노래했다.

> 그는 두 지역을 위대한 나일보다 더 푸르게 만든다.
> 그는 두 지역을 활력으로 채웠다.
> 그는 콧구멍에 서늘한 감각을 불어넣는 생명이다.
> ……………
> 그가 주는 보물은 그를 따르는 사람들에게는 양식이다.
> 그는 그의 길을 걷는 사람들에게 먹을 것을 준다.
> 왕은 양식이요, 그의 입은 작물이다.[71]

거래는 건전한 기초 위에서 이루어졌다. 가치는 구리 무게로 환산되어 정해졌다. 물품에 [구리의] X 데벤(deben)이라고 덧붙이는 것이 관례였다. 1데벤은 약 91g[72]이다.[73] 전국에 걸쳐 아메넴헤트 3세와 그의 전임자들 하에

---

[71] I, 747.
[72] **[역주]** 원서에 1404그레인으로 표기되어 있으므로 정확히 90.97767g이다.
[73] I, 785.

서 이러한 번영을 누렸다는 증거가 그들의 광대한 건축사업의 흔적에 여전히 남아있다. 그러나 이 건축물들은 제국시기에 재건축으로 파괴되면서 한때 모습의 1/10밖에 볼 수 없다. 게다가 제19왕조의 반달리즘으로 인해, 특히 람세스 2세 하에서 너무 무모하게 이 기념물들을 건축자재로 충당함으로써, 중왕국의 귀중한 기록들이 지워졌다. 아마도 국가의 모든 중요한 성읍은 고왕국 파라오들로부터 소규모 신전을 물려받았을 것이다. 그러나 이 신전들은 거의 아무런 흔적도 남기지 않았고, 우리는 제12왕조 초기 나라 전역의 신전 상황에 대해서는 알지 못한다. 고왕국 시기에는 잘 알려지지 않은 마을에 불과했던 그들의 고향인 테베에서 그들은 작은 예배실을 발견했고 그것을 그럴듯한 아몬의 신전으로 대체했는데, 이 같은 작업은 벌써 아메넴헤트 1세 때 시작되었다.[74] 세소스트리스 1세는 이를 계속했고 규모를 넓혔다. 그는 또한 신전의 사제들을 위해 신성한 호수 옆에 식당을 갖춘 집을 한 채 지었다.[75] 이 건물은 800년 후에도 여전히 건재했다.[76] 아메넴헤트 3세는 고대 수도 엘 카브(네케브)의 둘레에 현존하는 거대한 벽돌담을 세웠다.[77] 이 담은 그렇게 오래된 도시 담으로는 유일하게 거의 손상되지 않은 상태(사진 74)로 보존되어 있다. 에드푸에 있는 고대 신전은 잊히지 않았다. 한편 아비도스에서는 오시리스의 폭넓은 인기와 그에 대한 깊은 숭배로 인해 새로운 신전이 필요했는데, 새 신전은 담으로 둘러싸여 있었고, 한때 부자와 귀족들은 담 안쪽에 그들의 분묘를 세우는 것이 허락되었다.[78] 전통적인 성스러움을 갖춘 파이윰 인근에서는 헤라클레오폴리스의

---

[74] I, 484.
[75] IV, 488-9.
[76] Ibid.
[77] I, 741-2.
[78] I, 534, note b.

하르사페스(Harsaphes)[79] 신전이 확장되었고, 풍부한 설비도 갖추게 되었다.[80] 파이윰 자체에 대해서는 이미 언급했다. 멤피스와 그 고대 신 프타는 확실히 잊히지 않았다. 그러나 재난으로 인해 그곳에서 중왕국의 활동을 보여주는 증거는 거의 남아있지 않다. 이트토웨와 당시의 다른 왕실 소재지 인근은 다소 덜 두드러질 수 있다. 파라오들의 조상이자 시조인, 국가의 최고 신은 당연히 처음부터 풍부한 기부로 숭배되었다. 세소스트리스 1세는 어전회의를 열어 설계도가 준비되는 대로 헬리오폴리스에 레의 신전을 재건축하겠다는 의사를 발표했다. 먼 옛날부터의 관습에 따라, 그는 평면도에 의거해 말뚝을 박아 경계를 정하고 건축물을 착공할 때 친히 의식을 지휘했다. 그가 건조물의 역사를 기록한 그 헌정 비문은 오래전에 사라졌다. 그러나 비문이 세워진 지 약 500년 후에도 신전의 뜰에 세워져 있어서 서기가 연습용으로 그것을 베껴 쓴 것이 있으므로 베를린 박물관에 있는 한 가죽 두루마리에 여전히 잔존한다.[81] 과장된 은유로 세소스트리스 1세는 자신의 이름이 거대한 기념물에 모셔져 영원히 남을 것이라고 자랑한다.

"나의 아름다움은 그의 집에서 기억될 것이고,
나의 이름은 작은 피라미드,[82] 나의 이름은 호수이다."[83]

헬리오폴리스의 웅장한 신전들과 신전 주위의 대도시는 모두 사라졌다.

---

[79] [역주] 헤리샤프(Heryshaf)의 그리스식 이름으로, 헤라클레오폴리스(현 에나스)의 숫양 머리를 한 남신이다.
[80] I, 674-5.
[81] I, 498-506.
[82] [역주] 작은 피라미드는 피라미드 모양으로 만들어진 오벨리스크의 뾰족한 끝부분을 가리키는 것으로 해석된다.
[83] I, 503.

신전과 함께 세소스트리스가 언급한 신성한 호수도 모두 사라졌다. 우연히 그 고대의 장소에서 유일하게 남아있는 기념물은 여전히 꼭대기가 작은 피라미드 모양인 그의 오벨리스크 중 하나이다(사진60). 왕이 자랑한 것처럼 정말로 불멸의 이름을 남겼다. 삼각주는 이 깨친 통치자들 아래에서 번영했고, 그들의 선견지명으로 여름에 사용하기 위해 비축한 파이윰 호숫물 덕분인 듯 생기를 되찾았다. 우리가 그렇게 자주 언급했던 모든 시대의 삼각주 도시들은 모두 사라졌다. 그곳에서 이 왕들의 활동을 증명해 주는 것은 거의 남아있지 않다. 그러나 동부 지역, 특히 타니스와 부바스티스(사진61)의 거대한 유적들은 제12왕조가

사진 60. 헬리오폴리스에 있는 세소스트리스 1세의 오벨리스크 (사진의 저작권은 뉴욕 언더우드 앤 언더우드 소유)

삼각주의 도시들에서 보여줬던 영향력을 여전히 보여 준다. 이 왕실의 왕들에 의해 지어진, 신전의 부서진 유적들이 제1폭포에서 북서부 삼각주에 이르는 많은 주요 성읍들에서 발견되어 왔다. 왕들의 대(大) 건축물 외에 노모스지사 가운데 보다 부유하고 유력한 지사들도 통치의 목적을 위해[84] 신전[85]과 적지 않은 건축물을 세웠다는 것도 잊지 말아야 한다. 사후 제사를 위한 제사실이 성읍들에 세워졌고,[86] 이 위대한 영주들 덕에 다양한 건조물들이 잔존했다. 확실히 이 건조물들은 이집트의 경제생활이 모든 분야에서 견고하고 눈부시게 발전하고 있었다는 뚜렷한 인상을 주었다.

---

[84] I, 637.
[85] I, 637, note a.
[86] I, 706.

사진 61. 타니스 신전의 중심축에서 바라본 전경
(피트리, 타니스, I)

그러한 인상은 또한 확실히 봉건시대부터 전해 내려온 유일한 건조물인 당시의 무덤에 의해서 더 강화되었다. 이 건조물들조차 폐허가 된 상태에 처해 있다. 우리는 이미 석실 분묘 형태의 무덤이 잔존했음을 언급했다. 그러나 그것은 당시 빠르게 사라지고 있었고, 귀족들은 계곡의 절벽 안쪽에 묘실과 묘실로 내려가는 통로를 깎아 만들었다. 그러한 묘실과 연결된 제사실에는 죽은 귀족의 삶과 활동을 그린 장면들이 있는데, 이러한 장면이 그려진 제사실은 우리에게 봉건시대의 역사와 생활에 대해 알려 주는 주된 정보원이다. 때때로 그러한 무덤의 정면을 형성하는 열주들은 건축상 쓸모가 있었다. 제12왕조 왕들의 피라미드는 왕의 무덤 건축이 더 이상 국가의 주요 업무가 아니라는 사실을 잘 말해 준다. 게다가 왕정의 기능에 대한 보다 건전한 견해가 당시 우세했고, 국가의 자원은 더 이상 고왕국에서처럼 피라미드로 흡수되지 않았다. 제11왕조에서 테베의 왕들은 이미 원래 왕의 무덤을 지을 때 썼던 재료인 벽돌을 다시 사용하여 그들의 수수한 피라미드를 지었다. 아메넴헤트 1세는 리슈트에 자신의 피라미드를 세우며 그들의 전례를 따랐다. 중심부는 벽돌 건축으로 만든 후 석회석으로 덮어서 보호했다.[87] 한 사람의 예외를 제외하고 그 관습은 제12왕조의 모든 왕에 의해 지속되었다. 그들의 피라미드는 파이윰의 입구로부터, 북쪽으로 멤피스 바로 남쪽의 다슈르까지 흩어져 있다. 세소스트리스 1세는 리슈트에서 자신의 걸출한 아버지 곁에 누워있는 것을 택했다. 아메넴헤트 2세는 북쪽으로 다슈르까지 올라간 첫 번째 왕이었다. 그리고 그의 아들인 세소스트리스 2세는 자신의 피라미드(사진62) 부지로 파이윰 입구에 있는, 지금은 일라훈(Illahun)[88] 이라고 하는 그의 새 성읍 호테프-세소스트리스를 선택했다. 세소스트리스 3세는 다슈르로 되돌아가서 아메넴헤트 2세의 피라미드 북쪽에 자신의 피라미드를 세웠다. 반면 아메넴헤트 3세의 피라미드(사진63)는 아메넴헤트 2세의 피라미드 남쪽에 위치한다. 라비린스 옆, 파이윰에 있는 하와라(Hawara)의 피라미드는 전에는 아메넴헤트 3세의 것으로 추정되었지만 확실히 확인되지 않았고, 아메넴헤트 4세의 것일 수도 있다. 에메넴헤트 4세는 피라미드를 확실하게 찾아내지 못한 제12왕조의 유일한 왕이다. 이 모든 피라미드는 도굴꾼을 좌절시키기 위해 입구와 통로를 가장 복잡하고 교묘하게 배치했음을 보여 준다. 하와라의 피라미드는 이 점에서 가장 주목할 만하다. 그것은 높이가 약 57.9m를 넘고 토대 면적은 거의 938평($3,103m^2$)이었다. 입구는 남단의 정중앙에서 서쪽 부분의 가운데에 있다. 피라미드 아래 바위 안쪽으로 내려가면 북쪽 묘실이 나올 때까지 모퉁이를 네 번 돌아야 한다. 세 개의 거대한 크기와 무게의 어마어마한 뚜껑문으로 쓰인 돌덩이는 강도의 습격을 막기 위한 것이었다. 그리고 교묘하고 갈팡질팡하게 하는 수많은

---

[87] Mém. sur les Fouilles de Licht, par J. E. Gautier et G. Jéquier, Cairo, 1902.
[88] [역주] 알라훈(al-Lahun), 엘라훈(el-Lahun)이라고도 표기한다. 바흐르유수프 수로가 파이윰으로 돌아드는 바로 북쪽에 위치한 고대 이집트의 유적이다. 중왕국의 피라미드와 그 시대 인부들의 마을이 있던 곳이다.

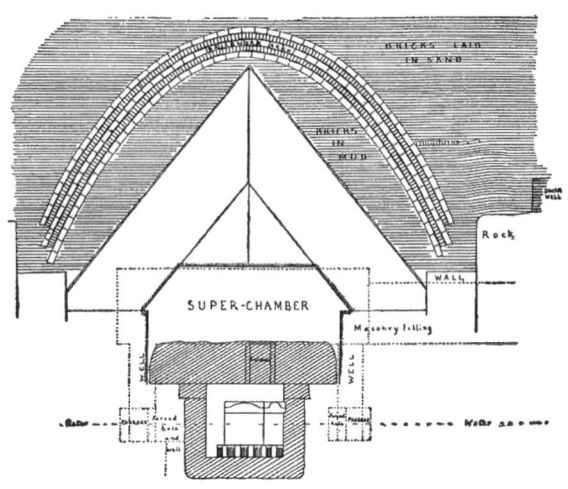

그림 28. 하와라 피라미드 내부의 매장실 단면도(피트리)

장치는 약탈자들을 혼란하게 하기 위해 삽입되었다. 묘실은 길이 6.7m, 폭 약 2.4m, 높이 약 1.8m이지만, 무게가 110톤이나 되는 아주 강한 석영암 한 덩어리를 잘라 만든 것이다. 묘실에는 문이 없고 묘실로 들어가는 유일한 통로는 약 45톤이나 나가는 천장을 이루는 돌덩이였다.[89] 그런데도 고대에 누군가 그곳을 침입하여 약탈했다. 분명히 후에 관리들 또는 심지어 왕들마저 묵인했을 것이다. 건조물의 건축을 맡았던 관리들의 부패는 그들이 세 개의 돌덩이 문 가운데 바깥쪽 문만 닫았다는 사실에서 분명히 알 수 있다. 그들은 바깥쪽 문만 닫혀 있으면 왕실의 어느 누구도 안쪽 문들이 열린 채로 있음을 알지 못할 것이라는 점을 잘 알고 있었다. 이 거대한 구조물이 무덤 건설자의 사체를 보호하지 못한 것이 그 후 피라미드의 건축이 점차적으로 중단된 것과 분명 관계가 있을 것이다. 이후로 테베에 있는 몇 기의 작은 피라미드를 제외하고, 이 주목할 만한 무덤들은 더 이상 볼 수

---

[89] Petrie, Kahun, Gurob and Hawara, pp. 13-17.

없다. 이 무덤들은 삼각주의 남쪽 꼭짓점 위로 서부 사막의 가장자리를 따라 약 105km를 산만한 선을 이루며 펼쳐져 있는데, 제국 이전 문명의 위대함을 증명하는 현존하는 가장 인상적인 증거이다.

사진 62. 일라훈에 있는 세소스트리스 2세의 벽돌 피라미드

사진 63. 다슈르에 있는 아메넴헤트 3세 피라미드의 갓돌

불행히도 중왕국의 건축물은 부서진 단편들이어서 우리는 그들의 건축에 관해 거의 아무것도 알 수 없다. 그러나 사용된 건축 요소가 고왕국에서 이미

발견된 건축 요소와 크게 다르지 않았다는 것은 무덤을 통해 분명히 알 수 있다. 제11왕조 테베의 파라오들은 데르 엘 바흐리의 주목할 만한 계단식 신전에 새로운 유형을 도입했고, 이 신전은 제국의 위대한 건축가들의 모범이 되었다. 피트리는 라비린스의 얼마 안 되는 흔적에 근거해 그 평면도의 넓이를 측정할 수 있었는데, 라비린스의 얼마 안 되는 자취와 스트라보의 묘사로는 당시의 건축 양식이 크고 육중했다는 정도만 밝힐 수 있다. 주거용 건축물들도 또한 완전히 사라졌다. 일라훈(지도1)에 있는 세소스트리스 2세의 피라미드 가까이에서 피트리가 발견한 성읍의 평면도로부터는 당시 노동자들이 거주해야 했던 비좁은 숙소에 대한 느낌만을 얻을 수 있다. 그러나 부자들의 주택에는 어떠한 건축상의 효과가 있었는지 우리는 거의 알 수 없다.

예술은 고왕국 이후로 어떤 면에서는 진보를 거듭해 왔다. 조각은 가장 인상적인 크기로 훨씬 더 대규모로 기획된 작품이 되었다. 모에리스 호수를 내려다보는 아메넴헤트 3세의 조각상은 아마 약 12 또는 15m 높이였을 것이다. 우리는 앞에서 이미 하레 노모스지사였던 투트호테프의 설화석고 조각상이 약 6.7m 높이였다고 언급했다. 게다가 이 거대한 조각상들은 당시 그전보다 훨씬 더 많이 제작되었다. 아메넴헤트 1세의 그 같은 10개의 인물상(사진64)이 리슈트에 있는 그의 피라미드에서 발견되었고, 아메넴헤트 2세의 회계담당보조인 시하토르(Sihator)는 다슈르에 있는 왕의 피라미드를 위해 어떻게 16개의 왕의 조각상 제작을 감독하게 되었는지 긍지를 가지고 기록하고 있다.[90] 크고 육중한 화강암으로 된 그러한 거대한 조각상들의 파편이 타니스(사진61)와 부바스티스의 폐허에 흩어져 있다. 우리는 세소스트리스 3세가 그의 조각상을 남쪽 누비아의 국경에 세웠던 것을 기억한다.[91] 그러한 상황에서 왕실의 조각가들은 어느 정도 자신들의 작품에 기계

---

[90] I, 601.

적인 모방 정신을 드러낼 수밖에 없었다. 그들의 인물상은 고왕국 조각상의 뚜렷한 특징이었던 인상적인 명랑함, 강한 개성을 거의 보여 주지 못한다. 오랫동안 지배적이었던 규범은 또한 조각가들의 작품과 표현양식에서 개성을 억압하는 효과를 보여 준다. 신의 형상을 확정하기 위해 고대의 기록을 찾았던 한 왕에 관한 이야기가 있다. 이는 "신들이 땅에 자신들의 기념물을 세우기 위해 회의를 열어 조각상을 만들었을 당시의 모습으로 신을 본떠 만들기 위해서였다."[92] 이로부터 신들이 처음에 회의를 열어야 했고 회의에서 각 신의 형상과 모습을 영원히 정했음을 분명히 알 수 있다. 왕과 귀족들의 형상에 대해서 똑같은 어길 수 없는 관례가 지배했고, 고왕국의 조각가들과는 달리 중왕국의 예술은 이 관례를 수용하고 동시에 완전히 극복하는데 필요한 신선함과 활기를 더 이상 띠고 있지 않았다. 그렇기는 하지만 상트페테르부르크에 있는 아메넴헤트 3세의 훌륭한 조각상(사진65), 타니스에 있는 아메넴헤트 3세의 스핑크스 두상(사진66), 최근 카르나크에서 발굴된 세소스트리스 3세의 방대한 두상 등과 같이 이따금 놀랄 만한 힘과 개성을 가진 인물상도 있다. 그러한 두상들은 이집트 예술의 걸작으로, 초인적인 힘과 침착한 평온이라는 특성을 구체화했다. 이집트의 조각가들은 이러한 특성을 표현하는데 대단히 숙달되어 있었다. 피부는 절묘하게 딱딱한 재료에 잘 요약되어 있어 돌 자체의 영구적 고정성 같은 것이 위대한 왕의 이목구비로 정교하게 녹아들었다. 이러한 작품은 나무로 만든 에위브레(Ewibre) 왕자의 조각상(사진67)에 보이는 부드럽고 연약한 아름다움과 매우 대조된다. 노모스지사들의 절벽 무덤에 있는 제사실은 망자의 삶과 그의 넓은 땅에서의 노동을 묘사하는 그림들로 정교하게 장식되어 있다. 이 그

---

[91] I, 660.
[92] I, 756.

림들 다수는 물론 뛰어나지만, 고왕국의 그림보다 진보했다고 말할 수는 없다. 한편 평평한 부조는 대부분 고왕국시대의 작품보다 확실히 떨어진다.

사진 64. 리슈트의 아메넴헤트 1세 피라미드에서 발견된 그의 10개의 석회석 조각상 가운데 세 조각상(카이로 박물관)

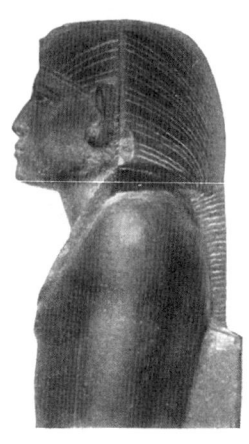

사진 65.
아메넴헤트 3세의 흉상
(상트 페테르부르크 박물관)

사진 66. 타니스에서 발견된 아메넴헤트 3세의 스핑크스 머리 부분

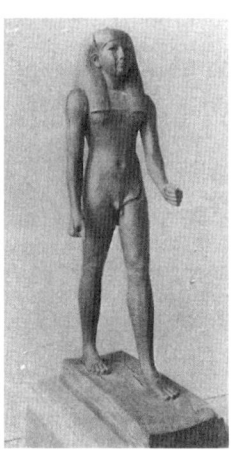

사진 67.
에위브레 왕자의 나무 조각상 (카이로 박물관)

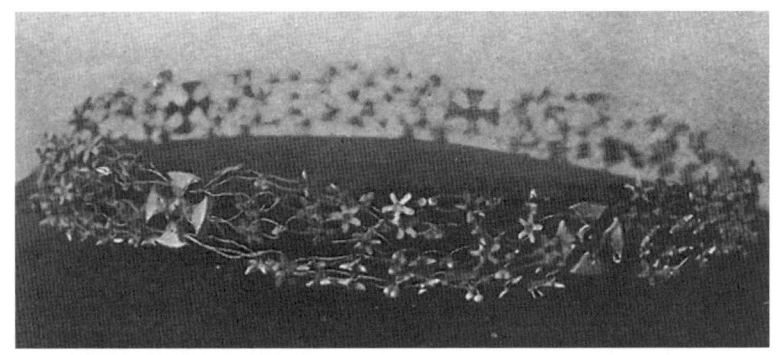

사진 68. 다슈르에 있는 제12왕조 어느 공주의 무덤에서 발견된 그녀의 왕관
(카이로 박물관)

사진 69. 다슈르에 있는 제12왕조 어느 공주의 무덤에서 발견된 그녀의 왕관
(카이로 박물관)

    노모스지사의 세심하고 친밀한 감독은 예술과 공예에 뚜렷한 자극이 되었다.[93] 전국에 걸쳐 지방에서는 다수의 숙련된 장인(匠人)들이 배출되었다. 물론 궁중의 장인들은 더 탁월했다. 우리는 그들의 작품을 통해 예술과 공예가 초기 왕조시대 이후로 계속 발전해 왔음을 알 수 있다. 왕실 공주들의 화려한 귀금속 장신구(사진68,69)는 숙달된 기술과 세련된 취향을 보여 주고

---

[93] I, 638.

있어 우리의 기대를 훨씬 뛰어넘는다. 다슈르 공동묘지의 도굴꾼들이 이 묘들을 발견했더라면 우리는 결코 중왕국의 역량을 그렇게 높게 평가하지 않았을 것이다. 후에 유럽의 금 세공인이 만든 것 가운데 아름다움이나 솜씨에 있어 거의 기원전 2000년에 아메넴헤트 왕실의 딸들이 착용한 이 훌륭한 장신구를 뛰어넘는 것은 거의 없다.

문학도 이 위대한 시대의 풍요롭고 다양한 삶을 보여 주는 가치 있는 기록들을 남겼다. 우리는 어떻게 글쓰기 기술이 국가의 행정적 필요에 의해 발전하게 되었는지 보아 왔다. 그때까지 부족했던 일정한 맞춤법 체계가 당시 숙련된 서기들에 의해 일관되게 개발되고 실행되었다. 기원전 20세기의 학생들이 습득했던 표준 글자체[94]가 남아있으며, 이 글자들은 그들이 어느 정도의 노력으로 글쓰기를 공부했는지 보여 준다. 이 시대의 언어와 문학 작품들은 후세에 고전적인 것으로 간주되었다. 과도한 기교에도 불구하고 현대 학계의 평가는 당시의 작품들이 고전적이라는 제국의 평가를 뒷받침한다. 비록 전에도 분명히 문학이 존재했지만, 우리가 오락을 위한 문학을 처음 발견한 것은 이 시기의 이집트에서였다. 아메넴헤트 1세가 죽자 시리아로 달아났던 불행한 귀족 시누헤는 노년에 이집트로 되돌아갔다. 그의 도피 및 아시아에서의 삶과 모험에 관한 이야기는 가장 사랑받는 이야기가 되었고,[95] 사후 망자들의 오락을 위해 도기 조각이나 돌로 만든 판석(板石)에 쓰여 무덤 안에 세워지기까지 할 정도로 대단히 인기를 누렸다. 뱃사람 신드바드의 원형이라고 할 수 있는 한 사람은 푼트로 가는 항해 중 남쪽의 강에서 난파되었다가 뱀의 여왕 섬에서의 놀라운 모험 이야기와 함께 돌아왔다. 그는 그 섬에서 구조되어 재물과 선물을 싣고 그의 고국으

---

[94] Kahun Papyri, pp. 67-70.
[95] I, 486-497.

로 무사히 귀국했다.[96] 신하와 귀족들의 삶은 왕조 교체기의 큰 사건들을 다룬 민간설화 속 등장인물들에 반영되었다. 제5왕조의 등장에 관한 이야기는 당시 흔하게 보급된 이야기다. 하지만 현존하는 복사본[97]은 제12왕조가 몰락하고 한두 세기 후에 쓰인 것이다. 당시의 가장 숙련된 문학자들은 당시 모든 작품의 목표로 간주된 인위적인 스타일로 그들의 기술을 훈련하기 위해 인기 있는 이야기를 소재로 즐겨 사용했다. 오늘날 달변가 농부의 설화로 흔히 알려진 이야기가 오로지 한 경탄할 만한 농부의 입을 통해 일련의 연설을 하기 위해 지어졌다. 그 연설에서 농부는 자신을 모욕한 관리에 맞서 자신을 변호했다. 그의 말솜씨는 너무나 훌륭해서 마침내 그는 파라오의 앞에까지 불려갔고, 절대 군주는 그의 입에서 흘러나오는 달콤한 미사여구를 즐겼을 것이다. 불행히도 이러한 연설 대부분은 너무 억지스러운 비유적 표현으로 구성되어 있고, 시적인 어투가 너무 모호해서 당시 언어에 대한 우리의 현재 지식으로는 이 연설을 명료하게 풀이할 수 없다.[98] 우리는 이미 노령의 아메넴헤트 1세가 아들을 위해 남긴 교훈을 살펴볼 기회가 있었다. 그 교훈은 매우 인기 있었고 7개나 되는 단편적인 사본으로 전해져 내려왔다.[99] 현명하고 건전한 삶의 방식에 관한 교훈은 이집트인들이 매우 소중히 여기는 것으로 이 시대의 많은 작품에 의해 표현되었다. 예를 들면 글쓰기 능력의 가치에 대해 아버지가 아들에게 하는 충고,[100] 고왕국 재상들의 지혜 등이 여기에 해당되는데, 중왕국의 파피루스에 보존된 프타호테프와 케겜네의 지혜[101]가 이 늙은 현인들의 진짜 작품이 아니어야

---

[96] Unpublished papyrus in St. Petersburg; Golénischeff, Abh. des Berliner Orientalistenkongresses. 참조.
[97] Papyrus Westcar, Berlin, P. 3033.
[98] Berlin Papyrus 3023 and 3025.
[99] I, 474 ff.
[100] Pap. Sallier II.

할 이유는 없다. 한 주목할 만한 철학적인 논문은 삶에 싫증이 난 한 남자가 함께 삶을 마감하고 저 세상의 보다 나은 삶을 꿈꿔 보자고 내켜 하지 않는 자신의 영혼을 헛되이 설득하면서 영혼과 나눈 긴 대화를 보여 준다.[102] 당시의 이상하고 모호한 한 작품은 이푸웨르(Ipuwer)라고 불리는 어느 신탁예언가가 왕의 어전에 서서 다가오는 몰락에 대해 섬뜩한 예언을 하는 것을 묘사한다. 다가오는 파멸에서 사회, 정치 조직은 전복되고 가난한 사람들은 부자가 되고 부자들은 궁핍함을 겪는다. 외부의 적들이 들어오고, 기존 질서는 완전히 뒤집힌다. 모든 계급이 연루된 놀라운 재앙을 예언한 후, 예언가는 나라를 회복할 구세주를 발표한다.[103] "그는 불꽃을 식힐 것이다. 사람들은 '그는 모든 사람의 목자(牧者)이며 그의 마음속에 악은 없다. 만일 그의 양 떼가 길을 잃으면 그는 온종일 양 떼들을 찾을 것이다. 사람들은 그가 그들을 구조할 수 있을까…? 라는 생각으로 잔뜩 기대할 것이다'라고 말한다. 진실로 그는 악에 맞서 팔을 들어 올려 악을 무찌를 것이다. … 그가 지금 어디에 있을까? 그가 여러분들 사이에서 자고 있을까?"[104] 이 이상한 '메시아' 신탁에서 예언가는 선한 왕이 와서 헤브라이 예언가 중 다윗처럼 그의 사람들을 구할 것이라고 선언한다. 작품을 쓴 동기는 정권을 쥔 왕실에 대한 교묘한 찬양이었을 것이다. 그들이 등장하기 전 암흑시대에 있었던 무정부 상태를 묘사하고 그들이 등장한 것은 파괴로부터 사람들을 구하기 위함이라고 주장하는 예언가를 대변했을 것이다. 이 주목할 만한 예언 문학 작품 중 이것은 가장 초기의 것인데, 늦게는 초기 기독교 시기까지

---

[101] Pap. Prisse.
[102] Berlin Papyrus 3024.
[103] [역주] 구약성서 출애굽기에 나오는 이집트에 대한 10가지 재앙이 이 이푸웨르의 문서 내용을 그대로 베껴 쓴 것으로 밝혀졌다(민희식 2008:205).
[104] Leyden Papyrus I, 344; Lange, Sitzungsber. der Berliner Akad. XXVII, 601-610 참조.

자취를 따라갈 수 있다. 우리는 이것이 헤브라이 예언자들에게 메시아 예언의 형식뿐 아니라 그 내용도 놀라울 정도로 제공했음을 부정할 수 없다. 헤브라이인들은 이 오래된 형식에 보다 높은 윤리적 종교적 중요성을 부여했다.

사진 70. 연회에 온 손님들에게 노래를 들려주는 하프 연주자
263쪽을 참조하라. (레이덴 박물관)

이집트 서기들의 작품 대다수가 시적인 언어로 표현되어 있어 시와 산문을 구분하는 것이 어려울 정도이다. 지금까지 논의된 작품 모두가 대부분 시이다. 심지어 일반인들의 작품에도 분명 시라고 볼 수 있는 작품들이 있다. 탈곡장에서 왔다 갔다 소를 몰며 탈곡을 하는 농부들의 노래, 사람들의 단순하고 건전한 노동을 읊은 짧은 시구(詩句), 또는 부자들의 홀에서 잔치에 온 손님들에게 하프연주자(그림70)가 노래로 불러 주는 서정시, ―다가오는 암흑에 대한 예고와 악의 날이 오기 전 현재의 방종한 향락에 대한 충고가 실린 다음과 같은 노래 등이 해당된다.

> 이 훌륭한 왕자 얼마나 행복한가!
> 이 좋은 운명이 그대로 이루어지고
> 육신은 썩고 사라진다.
> 조상 때부터 다른 사람들이 사는 동안
> 전부터 자신들의 피라미드에서 쉬고 있는 신들은
> 귀족과 현인들처럼 자신들의 피라미드에 묻혀 있다.
> 집을 지은 사람들에게―그들의 자리는 더 이상 없다.
> 그들이 어떻게 되었는지 보라.
> 나는 임호테프와 하르조제프가 한 말을 들은 적이 있다.
> 누구의 말이 많은 평판을 얻었나?
> 그런데 그 자리는 어떠한가?
> 담벼락은 황폐하고
> 그들의 자리는 더 이상 없다.
> 마치 그들이 존재하지 않았던 것처럼.
> 그 뒤로는 누구도 오지 않는다.
> 그가 우리에게 그들의 나라에 대해 들려줄지도
> 그가 우리의 마음을 되살릴지도
> 우리도 그곳으로 떠날 때까지

그들이 가 있는 그곳으로
그대의 마음이 그것을 잊도록 힘쓰라.
그리고 마음이 그대에게 유익한 것에 대해 깊이 생각하게 하라.
그대가 사는 동안 그대의 욕망을 따르라.
그대의 머리에 몰약을 바르고
그대에게 좋은 리넨 옷을 입혀라.
호화로운 향료가 스며들게 하고
신들의 참된 것들로 불어 넣어라.
그대의 기쁨을 더해 주고
그대의 마음을 지치게 하지 말라.
그대의 욕망과 그대의 즐거움을 따르라.
그리고 지상에 그대의 것을 만들라.
그대의 마음의 명령을 따라서
슬픔의 그날이 그대에게 올 때까지
조용한 심장이 그들의 애도를 듣지 못할 때
비탄의 소리는 무덤에서 누구도 불러내지 못한다.
기쁜 날을 축하하라!
그 안에서 쉬지 말라.
보라, 누구도 자기 것을 가져가지 못한다.
암, 누구도 다시 돌아오지 않고, 저편으로 갔다.

문학예술에서 엄격한 연 구조와 모든 의식적인 기교를 보여 주는 가장 이른 시로 알려진 작품은 세소스트리스 3세가 살아있을 때 그에게 바친 주목할 만한 찬가이다. 여섯 연 가운데, 다음의 연은 시의 성격과 구조를 보여 줄 수 있다.

 이 도시의 왕은 매우 위대하다.[105] 만인의 추앙을 받는다. 다른 통치자들은 그저 평범한 사람들이다.

이 도시의 왕은 매우 위대하다. 그는 범람하는 시내를 막는 둑과 같다.

이 도시의 왕은 매우 위대하다. 그는 누구든 환한 대낮에 쉬게 해 주는 시원한 오두막 같다.

이 도시의 왕은 매우 위대하다. 그는 케셈(Kesem)의 모난 돌로 지은 벽을 가진 성곽 같다.

이 도시의 왕은 매우 위대하다. 그는 약탈자들을 막아 주는 피난처 같다.

이 도시의 왕은 매우 위대하다. 그는 겁에 질린 사람들을 적으로부터 보호하는 보호소 같다.

이 도시의 왕은 매우 위대하다. 그는 수확기에 침수된 초목을 시원하게 하는 그늘 같다.[106]

이 도시의 왕은 매우 위대하다. 그는 겨울에 따뜻하고 건조한 구석 같다.

이 도시의 왕은 매우 위대하다. 그는 폭풍우가 몰아칠 때 강한 바람을 막아 주는 바위 같다.

이 도시의 왕은 매우 위대하다. 그는 국경을 넘어오는 적들에게 세크메트(Sekhmet)[107] 같은 존재이다.

아비도스에서 오시리스의 삶과 죽음을 극적으로 표현하기 위해 확실히 많은 대화체와 낭송이 필요했고, 이는 적어도 고정된 형식을 띠었으며, 기록되었던 것 같다. 불행히도 최초의 희곡으로 알려진 이것은 사라졌다. 많은 중왕국의 예술작품이든 문학작품이든 우리가 이 위대한 작품들이 누구의 것인지 알아낼 수 없다는 것이 이 이른 세계의 특징이다. 우리가 열거한 모든 문학작품 가운데 우리가 저자를 아는 것은 '교훈'인 지혜에 관한 것뿐이다. 당시의 문학은 당시보다 500년 일찍 고왕국 말기에 막 등장하기 시작

---

[105] **[역주]** 원문의 '두 배로 위대하다(twice great)'를 '매우 위대하다'로 옮겼다.
[106] **[역주]** 이집트는 수확기에도 날씨가 매우 덥기 때문에 이 구절은 그러한 맥락에서 이해해야 한다.
[107] **[역주]** 이집트 신화에서 전쟁의 여신을 이른다.

한 형식인 비유적인 묘사와 세련된 숙달을 보여 준다고 할 수 있다. 현존하는 작품의 주제는 형식이든 내용이든 더 큰 의미에서 구성 능력을 보여 주지는 않는다. 그래서 대체적으로 논리가 부족하다. 그러나 더 나은 구성 능력을 보여 주었을 오시리스 각본이 만일 잔존했다면 이러한 의견을 뒤집었을 수 있다.

아메넴헤트 3세가 통치한 나라는 삶의 모든 곳이 풍부하고 생산적이던, 전성기의 국가였다. 그의 통치 기간은 그의 가문의 등장과 더불어 시작되었던 고전 시대의 마지막을 장식했다. 그는 국가 대소사를 끝까지 활기차게 지배했던 것 같다. 왜냐하면, 그가 재위 44년 시나이에 있는 세라빗 엘 카딤의 저수지와 엘 카브의 거대한 벽을 완성했기 때문이다. 그러나 그가 기원전 1801년 사망하자 왕실의 힘은 약화되었다. 이것은 아마 그가 계승자로 선택하고 공동통치자로 지명한 왕자가 노왕(老王) 자신보다도 오래 살지 못했기 때문일 것이다. 어쨌든 그는 자신의 피라미드 옆의 무덤에 젊고 잘 생긴 왕자를 묻었던 것 같다. 왕자는 이미 즉위명 에위브레(Ewibre, 사진67)와 즉위명을 둘러싼 국왕의 카르투슈[108]를 가지고 있었다. 그러나 그 이름이 제12왕조 왕들의 이름과는 아주 다르고, 토리노 리스트에 제13왕조 또는 제14왕조에 에위브레라는 왕이 있다는 사실은 주목되어야 한다. 네 번째 아메넴헤트는 노왕과의 짧은 공동 통치 후, 아메넴헤트 3세가 죽자 왕위를 계승했다. 그러나 9년이 조금 넘는 그의 짧은 통치 기간의 기념물은 거

---

[108] [역주] 고대 이집트에서 사용하던 상형문자 기호 중 하나로, 파라오의 이름을 둘러싸는 긴 타원형의 곡선이다. 고대 이집트에서는 셰누라고 불렀다. 고대 이집트 벽화에 있는 파라오의 이름에서 카르투슈를 확인할 수 있다. 카르투슈는 본래 밧줄 상형문자로, '둘러싸는'이라는 뜻이다. 현실에서 파라오를 둘러싸서 보호하듯이 그의 이름을 표기할 때도 둘러싸서 보호한다는 의미로 카르투슈가 사용되었다. 파라오 이름 주위에 카르투슈를 쓰기 시작한 것은 고왕국 제4왕조의 스네프루 때부터인 것으로 알려져 있다.

의 남아있지 않다. 국가가 2세기 동안 불멸의 번영을 이루게 해 준 왕실의 쇠퇴는 뚜렷했다. 아메넴헤트 4세가 아들이 없었으므로 마네토가 스케미오프리스(Skemiophris)[109]로 기록한 세베크 네프루 레(Sebek-nefru-Re) 공주가 그를 계승했다. 거의 4년간 힘겨운 통치 후 왕실의 마지막 혈육인 그녀 역시 사라졌다. 왕실은 이집트를 213년 1개월 그리고 며칠 동안 통치했다.

---

[109] **[역주]** 공주의 결혼 전 성(birth name)을 그리스어로 전사한 것이다. 파라오로서 실제로 통치했음을 입증할 수 있는 이집트의 첫 여왕이다.

제4권
힉소스: 제국의 흥기

11 중왕국의 몰락, 힉소스

제13왕조로의 권력 이양은 겉보기에 이 땅의 안정된 번영을 깨뜨리지 않고 진행되었던 것으로 보인다. 어쨌든 새 왕실은 즉시 온전한 지배력을 얻었고, 첫 번째 왕인 세켐레 쿠토웨(Sekhemre-Khutowe)는 삼각주로부터[1] 제2폭포의 남쪽 국경까지 다스렸다. 제2폭포에서는 그가 통치한 후 처음 4년 동안 매년 나일강의 수위를 규칙적으로 기록한 것이 보인다.[2] 그곳의 요새에는 이전처럼 사령관의 지휘 하에 수비대가 주둔했고,[3] 세금과 인구조사 목록은 평소대로 북부지역에서 집계되었다.[4] 그러나 통치 기간은 짧았다. 뒤를 이은 파라오들은 자신들을 제12왕조의 계승자로 여겼고, 제12왕조의 위대한 통치자들의 이름을 사용했으나, 이것은 그들에게 전왕조의 권력도 위신도 가져다주지 못했다. 계승은 네 왕이 통치하는 동안 지속되었던 것 같고 갑자기 중단되었다. 토리노 목록에는 제12왕조 뒤의 다섯 번째 왕으로 유프니(Yufni)라는 사람이 등장하는데, 이 이름은 왕실의 형식을 보여 주지 않고 있어, 당시 근동의 왕좌에 끊임없는 위협이었던 정권의 찬탈자가

---

[1] I, 751.
[2] I, 751-2.
[3] I, 752.
[4] Kahun Papyri, pl. IX, l. 1; p. 86.

이 시점에서 다시 승리를 거두었음을 보여 준다.

지방의 영주들이 일어나 서로 왕좌를 두고 다투자, 나라는 급속히 와해되었다. 왕위를 찬탈하려는 자들이 잇따라 패권을 차지하기 위해 싸웠다. 이따금 경쟁자들보다 조금 더 유능한 사람이 잠깐 우세를 점하고 짧은 기간 영예를 차지했지만, 또 다른 사람에 의해 급히 대체되었을 뿐이다. 개개인이 다른 사람들과 싸우고, 때로는 모두가 탐내는 목표를 이루었지만, 성공적인 경쟁자에 의해 축출될 뿐이었다. 아마도 이 시대쯤 속하는 두 명의 세베켐사프(Sebekemsaf)가 테베에 수수한 피라미드를 남겼다. 람세스 행정관들이 이 가운데 한 사람의 피라미드를 조사하고 약탈당한 것을 밝혔다.[5] 적어도 500년 동안 방해받지 않고 누워있던 왕과 그의 왕비인 누브카스(Nubkhas)의 사체는 관에서 끌어내졌다. 도둑들은 람세스 행정관들의 강요로 자신들이 어떻게 왕실의 유적에서 금과 값비싼 보석으로 만든 장신구들과 호신부를 약탈했는지[6] 주목할 만한 자백을 했다. 이렇게 해서 이 잘 알려지지 않은 한 무리의 왕들이 적어도 테베에 거주했으며, 테베 출신이었음이 분명해졌다. 한때 네페르호테프(Neferhotep)라는 이름의 찬탈자가 당시의 많은 세베크호테프(Sebekhotep)[7] 중 하나를 무너뜨리고 안정된 정부를 세웠다. 그는 자신의 출신을 숨기지 않고 기념물에 주저하지 않고 직함이 없는 자신의 부모 이름을 덧붙였다.[8] 아비도스에 있는 석비에, 그는 그곳 오시리스 신전에 대한 정성을 보여 주는 주목할 만한 기록[9]과, 공동묘지의 경계를 결정하는 또 다른 기록을 남겼다. 그는 11년을 통치했고, 아들인 시하토르

---

[5] IV, 517.
[6] IV, 538.
[7] **[역주]** 소베크호테프도 널리 쓰인다.
[8] I, 573.
[9] I, 753-772.

(Sihathor)가 뒤를 이었는데, 시하토르는 곧바로[10] 아버지의 형제인 삼촌 네페르케레 세베크호테프(Neferkhere-Sebekhotep)에게 자리를 넘겼다. 이 세베크호테프는 이 암흑시대의 가장 위대한 왕이었다. 그러나 그는 지금까지 추정된 것처럼 중왕국의 국경을 남쪽으로 제3폭포 위의 아르고(Argo) 섬까지 확대하지는 않았다. 아르고 섬에 있는 그의 조각상은 거대한 상이 아닌 실물 크기의 것으로 분명히 훗날 어떤 누비아의 왕이 이집트의 어떤 곳에서 그곳으로 옮긴 것이다. 그러나 그의 통치 기간은 짧은 회복기였을 뿐이고, 현존하는 기념물에는 그 기간의 특징에 대해 알려 주는 기록이 없다.

사진 71. 네페르케레-세베크호테프 조각상의 발굴 현장.
1907년 시카고 대학 조사단이 제3폭포 위 아르코(Arko) 섬에서 진행했다. 오른쪽에 조각상이 보인다.

그 후 이어진 암흑시대는 그에 비해서 더 모호할 뿐이다. 외국의 모사(謀士)들이 기회를 이용했고, 왕위를 노리는 그들 중 한 사람이 잠깐의 성공을 거두었다. 그는 누비아 사람이었을 것이다. 여하튼 그는 자신의 카르투슈에

---

[10] Turin Pap. Frag. No. 80; Petrie, Scarabs, No. 309.

Nehsi라는, 즉 '흑인'이라는 단어를 사용했다. 또 다른 사람은 그의 두 번째 왕명(王名)이 메르메슈(Mermeshu), 즉 '군대의 사령관'이었는데, 분명 왕좌에 뜻을 품은 군 경력이 있는 사람이었을 것이다. 국가는 작은 왕국들로 분열되었고, 그 가운데 테베는 분명 남부 지역에서 가장 큰 왕국이었다. 그곳을 지배했던 세 명의 인테프(Intef) 가운데 한 명인 누브케프루레 인테프(Nubkheprure-Intef)[11]는 반역자로 드러난 콥토스의 한 관리를 면직시키는 판결문[12]의 조항을 공개했다. 이 서류에서 인테프는 죄인에게 자비를 베풀지 모를 이집트의 왕이나 통치자를 저주하며, 그러한 왕이나 통치자는 전 국토를 다스리는 파라오가 될 수 없다고 고지식하게 선언했다. 이 인테프 사람들은 테베에 묻혔다. 그들 중 두 사람의 피라미드가 제20왕조의 말기까지 여전히 건재했다. 피라미드는 람세스 행정관들이 세심하게 조사하여 도굴꾼들이 그 가운데 한 곳으로 들어가는 땅굴을 팠다[13]는 사실을 발견했다. 그러나 토리노의 왕의 목록에 등장하는 많은 왕 중에 당대의 기념물에 언급된 왕은 거의 없다. 여기저기 왕의 이름이 들어간 석조물과 조각상의 파편, 때로는 스카라베만이 그들 중 이런저런 사람의 통치를 증명하는 당시의 증거물이다. 영구적인 기념물을 세울 권력도 부(富)도, 시간도 없었다. 왕은 여전히 전례 없이 빠른 속도로 바뀌었다. 그러므로 그들 대부분에 관한 우리의 유일한 정보원은 토리노 리스트에 있는 출생명뿐이다. 순서가 뒤죽박죽인 토리노 리스트의 파편들은 한 파편 위에 실린 집단을 제외하고 이 단명한 통치자들의 순서도 알려주지 못한다. 파편들 자체의 순서가 불확실하여 위에서 언급한 가장 중요한 집단의 계승 순서도 불확실하다. 조금이나마 보존된 곳에서 통치 기간은 대개 1년, 때로는 2, 3년으로 되어

---

[11] [역주] Nubkheperure-Intef로도 표기한다.
[12] I, 773-780.
[13] IV, 514 f.

있는데, 왕의 이름 뒤에 단 3일로 적혀 있는 통치자도 두 명이 있다. 이 리스트에 왕조의 구분 없이 적어도 118명의 왕의 이름이 남아있다. 이 왕들은 제12왕조가 몰락한 후, 파라오의 왕좌를 얻거나 지키기 위해 끊임없이 애썼고, 이 어두운 한 세기 반 동안의 모호한 역사를 구성한다. 확실히 이 왕들의 일부는 동시에 통치했다. 그러나 그렇기는 해도 끊임없이 싸우고 서로 빼앗던 이 시기는, 118년(750-868 AD)간 지속된 아바스(Abbasid) 왕조[14] 하에서 77명의 총독이 왕좌를 차지한, 이집트의 이슬람 총독들의 시절과 맞먹는다. 유럽 역사에서는 약 90년 동안 아마도 80명의 군 출신 황제들이 왕좌를 이어갔던[15] 콤모두스(Commodus)[16] 이후에 비견된다.[17] 이 혼란한 시대

---

[14] [역주] 8세기 중엽, 마호메트의 후손인 아바스 가문이 옴미아드 왕조를 무너뜨리고 세운 왕조이다. 당시 옴미아드 왕실 일족은 이베리아반도로 달아나 후기 옴미아드 왕조를 세웠다. 이렇게 해서 이슬람제국은 동서로 분열되었다. 아바스 왕조의 전성기는 제5대 칼리프 하룬 알 라시드가 재위한 기간(786~809년)이었다.

[15] Meyer, Aeg. Chron. p. 62.

[16] [역주] 콤모두스(161~192)는 로마제국 제17대 황제이다. 『명상록』을 남긴 아버지 마르쿠스 아우렐리우스 황제가 아들이 없었던 전임 황제들이 훌륭한 인재를 후계자로 지목한 것과는 달리, 무능하고 잔인한 친아들 콤모두스를 후계자로 지명했다. 콤모두스는 177년 아버지와 공동 통치하기 시작했다. 그는 아버지와 함께 침입해온 게르만족들을 맞아 도나우 강 연안에서 전투를 벌였으나 마르쿠스가 죽자 곧바로 게르만족과 화해했다. 단독으로 황제가 되자 그는 마르쿠스 아우렐리우스 콤모두스 안토니누스로 이름을 바꿨다. 182년 누나인 루킬라가 일단의 원로원 의원들과 공모해 그를 암살하려다가 실패한 후, 충격을 받은 콤모두스는 차츰 자의적이고 잔인한 통치를 펴기 시작했다. 점차 정신이 이상해지기 시작했고, 로마의 이름을 콜로니아콤모디아나(콤모두스의 땅)로 바꾸기도 했으며, 자신이 헤라클레스 신이라는 망상에 빠져 원형 경기장으로 들어가 검투사처럼 싸우기도 하다가 측근들에 의해 살해되고, 로마는 혼란에 빠져들었다. 영화 글래디에이터(2000년)가 이 역사 이야기를 소재로 만들어졌다.

[17] [역주] 콤모두스가 죽고(192년 12월 31일), 197년 트리폴리 출신 세베루스가 최종 승리를 거두고 로마 황제가 되면서 세베루스 왕조가 설립되었다. 211년 그가 죽자 큰아들 카라칼라가 뒤를 이었으나 217년 부하인 마크리누스가 자객을 보내 그를 죽이고 왕위를 찬탈했다. 그러나 218년 세베루스 가문에 의해 축출되었고, 엘라가발루스가 222년까지 왕위를 이었다. 뒤이어 집권한 세베루스 알렉산드르가 235년 살해되면서 세베루스 왕조는 막을 내렸다. 그 후 최초의 군인황제 막시미누스가 즉위한 235년부터

에 대해 아무것도 몰랐던 마네토는 테베에서의 제13왕조, 삼각주 도시인 크소이스(Xois)부터 제14왕조라는 두 줄로 이 많은 왕을 정리했다.

경제적으로 국가의 상황은 빠르게 악화되었을 것이다. 왕정(王政) 제도에 의존했던 관개 시스템은 일률적으로 운영되지 않았고, 대체로 불안한 상황은 나라의 농업 및 산업 생산성을 불가피하게 억제했다. 가혹한 과세, 자금이 필요한 전쟁 중인 파벌들의 폭정은 활력을 점차 약화시켰으며, 두 세기 동안 아메넴헤트 왕실에 의해 그토록 잘 유지되어 왔던 번영의 기초를 위태롭게 했다. 당시의 몰락에 대해 알려 주는 기념물이 없는데, 기념물이 없다는 점이 바로 이 같은 사실을 증명하는 것이다. 이슬람의 이집트, 특히 맘루크왕조 하에서의 비슷한 시기로부터 이 기간 동안 국가의 불행한 상황에 대해 확실히 유추할 수 있다.

통일된 정책이나 조직이 없는 불행한 국가는 외부의 공격에 쉬운 먹잇감이었다. 아시아의 셈족이 선사시대에 분명한 형태로 언어에 흔적을 남기고, 다시 우리 시대에 이슬람의 영향 하에 이집트를 압도한 것처럼, 기원전 약 1675년, 제13왕조의 말기 전에 아마도 셈족이 아시아로부터 삼각주로 침입해 들어갔다. 이 침략자들은 지금은 요세푸스(Josephus)가 (마네토를 인용해) 그들을 지칭한 것을 따서 대체로 힉소스로 불리는데, 이들은 이집트에 기념물을 거의 남기지 않았기 때문에 그들이 어떤 민족인지에 대해서조차 여전히 이견이 많다. 그들이 패권을 잡았던 기간이나 그 성격에 대해서도 같은 이유로 잘 알려져 있지 않다. 그들과 관계있는 기록 자료들은 너무 빈약하고 범위가 제한되어 있어 독자들은 쉽게 훑어볼 수 있고 그 문제를

284년까지, 로마제국 각지에서 군대가 멋대로 황제를 옹립하고 폐위시키던 군인황제시대가 지속되었다. 이 시기는 3세기의 위기라고도 불릴 만큼 국내외적으로 극도로 혼란했다. 284년 디오클레티아누스 황제가 즉위해 질서를 회복함으로써 군인황제시대는 막을 내렸다.

스스로 판단할 수 있다. 물론 그 때문에 본 장(章)이 '시험적인 저술'이 될 위험이 있다. 마네토에 의해 기록되고 요세푸스의 『아피온(Apion)에 대한 반론』[18]에 보존된 힉소스에 관한 후기의 전설은 제4왕조의 몰락을 언급한 것과 같이 대부분 민간설화일 뿐이다.[19] 즉, 그 같은 많은 설화에서 그리스인들은 주로 이집트의 역사에 관한 지식을 얻었다. 그러므로 고대의 것일수록, 또 실질적으로 고대와 동시대의 증거는 먼저 의심해 보아야 한다. 힉소스가 이집트에서 추방되고 두 세대 후에, 위대한 여왕 하트셉수트는 그들이 야기한 손상을 복구한 것을 언급했다.

> 나는 폐허가 된 것을 재건했다.
> 나는 미완성의 것을 일으켜 세웠다.
> 그 아시아인들이 북부의 땅[삼각주] 아바리스(Avaris)의 한복판에서
> 그리고 그 야만인들이 그들[북부 사람들] 사이에서
> 행했던 것들을 다 뒤엎었다.
> 그들이 레를 모르고 통치한 기간 동안에.[20]

힉소스를 추방한 이집트군 병사의 더 이른 증언은 아바리스의 포위가 힉소스를 이집트에서 추방하기 위해 필요했음을[21] 보여 준다. 그리고 더 나아가 그들을 남부 팔레스타인,[22] 결국은 페니키아, 즉 코엘레시리아

---

[18] [역주] 요세푸스는 66~70년에 일어난 유대인 반란과 고대 유대교의 역사에 관한 중요한 책들을 썼다. 그 가운데 중요한 책이 『유대 전쟁사』, 『유대 고대사』, 『아피온에 대한 반론』이다. 『아피온에 대한 반론』은 『아피온 반론』, 『아피온을 반박함』 등으로도 번역되었다.
[19] 159-160쪽 참조.
[20] II, 303.
[21] II, 8-10, 12.
[22] II, 13.

(Coelesyria)까지[23] 추격했음을 보여 준다. 그들을 축출하고 약 400년 후, 그들과 싸운 마지막 전투의 원인을 언급한 민간설화가[24] 사람들 사이에 유포되었다. 설화는 그들에 대해 흥미로운 이야기를 전한다.

"이제 이집트 땅은 순수하지 못한 자들의 소유가 되었다. 사태가 발생했을 때 어떠한 영주도 왕이 아니었다. 그러나 세케넨레(Sekenenre) 왕은 남부 도시[테베]의 통치자였다. … 아포피스(Apophis) 왕은 아바리스에 있었고, 전국이 그에게 공물을 바쳤다. [남부지역]은 세금을 부담했고, 북부지역도 마찬가지로 삼각주에서 나는 좋은 산물을 부담했다. 당시 아포피스 왕은 수테크(Sutekh)를 신으로 정하고 전국적으로 수테크를 제외한 다른 신은 섬기지 않았다. 그는 신전을 아름다운 불후의 작품으로 건설했다.…"[25]

이 이른 시기의 자료들로부터 힉소스가 삼각주에 있는 아바리스의 요새에서 이집트를 지배했던 아시아 사람들이었음을 분명히 알 수 있다. 요세푸스가 마네토로부터 인용한 더 후기의 전설은 대체적으로 위의 보다 믿을 만한 증거를 뒷받침하는데, 다음과 같다.[26]

"티마이오스(Timaios)라는 이름의 우리들의 왕이 있었다. 이유는 모르겠지만 그의 통치 기간에 신이 우리에게 화가 났다. 그래서 뜻밖에 동쪽 지역의 비천한 태생의 사람들이 대담하게 우리나라로 원정을 와서 전투도 없이 쉽게 무력으로 우리나라를 정복했다. 그들은 우리의 통치자들을 복종시킨 후, 야만스럽게 우리의 도시를 불태우고 신전을 파괴했으며, 가장 적대적인 방식으로 모든 주민을 대했다. 일부 주민들을 학살하고, 아이들과 유부녀(有夫女)들을 노예로 만들었다. 마침내 그들은 그들 무리의 한 사람을 왕으로 추대

---

[23] II, 20. [역주] 코엘레시리아는 현 레바논, 시리아, 이스라엘 일부 지역을 가리킨다.
[24] Pap. Sallier I.
[25] Pap. Sallier I, I, ll. 1-3.
[26] Contra Apion I, 14.

했는데 그의 이름은 살리티스(Salitis)였다.[27] 그는 멤피스에 살며 상이집트와 하이집트가 조공을 바치게 했고, 그들에게 가장 적절한 여러 곳에 수비대를 주둔시켰다. 그리고 그는 동부 지역을 특히 강하게 만들었는데, 당시 가장 막강했던 아시리아 사람들이 그들의 왕국을 탐내서 침략할 것을 예견했기 때문이다. 그리고 그는 사이스 노모스에서 자신의 목적에 가장 적합한, (부바스티스 근처 나일강 지류의 동쪽에 위치하고 신학적인 개념과 관련해 아바리스라 불렸던) 도시를 발견했다. 그는 그 도시를 재건했고, 도시 주위에 성벽을 세우고 240,000명이나 되는 무장한 수비대를 그 안에 주둔시켜 도시를 요새로 만들었다. 살리티스는 매년 여름 그곳에 갔는데, 곡물을 수확해 병사들에게 급료를 지급하거나, 군인들을 훈련시키고 그렇게 해서 외국인들을 겁먹게 하기 위함이었다."

아시리아 사람들에 대한 모순된 언급과 아바리스 수비대의 터무니없는 숫자를 제외하면, 이야기는 대체로 그럴듯한 이야기로 믿을 만하다. 같은 글에서 힉소스에 대한 다른 설명은 후기의 전설에서 힉소스가 어떤 민족인지 어디서 왔는지 알아내는 데 어려움이 많았음을 분명히 보여 준다. 요세푸스는 여전히 마네토를 인용하여 다음과 같이 말한다. "이 민족은 모두 목양자의 왕(shepherd king)이라는 뜻의 힉소스(Hyksos)라고 불렸다. 첫음절 'hyk'는 종교적 언어에서 왕을 의미하며 'sos'는 양치기를 뜻한다. 그러나 이것은 통속적인 언어에 의한 것일 뿐이며, 여기에서 힉소스라는 용어가 합성되었다. 어떤 사람들은 그들이 아라비아인들이라고 말한다." 요세푸스가 마네토의 말을 요약한 것을 보면 마네토는 또한 그들을 페니키아 사람이라고 불렀다. 중왕국과 힉소스의 기념물에 보존된 아시아 통치자에 대한 명칭을 살펴보면, '양치기 통치자'라는 용어는 발견되지 않았다. 마네토는

---

[27] **[역주]** Salitis. 이집트 최초의 힉소스 출신 왕으로 제15왕조의 창시자. 원서에는 살라티스(Salatis)라고 쓰여 있다. Shalik라고도 한다.

'sos'라는 어휘는 후기의 통속적인 방언에서만 양치기를 뜻한다고 현명하게 덧붙였다. 기념물에 보존된 더 오래된 언어에는 그러한 어휘가 없다. 그러나 마네토가 말한 대로 'Hyk'[이집트어로는 *Hk*]는 통치자를 의미하는 흔한 어휘이다. 힉소스 왕 가운데 하나인 키안(Khian) 왕은 종종 기념물에서 이 칭호를 자신에게 쓰고 뒤에 '나라들'이라는 어휘를 붙였는데, 이 어휘(나라들)는 매우 흔한, 미세한 음성 변화에 의해 'sos'가 될 수 있다. 따라서 '힉소스'는 이집트어 직함인 '나라들의 통치자'를 그리스어로 옮긴 것일 수도 있다.[28]

힉소스인들이 남긴 얼마 안 되는 기념물을 들여다보면, 이 이상한 침입자들의 성격에 관해 모호하지만 의미 있는 단서들을 조금 발견하게 된다. 전설에서는 이들을 아라비아인이나 페니키아인이라 불렀고, 당시의 기념물에서는 그들을 '아시아인', '야만인', '나라들의 통치자들'로 지칭했다. 이들 중 하나인 아포피스 왕은 현재 카이로에 있는 제단을 만들고 그 위에 헌정사를 새겨넣었다. "그[아포피스]는 아바리스의 영주인 그의 아버지 수테크를 위한 기념비로 그것(제단)을 만들었다. 당시 그[수테크]는 모든 땅을 그[왕]의 발아래 두었다."[29] 헌정사가 막연하기도 하지만 아포피스가 이집트의 땅보다 더 넓은 곳을 통치한 것으로 보인다. 이 왕가에서 가장 주목할 만한 인물인 키안의 기념물은 더 의미가 깊다. 키안의 기념물은 남부 이집트의 게벨렌으로부터 북부 삼각주에 이르기까지 발견되어 왔는데, 여기서 그치지 않는다. 크레타섬의 크노소스(Cnossos) 궁전에 있는 미케네 양식으로

---

[28] **[역주]** 힉소스란 어휘에 대해서는 여전히 이견이 분분하다. 힉소스가 외국에서 온 지배자들(heqa-khase)을 뜻하는 이집트어 거의 확실하다는 의견도 있지만(다음백과사전), 피터 에이 클레이턴(2009:119)은 '사막의 왕자들'을 뜻하는 히카우 코스웨트(hikau-khoswet)에서 유래했다고 언급했다.
[29] Mar. Mon. div., 38.

지은 벽 아래에서, 에반스(Evans)[30]가 키안의 이름이 들어있는 설화석고로 된 장식용 단지 뚜껑을 발견했다.[31] 그리고 가슴에 그의 카르투슈가 있는 화강암으로 만든 사자가 바그다드에서 여러 해 전에 발견되어, 현재 대영박물관에 있다. 그의 왕명 가운데 하나가 '국토의 포위자[문자 그대로 에워싸는 사람]'였다. 우리는 그의 스카라베와 원통형 돌 도장 위의 직함이 줄곧 '나라들의 통치자'임을 기억한다. 힉소스 통치자들의 스카라베는 남부 팔레스타인에서 발굴되어 왔다. 이 자료들이 빈약하긴 하지만 한때 유프라테스강에서 나일의 제1폭포까지 펼쳐져 있었던 사라진 제국의 장면을 떠올리지 않고는 이 자료들을 고찰할 수 없다. 이 제국에 대한 다른 모든 증거는 사라졌다. 통치자들의 수도인 아바리스는 삼각주 내에 있었는데, 다른 많은 삼각주의 도시들과 마찬가지로 너무나 철저하게 파괴되어서 도시가 일찍이 어느 지점에 위치했었는지도 알아낼 수 없기 때문이다. 게다가 승리한 이집트인들이 자신들이 싫어한 정복자들이 패권을 잡았던 모든 증거를 없애버려야 할 이유는 충분했다. 이렇게 상황이 전개된 것을 고려하면 왜 침략자들이 그들의 수도를 정복지의 한가운데에 세우지 않고, 아시아의 경계에 가까운 삼각주 극동쪽에 위치한 아바리스에 두었는지 분명해진다. 그들은 이집트뿐만 아니라 그들의 아시아 영토도 다스렸기 때문일 것이다. 또한, 당시의 증거물[32]을 통해 알 수 있듯이 어떻게 힉소스가 아시아로 물러나 남부 팔레스타인에서 6년 동안 이집트의 공격을 막을 수 있었는지도 이해할 수 있다. 또한, 당시 남부 팔레스타인에서 패배했을 때 그들이 어떻

---

[30] **[역주]** 아서 J. 에반스(Arthur John Evans, 1851~1941)는 크레타섬에서 크노소스 궁전 등 크레타 문명을 발굴한 영국 고고학자이다. 에반스가 크노소스 궁전터를 발견한 것은 1900년이다.
[31] Annual of British School at Athens, VII, 65, Fig. 21.
[32] II, 13.

게 시리아로 퇴각할 수 있었는지도 분명해진다. 이러한 이동은 그들이 팔레스타인과 시리아를 지배했기 때문에 가능했다.

만일 우리가 이 신비스러운 힉소스제국의 민족, 기원, 성격에 관해 묻는다면 거의 대답할 것이 없다. 그들이 아라비아인이거나 페니키아인이라는 마네토의 말은 아마 옳을 것이다.[33] 시리아로 남부 셈족이 무더기로 이주한 것은 우리가 알기로는, 당시부터 계속 일어난 일로 이 두 부류의 사람들이 함께 들어왔을 것이다. 한두 세대 동안 성공적인 전쟁 지휘관들이 그들을 모아서 어설픈 국가로 합쳤을 것이다. 우리는 이미 제12왕조 시기 이집트와 거래한 셈족이 문명의 기초 이상을 가지고 있었음을 보아왔다.[34] 힉소스 추방 직후 시리아에서의 파라오의 전투는 그곳에 문명을 갖춘, 고도로 발전된 국가가 존재했음을 보여 준다. 당시 힉소스가 다스린 것으로 보이는 그러한 제국은 힉소스의 뒤를 이어 이집트가 아시아에서 주권을 행사한 이후 여러 세대 동안, 시리아—팔레스타인 사람들 사이에 그 흔적을 남겼을 수밖에 없다. 그러므로 만일 우리가 그 후 아시아에서의 이집트의 전투 기록에서 파라오가 파괴한 한때의 대(大)힉소스제국이 남긴 흔적을 찾지 못한다면, 그것은 이상한 일일 것이다.

힉소스가 축출된 후 두 세대 동안 우리는 시리아의 상황에 대해 거의 알지 못한다. 이 시점에서 투트모세 3세의 연대기에 기록된, 그의 계속된 전투는 어느 나라가 당시 그곳에서 주된 역할을 했는지 알 수 있게 해 준다. 전쟁 초기에 투트모세 3세가 맞서 싸워야 했던 팔레스타인과 시리아 왕들의 대연합군은 오론테스(Orontes) 지역의 강력한 카데시(Kadesh) 왕이 시종 이끌고 지배했다.[35] 투트모세 3세는 난공불락의 도시를 함락하고, 그 도시가

---

[33] Meyer, Aeg. Chron., pp. 95 ff.
[34] 238쪽 참조.
[35] [역주] 카데시는 서부 시리아 오론테스(알아시) 강에 위치한 고대도시이다. 지금의 Tall

우두머리인 왕국을 정복하기 위해 10년간 끊임없이 전쟁을 치러야 했다. 그러나 여전히 약해지지 않은 힘으로 그 도시는 반란을 일으켰고, 투트모세 3세는 시리아에서 20년간 전쟁을 치르고, 위험하고 지속적인 전투 끝에 카데시를 마침내 다시 패배시키고서야 겨우 승리를 거두었다. 투트모세 3세의 군사 행동에서 카데시가 시종 보여준 통솔력은 시리아와 팔레스타인의 많은 소국의 왕들이 카데시의 신하라는 인상을 줄 정도였다. 필자의 견해에 의하면, 우리는 힉소스 제국의 결정적 토대가 카데시 왕의 시리아 지배에 있었음을 인정해야 한다. 물론 투트모세 3세의 천부적 능력에 의해 결국 전멸되었지만 말이다. 이런 이유로 힉소스 제국의 최종 파괴자인 투트모세 3세가 또한 이집트에서 침략자들을 몰아낸 전설적인 영웅이 된 것이다. 그리고 미스프라그무토시스(Misphragmouthosis)라는 이름으로 그는 나라의 해방자로서 마네토의 이야기에 등장한다. 마네토의 전설과 시리아 팔레스타인에서의 뒤이은 상황을 고려하면 그 나라가 셈족의 제국이었음은 의심의 여지가 없다. 게다가 분명히 힉소스 시대에 속하는 어느 파라오의 스카라베에 실린 이름이 야곱 헤르(Jacob-her), 아마도 야곱 엘(Jacob-El)이다. 이스라엘의 야곱 종족의 어떤 족장이 이 불분명한 시기에 한때 우두머리의 지위를 얻은 것이 불가능한 일은 아니다.[36] 이러한 일은 이집트로 이 종족들이 들어가게 된 것을 의외로 잘 설명해 준다. 어떻게 전제하든 이들이 이집

---

an-Nabī Mind이다. 힘스에서 남서쪽으로 약 24km 지점에 위치해 있다. 고대에 전투가 2번 일어난 유적지이다. 투트모세 3세가 팔레스타인의 메기도에서 카데시 군주의 지휘하에 일어난 시리아 반란을 진압했었고, 세티 1세가 카데시를 점령한 후 이곳에서 람세스 2세와 히타이트의 무와탈리스 간에 전투(BC 1275)가 벌어졌었다. 해상민족들의 침략(BC 1185경) 직후 카데시는 역사에서 사라졌다.

[36] [역주] 이민족인 힉소스가 지배했던 시기에 야곱(Jacob)의 이름이 들어간 스카라베가 발견되었으므로, 헤브라이 종족이 이집트에서 활약했을 수 있다는 의미이다. 그러나 오늘날 이스라엘 역사학계의 조사 결과에 의하면 아브라함, 이삭, 야곱, 롯, 모세와 여호수아가 존재했었다는 증거가 전혀 없다(민희식 2008:215).

트로 들어간 것은 아마 이 시기에 일어난 일일 것이다. 이 경우 이집트에서 헤브라이 사람은 카데시, 즉 힉소스 제국의 베두인 동맹의 일부였을 것이다. 그곳에서 이들의 존재가, 힉소스인들은 양치기였다는 부분적으로 진실인 믿음을 전설에 포함시켰고, 이로 인해 마네토는 힉소스의 두 번째 음절(sos)에 이치에 맞지 않는 어원을 부여했다. 마찬가지로 힉소스인과 헤브라이인을 동일시했던 요세푸스의 순진한 추정은 우연이긴 하지만 진실의 핵심을 내포할 수 있다. 그러나 그처럼 확실한 근거도 없는 짜 맞추기가, 오류일 수 있는 부분을 제대로 인식하지 않은 채 행해져서는 안 된다.

이집트에서 이 주목할 만한 정복자들의 통치 기간에 대해, 우리는 그들의 동시대인인, 앞에서 언급한 테베에서 아마도 상이집트 전역을 계속 다스렸던 이 시대의 이집트 군주들 정도만 알고 있을 뿐이다.[37] 마네토의 설명이든 위에서 인용한 민간설화든 모두 힉소스 왕들이 이집트 전역으로부터 공물을 받았음을 언급한다. 그리고 우리는 벌써 힉소스의 기념물이 먼 남쪽 게벨렌에서까지 발견된 것을 알고 있다. 그들의 통치는 마네토가 언급한 대로 처음에는 전쟁 없는 점진적인 이주였을 수 있다. 어떤 켄제르(Khenzer)라는 그들의 왕 가운데 한 명이 아마도 국사(國事)를 주로 재상인 엔쿠(Enkhu)의 손에 맡겨, 이 재상이 신전을 운영하고 복원한[38] 것도 이 시기였을 것이다. 이 재상이 네페르호테프와 이어진 세베크호테프들의 시기에 살았기 때문에, 이집트에서 힉소스 세력이 점차 흥기한 것은 이 파라오 집단 바로 뒤에 있었던 일로 볼 수 있다.

당시의 기념물로부터 우리는 이미 언급한 켄제르, 야곱 헤르 외에 세 명의 아포피스와 키안(사진72)의 이름을 얻을 수 있다. 요세푸스가 마네토를

---

[37] **[역주]** 힉소스의 신하로 남부에서 통치한 군주들을 가리킨다.
[38] I, 781-787.

사진 72. 화강암으로 된 키안의 거대한 좌상 파편
부바스티스에서 발견되었다.

인용해 보존된 여섯 이름 가운데는 다만 한 명의 아포피스와 이안나스 (Iannas), 두 명만 누구인지 알 수 있다. 이안나스는 당시 기념물의 키안과 확실히 같은 인물이다.[39] 당시의 유일한 연대(年代)는 아포피스 재위 33년의 것으로, 대영박물관의 매우 정확한 파피루스에 기록되어 있다. 마네토의 기록에는 목양자, 즉 힉소스의 세 왕조(제15왕조에서 제17왕조까지)가 들어있는데, 이집트에서 힉소스의 패권이 지속된 기간에 대해서는 당대의 기념물로부터 아무것도 얻을 수 없다. 그 기간은 길어야 100년 정도일 것이다. 설령 실제로 더 길었다고 하더라도 이 사실이 제12왕조의 몰락에서 힉소스 통치

---

[39] [역주] 키안의 아들로 보는 견해도 있다.

가 끝날 때까지의 기간을 더 연장하는 것은 아니다. 왜냐하면, 토리노 파피루스에 열거된 이 기간의 많은 왕들 대부분이 세케넨레처럼 힉소스의 봉신으로서 남부에서 통치했을 수 있기 때문이다. 세케넨레는 민간설화에서 한 아포피스 왕의 테베 봉신이었다.

 무엇이 정복자들의 분명한 잔학 행위를 야기했는지 현재로서는 알 수 없다. 그러나 적대 행위가 결국 발생해서 신전이 파괴된 것은 분명하다. 이 신전들은 후에 하트셉수트에 의해 복구되었다. 물론 그들의 수호신인 수테크는 시리아의 바알(Baal) 신이 이집트화한 형태이다. 수테크는 잘 알려진 이집트 세트 신의 더 오래된 형태이다. 힉소스 왕들 자신은 급속히 이집트인으로 동화되었던 것 같다. 그들은 온전한 파라오의 직함을 취했다. 그리고 물론 파라오 고유의 관습적인 스타일(사진72)로 만든 그들 전임자들의 조각상을 삼각주 도시들에 세웠다. 문명이 꼭 파손된 것만은 아닌 것이, 한 아포피스왕 시기로 날짜가 기록된 수리 보고서가 대영박물관에 보존되어 있다. 우리는 이미 어떤 아포피스왕이 아바리스에 신전을 세운 것을 살펴보았다. 부바스티스에 있는 한 아포피스왕의 건축물 비문[40] 파편에 그가 "이 신을 위해 구리로 끝이 장식된 수많은 깃대를" 만들었다고 쓰여 있다. 화려하게 채색된 삼각기의 술이 깃대로부터 나부끼고 있었고, 그러한 깃대들은 신전의 정면을 장식하는 데 쓰이곤 했다. 시리아 팔레스타인 지역이든 나일강 하류 계곡에서든 그러한 외국의 지배가 이집트에 미친 영향은 새 시대를 여는 것이었고 이러한 이방인들의 추방으로 시작된 근본적인 변화와 깊은 관계가 있었다. 외부의 영향은 나일 계곡에 말을 가져왔고 이집트인들에게 대규모 전투를 가르쳤다. 이집트인들이 어떤 고통을 겪었든 그들은 정복자들에게 헤아릴 수 없는 빚을 졌다.

---

[40] Nav. Bubastis, I, pl. 35c.

12 힉소스의 추방과 테베의 승리

민간설화에[1] 등장하는 세케넨레가 아바리스의 힉소스 왕인 아포피스의 종주권(宗主權) 하에서 테베를 다스린 것은 제12왕조의 몰락 이후 거의 200년이 지난 기원전 1600년경이었을 것이다. 400년 후인 람세스 시절에 유포된 이 설화는 그 후 어떠한 사건이 있었는지 알려 주는 유일한 자료이다. 설화는 앞에서 인용한 힉소스에 대한 설명 다음에, 신성한 제례에 대한 간략한 묘사와 아포피스왕과 그의 현인들로 구성된 평의회에 관한 설명으로 이어진다. 그러나 이 회의에서 어떤 일이 있었는지는 불확실하다. 그렇지만 회의는 세케넨레왕에 대한 음모나 모의와 관련되었을 것이다. 그 뒤의 이야기가 다음과 같이 전개되기 때문이다. "이로부터 여러 날 후 아포피스왕이 자신의 서기들과 현인들이 그에게 준 보고서를 남부 도시[테베]의 영주[세케넨레왕]에게 보냈다. 아포피스왕이 보낸 전령이 남부 도시의 영주가 있는 곳에 이르자, 남부 도시의 영주에게 안내되었다. 그때 누군가가 아포피스왕의 전령들에게 말했다. '무슨 일로 남부 도시로 오셨습니까? 왜 저들과 함께 오셨습니까?' 전령이 그에게 말했다. '아포피스왕이 보냈습니다. 도시[테베]에 있는 하마의 못 때문에 [전령이] 온 것입니다. 하마들 때문에 잠을 이룰 수 없고 밤낮으로 그들이 내는 소음이 들립니다.' 남부 도시의

---

[1] 276-278쪽 참조.

영주는 한참 동안 슬퍼했고, 아포피스왕의 전령에게 대답하지 못하고 말았다." 이때 것으로 지금까지 전해 내려온 유물 조각에 의하면, 세케넨레는 당시 아포피스에게 선물을 보내고 그가 요구한 모든 것을 하겠다고 약속했다. 이후 "아포피스 [왕의 전령]은 자신의 군주가 있는 곳으로 떠났다. 그 후 남부 도시의 영주는 자신의 주요 귀족들과 관리들, 지휘관들을 소환했다. … 그리고 그들에게, 아포피스왕이 자신에게 전령을 파견한 것과 관련된 모든 문제를 상세히 설명했다. 그 뒤 그들은 오랫동안 한마음으로 침묵을 지켰고 그에게 좋다고도 나쁘다고도 대답할 수 없었다. 그 뒤 아포피스왕은 …로 보냈다."[2] 이곳에서 파피루스 조각이 조바심 나게 찢어져 있어 이야기의 결론을 알 수 없다. 그러나 그 안에 있는 내용은 틀림없이 테베의 영주들과 아바리스의 힉소스 간의 긴 전쟁의 원인으로 간주된 사건에 대해 민간에 전해진 설명이었을 것이다. 터무니없는 개전(開戰) 이유, 즉 테베의 하마들이 내는 소음으로 삼각주에 있는 아포피스가 괴로움을 겪어 불평했다는 것은 민간에서 전해진 역사로, 힉소스 전쟁이 일으킨 조류(潮流)가 사람들 사이에 남긴 물결 자국이다. 마네토는 설화에서 묘사된 일반적인 상황을 뒷받침한다. 그에 의하면, 테베의 왕들과 이집트 다른 지역의 왕들이 아바리스에 있는 힉소스와 대규모의 오랜 전투를 벌였기 때문이다. 그가 '왕들'이라고 복수형으로 지칭한 것은 우리가 앞에서 언급한 많은 지방의 제후들을 의미한다. 이들이 이웃과 다툼으로써 결과적으로 나라는 북부의 적에 맞서 공동 전선을 형성하지 못했다. 세 명의 세케넨레가 있었다. 데르 엘 바흐리의 대발견에서 발견되어 지금은 카이로의 박물관에 있는 셋 가운데 마지막 세케넨레의 미라는 머리에 끔찍한 상처를 보여 준다(사진73). 따라서 그는 확실히 아마도 힉소스와의 전투에서 쓰러진 것으로 보인다. 케모세(Kemose)왕이 이들의 뒤를 이었고,[3] 아마도 전쟁을 계속 치른 것 같다. 테

---

[2] Pap. Sallier I, II, l. l-III, l. 3.

베에 있는 그들의 작은 벽돌 피라미드는 없어진 지 오래되었지만, 약 450년 후 람세스 관리들이 조사할 때까지만 해도 여전히 보존되어 있었다. 람세스의 관리들이 공동묘지에 대해 조사했다는[4] 것은 앞에서 언급했었다. 확실히 이 테베의 왕실은 점차 공격적으로 앞으로 나섰고, 어느 정도 성공을 거둠으로써 이 세 명의 세케넨레와 케모세가 마네토의 제17왕조 후반부를 형성한다. 그들은 힉소스뿐만 아니라 수많은 경쟁관계에 있는 제후들, 특히 엘 카브 위 남쪽 끝에 위치한 제후들로부터도 자신들을 지켜야 했다. 이 남쪽은 북부 전쟁의 혼란으로부터 떨어져 있어 활발한 상거래가 이루어질 수 있었고, 현지의 영주들은 호황을 누렸다. 반면 북부의 영주들은 분명 많은 경우 비명에 갔다. 후에 이 성공한 남부의 제후들은 테베가 서서히 힉소스를 축출하는 동안 떠오르는 테베의 세력에 대항했다.

사진 73. 세 명의 세케넨레 가운데 한 사람의 사체. 두개골의 상처가 보인다.
(카이로 박물관)

---

[3] [역주] 흔히 카모세(Kamose)로 알려져 있다. 제17왕조의 마지막 왕으로 세케넨레의 아들이다.

[4] IV, 518-19.

케모세의 짧은 통치 기간 후, 아마도 그의 아들이었을, 마네토의 제18왕조 첫 번째 왕인 아흐모세(Ahmose) 1세가 기원전 약 1580년 테베 가문의 지휘를 맡아 외국의 군주로부터 이집트를 구해 냈다.[5] 세케넨레 3세는 벌써 엘 카브(사진74)의 강력한 영주들의 우정을 얻었다. 그리고 힉소스 및 후방을 끊임없이 위협하고 있는 강 상류 지역의 완강한 제후들에 맞서 싸우기 위해, 아흐모세 1세는 호화로운 선물과 여러 가지 훈장을 수여

사진 74. 성벽으로 둘러싸인 도시 엘 카브
성읍의 측면에 있는 동쪽 절벽 안 무덤 출입구에서 바라본 전경

하여 엘 카브 영주들의 귀중한 지지를 계속 유지했다. 이렇게 해서 아흐모세는 엘 카브를 완충지대로 삼아 엘 카브 남쪽의 이집트인 경쟁자들의 공격으로부터 자신을 보호했다. 힉소스와의 전쟁 초기, 전쟁의 진행 과정에 대해 기록한 문서도 전해 내려오지 않았고 아흐모세의 왕실 기록도 보존되지 못했다. 그러나 그의 엘 카브 협력자 가운데 아흐모세라는 협력자가 있

---

[5] [역주] 클레이턴(2009:124-8)에 의하면 케모세의 재위 기간은 3년이며, 케모세와 아흐모세는 형제지간으로 둘 다 세케넨레의 아들이다. 아흐모세는 아주 어린 나이에 즉위했고, 그의 어머니 아아호테프가 막강한 권력을 행사했다.

었다. 에바나(Ebana, 그의 어머니)의 아들이었고, 그의 아버지인 바바(Baba)는 세케넨레 3세 하에서 일했다. 그가 다행히도 엘 카브에 있는 자신의 무덤 벽에 그의 군대 생활에 대한 설명을 남겼다. 이렇게 그는 테베의 아흐모세 하에서 복무한 이야기를 들려준다. "나는 네케브[엘 카브]라는 도시에서 젊은 시절을 보냈다. 아버지는 상하이집트 왕인 승리자 세케넨레의 관리였으며, 로예네트(Royenet)의 아들로 바바가 그의 이름이었다. 당시 나는 승리한 아흐모세 1세 왕 때 '공물(The Offering)'[이라 불린] 배 안에서 그를 대신해 군관으로 근무했다. 나는 젊었을 때 결혼하지 않았다.… 가정을 꾸린 후, 나는 용맹함 때문에 북부 함대로 옮기게 되었다." 이렇게 그는 엘 카브에서 나와서 북부에 있는 힉소스에 맞서 복무하게 되었다. 해군 군관이었지만 처음에는 왕의 시중을 들며 보병의 업무를 맡았다. 그의 전기는 이어진다. "왕께서 전차를 타고 나가실 때 나는 걸어서 그분을 수행했다. 절대자[6][왕을 뜻함]가 아바리스의 도시를 포위했고 나는 걸어서 폐하 앞에서 용맹스럽게 싸웠다. 그 후 나는 '멤피스에서 빛나다'[라고 불리는] 배로 옮기게 되었다. 절대자가 아바리스의 수로인 파제드쿠(Pazedku)의 강물 위에서 싸웠다. 당시 나는 맨손으로 적과 싸워서 [전리품으로 잘라낸] 손을 가지고 왔다. 이 일이 왕의 전령관에게 보고되었다. 절대자가 무용(武勇)의 금 [훈장]을 나에게 주셨다. 또다시 이 지역에서 전투가 있었다. 나는 다시 그곳에서 맨손으로 적과 싸웠고 손을 가져왔다. 절대자가 두 번째로 내게 무용의 금 훈장을 주셨다."[7] 그때 엘 카브 위 지역 제후 가운데 하나가 반란을 일으켜 아바리스의 포위가 중단되었다. 왕은 이 반란을 매우 심각하게 받아들여 이를 진압하기 위해 에바나의 아들인 아흐모세를 데리고 친히 남부로 갔다.

---

[6] **[역주]** 원문에 one이라 지칭함.
[7] II, 7-10.

아흐모세는 이 일을 간략하게 이야기한다. "절대자가 이 도시[엘 카브]의 남쪽 이집트 지역에서 싸우셨다. 나는 물로 내려가서 한 남자를 포로로 생포해 데려갔다. 보라, 내가 그와 함께 물 위를 건너왔고, 그는 잡힌 채로 이 도시의 길 위로 끌려왔다. 이 일이 왕의 전령관에게 알려졌다. 그러자 절대자가 내게 금을 두 배로 주셨다."[8] 남부의 경쟁자들을 충분히 진압한 후, 아흐모세는 아바리스를 다시 포위했다. 이때 우리의 해군 군관이 돌연 도시를 함락했다고 발표한다. "절대자가 아바리스를 함락했다. 나는 그곳에서 남자 한 명과 여자 세 명, 모두 네 명을 포로로 잡았다. 폐하께서 그들을 나에게 노예로 하사하셨다."[9] 도시는 에바나의 아들인 아흐모세가 도착한 후 네 번째 공격으로 함락되었다. 그러나 그가 그곳으로 전임되기 전 그와 같은 공격이 몇 차례 있었는지는 불확실하다. 왜냐하면, 포위는 분명 수년간 지속되었고 상이집트에서의 반란에 의해 중단되었기 때문이다. 우리의 해군 군관은 아바리스를 지키는 사람들이 누구였는지 말하지 않는다. 그러나 마네토와 민간설화를 통해 우리가 알고 있는 것을 고려하면 들을 필요도 없다. 마찬가지로 그의 이야기를 더 읽어보아도 그 다음에 교전한 적이 누구였는지 알려 주지 않는다. 그러나 그들이 아바리스에서 쫓겨난 후 아시아로 도망친 다름 아닌 바로 힉소스라는 것은 분명하다. 힉소스의 몰락을 이야기하면서 우리의 전기 작가는 말한다. "절대자가 3년 동안 샤루헨(Sharuhen)을 포위했고[10] 그곳을 점령했다. 그때 나는 그곳에서 두 명의 여자를 포로로 잡았고 손 하나를 (전리품으로) 가져 왔다. 절대자가 내게 그

---

[8] II, 11.
[9] II, 12.
[10] [역주] 1928-30년 피트리가 이끄는 영국 고고학자들이 이집트에서 발굴 작업을 하다가 팔레스타인 남서부에 있는 고대 유적지 파라를 발견했다. 파라는 현재 이스라엘의 와디가자 강변에 있는데, 피트리는 이곳을 베트펠레트라고 여겼지만 샤루헨이라는 의견이 맞는 것으로 여겨진다.

포로들을 노예로 주셨을 뿐 아니라 무용의 금 훈장을 주셨다."[11] 이것은 그토록 오랫동안 포위한 것으로는 역사상 알려진 최초이다. 또한, 힉소스가 완강하게 방어한 것, 아흐모세 왕이 그들을 이집트 국경에 위험스럽게 근접해 있는 요새에서 집요하게 몰아낸 것을 보여 주는 놀랄 만한 증거이다. 샤루헨은 아마도 남부 유다(Judah)[12]에 있었을 것이다.[13] 그곳에서 힉소스는 다시 쉽게 삼각주를 침입했을 것이다. 그러나 아흐모세는 그들을 샤루헨의 밖으로 내쫓는 것으로 만족하지 않았다. 우리는 아흐모세 펜 네크베트(Ahmose-Pen-Nekhbet)라 불리는 엘 카브 가문의 또 다른 구성원이 자히(Zahi),[14] 즉 페니키아와 시리아에서 아흐모세 1세하에 전투를 치른 것을 발견했다. 그러므로 아흐모세가 샤루헨의 북쪽으로 힉소스를 뒤쫓아 그들을 적어도 삼각주의 변경으로부터 먼 안전한 곳까지 몰아낸 것은 분명하다. 재위 22년, 그는 자신이 아시아에서 가져온 수소를 건축사업에 여전히 사용하고 있었다.[15] 그러므로 아시아에서의 그의 군사 행동은 당시 몇 년간은 계속되었음이 틀림없다. 이제는 전임자들이 했던 모든 걱정에서 자유로워진 상태로 이집트로 돌아가, 그는 누비아 지역의 영토 회복에 관심을 가졌다.

중왕국 이후 오랜 혼란기 동안 누비아인들은 그들의 기회를 손쉽게 활용하고 천천히 물러갔다. 아흐모세가 얼마나 깊숙이 들어갔는지 알 수 없지만, 그는 분명히 심각한 저항 없이 제1폭포와 제2폭포 사이의 옛 영토를 회복했다.[16] 그러나 그의 지배가 이집트 내에서 아직 확고하게 자리를 잡지

---

[11] II, 13.
[12] [역주] 팔레스타인 남부. 이스라엘 건국 연도가 1948년이므로, 저자가 말하는 팔레스타인에는 현 이스라엘 지역이 모두 포함된다.
[13] 여호수아, 19: 6.
[14] II, 20.
[15] II, 26-27.
[16] II, 14.

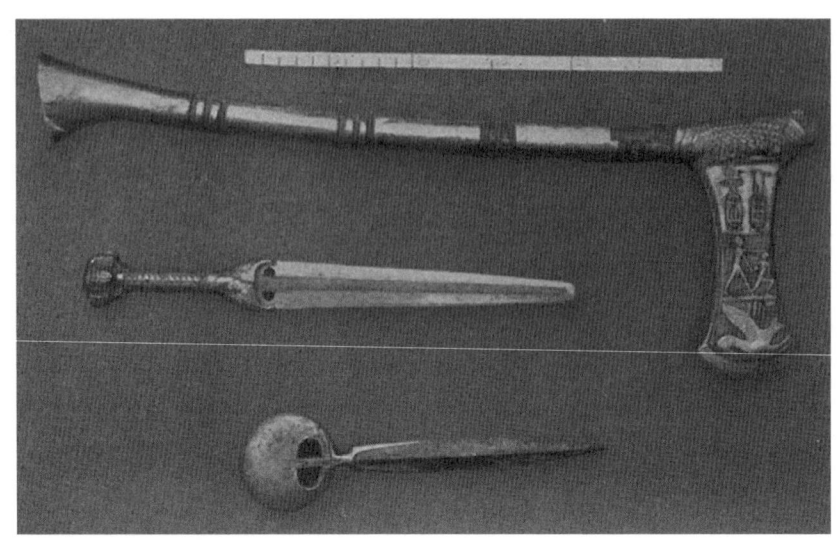

사진 75. 아흐모세 1세의 청동 무기
무늬가 금으로 상감이 되어 있고, 값비싼 보석이 박혀 있다(카이로 박물관).

는 못했다. 왜냐하면, 그가 누비아 전투가 벌어진 곳에서 멀어지자마자 엘 카브 남쪽의 숙적들이 그에 맞서 다시 반란을 일으켰기 때문이다. 그들은 나일강의 전투에서 완전히 패했다. 그리고 에바나의 아들인 아흐모세는 전투에서의 용맹함에 대한 보상으로 5명의 노예와 엘 카브에 5스타트(거의 4,285평)의 땅을 받았다.[17] 전투에 참가한 모든 수병도 똑같이 후한 대우를 받았다. 당시에도 아흐모세는 모두가 인정하는 왕좌를 소유하기 전까지 한 번 더 반란을 진압해야 했던 것 같다. 아흐모세 왕 밑에서의 자신의 군복무 이야기를 마치면서 에바나의 아들이 다음과 같이 말했기 때문이다. "당시 테티엔(Teti-en)이라는 쓰러진 자가 있었는데, 그는 모반할 사람들을 모았다. 폐하는 그와 그의 하인들을 죽이고 그들을 완전히 제거했다. 세 명의 노예

---

[17] II, 15.

와 내 도시 안의 땅 5스타트가 내게 주어졌다."[18] 이렇게 우리는 아흐모세 왕이 어떻게 그의 대의명분을 위해 그의 지지자들을 결속시켰는지 알 수 있다. 그러나 그는 금, 노예, 토지를 주는 것으로 그치지 않고, 어떤 경우에는 지방의 영주들, 중왕국 봉건 영주들의 자손들에게 '첫 번째 왕의 아들'과 같은 고위 직함이나 왕실 직함을 수여하기도 했다. 특권을 거의 또는 전혀 주지 않지만, 엘 카브 가문처럼 그에게 대접받을 만한 자격이 있는 오래된 명문가의 허영심을 채워 주었다. 비슷하게 옛 직함을 소유한 채 남겨진 귀족들도 있다. 그렇지만 분명히 그러한 유력자들의 사유지는 빼앗겨 중앙정부에 의해 운영되었다. 왜냐하면, 그들은 테베에 거주했고 그곳에 묻혔기 때문이다. 이렇게 해서 우리는 테베에서 티니스 영주들과 아프로디토폴리스(Aphroditopolis) 영주들의 무덤을 발견한다. 전자(티니스)의 영주들은 하트셉수트 여왕이 그녀의 오벨리스크를 운반하는 것을 도왔다.[19]

  아흐모세를 지지하여 그의 총애를 얻었던 지방의 귀족들은 거의 없었다. 대다수가 그와 힉소스 모두를 반대했고 따라서 전투에서 비명에 갔다. 그들보다 조금 더 운이 좋았던 동료들은 당시 궁중의 관리나 행정관리에 불과했다. 봉건영주들은 이렇게 해서 실질적으로 자취를 감췄다. 그들의 세습 재산이었던 토지는 몰수되어 왕실로 영구히 넘어갔다. 예외적으로 재산을 몰수당하지 않은 한 유명한 예가 있다. 테베 왕조가 너무나 많은 빚을 졌던 엘 카브 가문은 토지를 보유할 수 있었다. 힉소스가 추방되고 두 세대 후, 이 가문의 우두머리는 엘 카브 뿐 아니라 에스네(Esneh)와 그 사이에 있는 지역의 영주로 등장한다. 이외에도 세습 재산은 아니지만, 테베 근처(페르 하토르, Per-Hathor)에서 엘 카브에 이르는 남쪽 땅에 대한 행정비도 그에게 주

---

[18] II, 16.
[19] II, p. 138, note e.

어졌다. 그렇지만 이 같은 예외는 중왕국 시기 정부 조직의 핵심인 토지를 소유한 귀족의 완전한 소멸을 더 뚜렷이 강조할 뿐이다. 모든 이집트는 이제 파라오의 개인적인 사유지로, 19세기 초 모하메드 알리(Mohammed Ali)에 의해 맘루크시대가 파괴된 직후와 같았다. 헤브라이 전설에서는 이러한 상황이 요셉(Joseph)[20]의 현명함이 가져온 직접적인 결과로 묘사되었다.[21]

---

[20] **[역주]** 요셉에 관한 이야기는 『구약성서』 「창세기」 37-50장에 수록되어 있다. 요셉은 야곱의 11번째 아들로 태어나 아버지의 사랑을 가장 많이 받았고, 이로 인해 형제들에게는 미움을 받았다. 어느 날 형들은 그를 이집트 상인들에게 은화 20냥에 노예로 팔아넘긴다. 그 후 이집트 경호대장인 보디발에게 팔려가 집사로 일하게 된다. 경호대장의 아내가 요셉을 유혹하다 거절당하자, 오히려 요셉이 자신을 추행하려 했다고 모함한다. 요셉은 감옥에 갇혔으나, 간수장의 마음에 들어 죄수의 일을 도맡게 된다. 얼마 후 파라오의 시종 둘이 잘못을 저질러 감옥에 갇혔는데, 두 사람의 꿈을 우연히 해몽하게 된다. 요셉의 해몽대로 두 사람 중 한 사람이 복직되어 다시 파라오의 시종이 된다. 시종은 자신은 결백하니 파라오에게 자신의 사정을 아뢰어 달라고 한 요셉의 부탁을 잊어버린다. 2년 후 파라오가 꿈을 꾸고 불안해하자, 시종이 요셉을 생각해 내고, 요셉은 파라오의 꿈을 해몽한다. 파라오의 꿈은 나일강가에서 풀을 뜯고 있는 7마리의 살찐 암소가 깡마른 암소 7마리에게 잡아먹히는 꿈과 잘 여문 이삭 7개를 바싹 마른 이삭 7개가 삼키는 꿈이었다. 요셉은 7년간의 대풍년 후 7년 동안 흉작이 이어질 것이니 지혜로운 사람에게 이집트를 맡겨 풍년 동안 수확의 1/5을 저축하라고 조언한다. 파라오는 요셉이 지혜로운 사람이라 여겨 재상으로 임명한다. 그 후 7년의 흉년 동안 이집트는 기근을 면했으나 다른 지역은 굶주림에 처한다. 요셉의 형제들은 식량을 얻기 위해 이집트로 오게 되고, 우여곡절 끝에 형제들은 참회하고 요셉은 이들을 용서한다.
[21] 창세기, 47: 19-20.

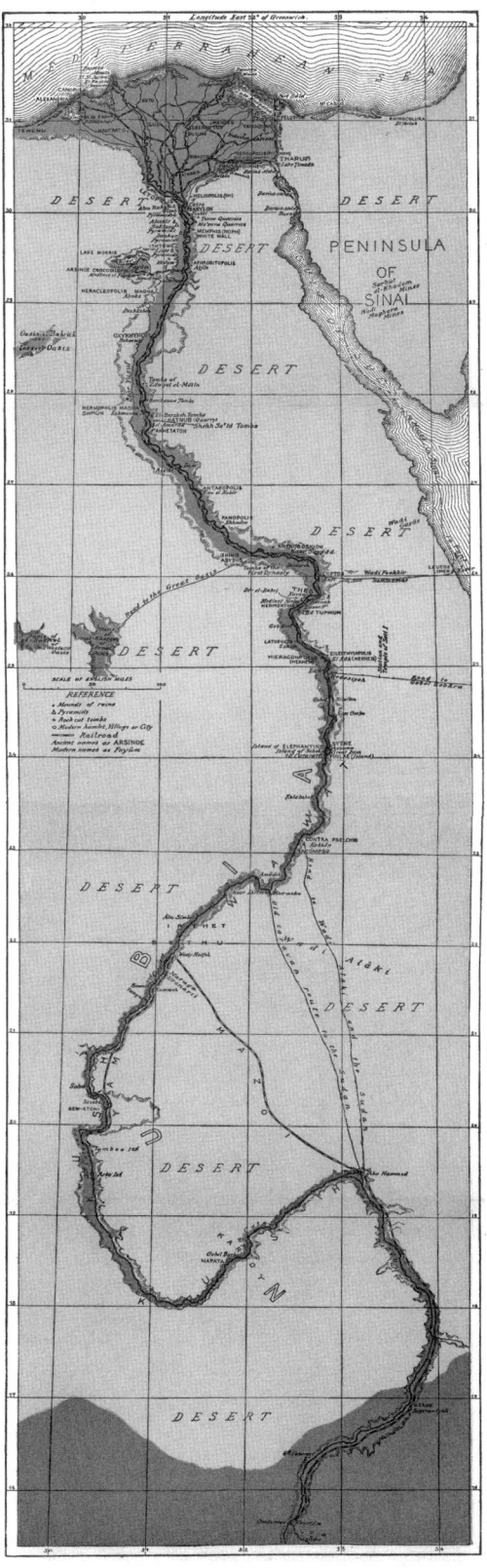

지도 4. 이집트와 누비아

왕들의 연표

(Ancient Records of Egypt I 38~75쪽 참조)
주의사항 : 별표(*)가 붙은 연도는 천문학적으로 결정된 것이다.

책력의 도입 ·················· 기원전 4241년
메네스의 즉위와 왕조의 시작 ······ 기원전 3400년

제1, 제2왕조, 기원전 3400-2980년
18명의 왕, 420년

제3왕조, 기원전 2980-2900년
조세르에서 스네프루까지, 80년

제4왕조(기원전 2900-2750년)

쿠푸 ································ 28년
데데프레 ···························· 8년
카프레 ······························ x년
멘쿠레 ······························ x년
_____ ···························· x년
       ···························· 18년
셰프세스카프 ························ 4년
_____ ························ 2년
합계 ································ 55년
　　　　최단 150년으로 알려져 있다.

제5왕조(기원전 2750-2625년)

우세르카프 ·························· 7년
사후레 ······························ 12년
네페리르케레 ························ x년
셰프세스케레 ························ 7년
카네페르레 ·························· x년
누세르레 ·························· 30(+x)년
멘쿠호르 ···························· 8년
데드케레 이세시 ···················· 28년
우니스 ······························ 30년
합계 ···························· 122(+3x)년
　　　　　　　최단 125년

제6왕조(기원전 2625-2475년)

테티 2세	x년
우세르케레	x년
페피 1세	21년
메르네레 1세	4년
페피 2세	90(+x)년
메르네레 2세	1년
합계	116(+3x)년

150년으로 알려져 있다.

제7, 제8왕조(기원전 2475-2445년)

합계 30년으로 알려져 있다.

제9, 제10왕조(기원전 2445-2160년)

헤라클레오폴리스의 18인, 285년으로 추정된다.

제11왕조

호루스 와헤네크 인테프 1세	50(+x)년
호루스 나크트네브 테프네페르 인테프 2세	x년
호루스 세네키브토웨 멘투호테프 1세	x년
니브하페트레 멘투호테프 2세	x년
니브토웨레 멘투호테프 3세	2(+x)년
니브헤페트레 멘투호테프 4세	46(+x)년
세네크케레 멘투호테프 5세	8(+x)년
합계	106(+x)년

합계 160년으로 알려져 있다.

제12왕조(기원전 2000-1788년)

왕	통치 기간	통치 연도	공동통치
아메넴헤트 1세	30년	기원전 2000*-1790*년	2000-1980년 단독 통치 1980-1970년 아들과 통치
세소스트리스 1세	45년	기원전 1980*-1935*년	1980-1970년 아버지와 통치 1970-1938년 단독 통치 1938-1935년 아들과 통치
아메넴헤트 2세	35년	기원전 1938*-1903*년	1938-1935년 아버지와 통치 1935-1906년 단독 통치 1906-1903년 아들과 통치

왕	통치 기간	통치 연도	
세소스트리스 2세	19년	기원전 1906*-1887*년	1906-1903년 아버지와 통치 1903-1887년 단독 통치
세소스트리스 3세	38년	기원전 1887*-1849*년	아들과 통치한 기간은 불확실함
아메넴헤트 3세	48년	기원전 1849*-1801*년	아버지와 통치한 기간은 불확실함 아들과 통치한 기간은 불확실함
아메넴헤트 4세	9년	기원전 1801*-1792*년	아버지와 통치한 기간은 불확실함
세베크네프루레	4년	기원전 1792*-1788*년	
합계	228년(공동통치 기간 15년을 고려하면 실제 합계는 213년)		

제13왕조~제17왕조(기원전 1788*-1580년)

이 시기는 힉소스 208년을 포함함

제18왕조(기원전 1580-1350년)

왕	통치 기간	통치 연도
아흐모세 1세	22(+x)년	기원전 1580-1557*년
아멘호테프 1세 투트모세 1세	10(+x)년 30(+x)년 } 56년	기원전 1557*-1501년
투트모세 3세	54년	기원전 1501*년 5월 3일-1447*년 3월 17일 (투트모세 2세와 하트셉수트 통치 기간이 포함됨)
아멘호테프 2세	26(+x)년	기원전 1448*-1420년
투트모세 4세	8(+x)년	기원전 1420-1411년
아멘호테프 3세	36년	기원전 1411-1375년
아멘호테프 4세 또는 이크나톤	17(+x)년 ⎫ ⎬ 25년 x년 ⎪ x년 ⎪ 3(+x)년 ⎭	기원전 1375-1358년
사케레 투텐카몬		기원전 1358-1350년
에예		
합계	227(+4x)년(최단 230년)	

제19왕조(기원전 1350-1205년)

왕	통치 기간	통치 연도
하름합	34(+x)년	기원전 1350-1315년
람세스 1세	2년	기원전 1315-1314년
세티 1세	21(+x)년	기원전 1313-1292년
람세스 2세	67년	기원전 1292-1225년
메르넵타	10(+x)년	기원전 1225-1215년
아멘메세스	x년	기원전 1215년
시프타	6(+x)년	기원전 1215-1209년
세티 2세	2(+x)년	기원전 1209-1205년
합계		142(+6x)년(최단 145년)

과도기

무정부 상태와 시리아 찬탈자들의 통치 기간 5(+x)년, 기원전 1205-1200년

제20왕조(기원전 1200-1090년)

왕	통치 기간	통치 연도
세트나크트	1(+x)년	기원전 1200-1198년
람세스 3세	31년	기원전 1198-1167년
람세스 4세	6년	기원전 1167-1161년
람세스 5세	4(+x)년	기원전 1161-1157년
람세스 6세 람세스 7세 람세스 8세	x년 x년 x년 ⎱ 15년	기원전 1157-1142년
람세스 9세	19년	기원전 1142-1123년
람세스 10세	1(+x)년	기원전 1123-1121년
람세스 11세	x년	기원전 1121-1118년
람세스 12세	27(+x)년	기원전 1118-1090년
합계		104(+5x)(최단 110년)

제21왕조(기원전 1090-945년)

왕	통치 기간	통치 연도
네수베네브데드	x년	기원전 1090-1085년
흐리호르	x년	
페시브켄노 1세	17(+x)년	기원전 1085-1067년
파이노젬 1세	40(+x)년	기원전 1067-1026년
아메네모페트	49(+x)년	기원전 1026-976년
시아몬	16(+x)년	기원전 976-958년
페시브켄노 2세	12(+x)년	기원전 958-945년
합계		134(+6x)년(최단 145년)

제22왕조(기원전 945-745년)

왕	통치 기간	통치 연도
셰숀크 1세	21(+x)년	기원전 945-924년
오소르콘 1세	36(+x)년	기원전 924-895년
타켈로트 1세	23(+x)년	기원전 895-874년
오소르콘 2세	30(+x)년	기원전 874-853년
셰숀크 2세	00	(오소르콘 2세와 공동통치 기간인 기원전 877년 사망)
타켈로트 2세	25(+x)년	기원전 860-834년(오소르콘 2세와 7년간 공동통치)
셰숀크 3세	52년	기원전 834-784년
페모우	6(+x)년	기원전 784-782년
셰숀크 4세	37(+x)년	기원전 782-745년
합계	230(+x)년 가능한 공동통치 기간 30년을 고려하면 총계는 200(+x)년(최단 200년)	

제23왕조(기원전 745-718년)

왕	통치 기간	통치 연도
페디바스트	23(+x)년	기원전 745-721년
오소르콘 3세	14(+x)년	
타켈로트 3세	x년	

| 합계 | 37(+3x)년
공동통치 기간 10년을 고려하면
최종 합계 27(+x)년 최단 27년 | |

제24왕조(기원전 718-712년)

왕	통치 기간	통치 연도
베크네라네프 (복코리스)	6(+x)년	기원전 718-712년
합계		최단 6년

제25왕조(기원전 712-663년)

왕	통치 기간	통치 연도
샤바카	12년	기원전 712-700년
샤바타카	12년	기원전 700*-688년
타하르카	26년	기원전 688-663년
합계		50년(최단 50년)

제26왕조(기원전 663-525년)

왕	통치 기간	통치 연도
프삼티크 1세	54년	기원전 663-609년
네코	16년	기원전 609-593년
프삼티크 2세	5년	기원전 593-588년
아프리에스 (호프라)	19년	기원전 588-569년
아흐모세 2세	44년	기원전 569-525년
프삼티크 3세	수개월	기원전 525년
합계		138년

기원전 525년, 페르시아인들에게 정복당함(제27왕조)
기원전 525-332년, 짧은 이집트인 왕조의 통치 기간(제28~30왕조)을 제외하고 이집트는 페르시아의 한 주(州)였음.
기원전 332년, 알렉산더 대왕이 이집트를 점령함.
기원전 332-30년, 알렉산더와 그의 계승자들 하의 프톨레마이오스 왕조시대
기원전 30년, 이집트는 로마의 한 주가 되었다.

참고문헌

민희식, 『성서의 뿌리: 오리엔트 문명과 구약성서』, 2008, 블루리본.
조르주 루, 『메소포타미아의 역사』 제2권, 김유기 옮김, 2013, 한국문화사.
크리스티앙 자크, 『위대한 파라오의 이집트』, 임헌 옮김, 1997, 예술시대출판사.
_____, 『현자 프타호텝의 교훈』, 홍은주 옮김, 1999, 문학동네.
피터 A. 클레이턴, 『파라오의 역사』, 정영목 옮김, 2009, 까치글방.
한상복, 「지중해 동남부 고대 국가들의 교역」, 『비교문화연구』, 2009, 제15집 1호.
Immanuel Velikovsky *Ages In Chaos - From the Exodus to King Akhnaton* 2009. Paradigma Ltd.
서프라이즈정보, 『색깔의 수수께끼』, 김민경, 한은미 엮고옮김, 2006. 비채.

찾아보기

(ㄱ)

갈라(Galla)__32
감독관__81
게벨렌(Gebelên)__195, 205, 280, 284
게브(Geb)__74
게제르(Gezer)__173, 238
고왕국__20, 21, 27, 29, 71, 212
그레고리력__42
그리스__27
그리스·로마__118
그리스·로마 시대__17, 18, 41
그리스인__27, 39
극동(極東)__3
근동__3, 25, 29
기자(Gizeh)__149

(ㄴ)

나르메르(Narmer)__63, 66
나이아가라__5
나일강__4, 199
나크트(Nakht)__208
나파타(Napata)__26
남문의 파수꾼__173, 193, 197
남부__277
남부 10인__211
남부 10인의 고관들__100, 211, 212
남부 팔레스타인__281
남부의 총독__170, 173, 177, 212
남왕국__45, 57, 62, 99
남쪽의 문__173, 194
네가데(Negadeh)__47
네마타프(Nemathap)__140

네베쉐(Nebesheh)__239
네이트(Neit)__39, 40, 62, 78, 82
네케브(Nekheb)__43, 291
네켄(Nekhen)__57
네켄 소속__101, 102
네쿠레(Nekure)__90
네크베트(Nekhbet)__43, 48
네테리무(Neterimu)__63
네페르케레
　　세베크호테프(Neferkhere-Sebekhotep)__273
네페르호테프(Neferhotep)__272, 284
네프티스(Nephthys)__74
네흐리(Nehri)__208
노르트(North)__7
노모스__39, 100, 169
농노__105, 217
누브카스(Nubkhas)__272
누브케프루레
　　인테프(Nubkheprure-Intef)__274
누비아(Nubia)__4, 10, 22, 26, 115, 165, 172, 204, 210, 213, 226, 229, 230, 231, 233-35, 293, 294
누비아만__25
누세르레(Nuserre)__128
누트(Nut)__74, 77
니네베(Nineveh)__26
니토크리스(Nitocris)__184

(ㄷ)

다미에타(Damietta)__7
다슈르(Dashur)__145, 147, 253, 256

찾아보기 | 305

대서양__3
大스핑크스__155, 156
대양__74
데데프레(Dedefre)__153, 155, 160
데두(Dedu)__78
데드웬(Dedwen)__234
데르 엘 바흐리(Dêr el-Bahri)__197, 256, 288
데수크(Desuk)__153
덴데라(Dendera)__153
덴데레(Dendereh)__45, 78
델타__7
동양__95
디오도루스(Diodorus)__101

(ㄹ)
라노페르(Ranofer)__127
라데데프(Radedef)__153
라마레스(Lamares)__245
라비린스(Labyrinth)__247, 253, 256
라이즈너(Reisner)__157
람세스(Ramses)__272, 274, 287, 289
람세스 2세__24, 240, 249
람세스 3세__25
레(Re)__62, 75, 77, 155, 159, 162, 170, 218, 250
레바논__146, 183
레의 아들__161
레테누(Retenu)__237
로마__12
로예네트(Royenet)__291
로제타(Rosetta)__7
루브르(Louvre) 서기__128
류코스 리멘(Leucos Limên)__182, 233
리비아__9, 26, 28, 32, 40
리비아 사막__244
리비아인__25, 33, 63, 66, 178
리슈트(Lisht)__202, 252, 253, 256

(ㅁ)
마네토(Manetho)__18, 19, 21, 23, 30, 140, 183, 189, 190, 268, 276-79, 283, 284, 288-90
마리에트(Mariette)__155, 199
마스타바__87, 88, 92
마을의 족장__127, 128
마조이(Mazoi)__175, 176, 226
마투가(Matuga)__236
맘루크(Mamluk)__97
맘루크시대__296
맘루크왕조__276
메나트 쿠푸(Menat-Khufu)__149, 208, 238
메네스(Menes)__20, 27, 29, 46, 47, 60, 63, 64, 168
메둠(Medûm)__133, 147
메르네레(Mernere)__173, 175-78
메르넵타(Merneptah)__25
메르메슈(Mermeshu)__274
메리케레(Merikere)__193
메쿠(Mekhu)__181
멘쿠레(Menkure)__157, 163
멘투호테프(Mentuhotep)__192, 213, 230, 231
멘투호테프 2세__195
멘투호테프 3세__196
멘투호테프 4세__197
멘투호테프 5세__197, 198
멤피스(Memphis)__7, 20, 21, 47, 62, 78, 81, 140, 161, 170, 189, 250, 253, 279
모에리스(Moeris) 호수__245, 256
모하메드 알리(Mohammed Ali)__296
몰약__164, 165
미에비스(Miebis)__63, 65
미케네(Mycenae)__22, 24, 66, 280
미케네 문명__183
미케네시대__239
민(Min)__36, 62, 196

(ㅂ)
바바(Baba)__291
바빌로니아(Babylonia)__37, 59, 221
바빌론(Babylon)__40, 239
바스트(Bast)__78
바알(Baal) 신__286
바흐르 유수프(Bahr Yusuf)__6, 8
백나일(White Nile)__4
백작__203
백작의 땅__207, 209
베가(Bega)__32
베니하산(Beni-Hasan)__200, 206, 208, 215, 217, 229, 238, 239, 241
베두인(Beduin)__24, 64, 172, 183, 239, 242
베르쉐(Bersheh)__215, 241
베스(Bes)__179
베케트(Beket)__208
베트 칼라프(Bet Khallâf)__143
복구__28
봉건시대__21
부르데드(Burded)__165, 180
부바스티스(Bubastis)__78, 153, 251, 256, 279, 286
부시리스(Busiris)__78
부토(Buto)__43, 48, 57
북(北)누비아__47, 141, 146, 173, 175
북부 오아시스__146
북왕국__41, 45, 57, 62, 63, 99
북지중해__66
북쪽의 문__194
붉은 집__41, 57
비르케트 엘 쿠룬(Birket el-Kurun)__245
비터 호(Bitter Lake)__145

(ㅅ)
사이스(Sais)__26, 39, 40, 58, 78
사이스 노모스__279
사자(死者)의 서__223
사카라(Sakkara)__166

사하라(Sahara)__6, 13
사후레(Sahure)__40, 160, 164, 165
살리티스(Salitis)__279
삼각주__7
3신__75
30왕가__19
30왕조__19
30인의 집__211, 212
上누비아__23
상이집트__13
상트페테르부르크(St. Petersburg)__257
상형문자__59
샤두프(shadûf)__12
샤루헨(Sharuhen)__292, 293
선(先)왕조시대__20, 27, 36, 45, 53, 62, 103, 167
세드(Sed) 축제__49
세라빗 엘 카딤(Serabit el-Khadim)__242, 267
세라페움(Serapeum)__142
세르다브(serdab)__90
세메르케트(Semerkhet)__64
세베켐사프(Sebekemsaf)__272
세베크(Sebek)__218, 246, 248
세베크 네프루 레(Sebek-nefru-Re)__248, 268
세베크 호테프__248
세베크-레(Sebek-Re)__218
세베크-쿠(Sebek-khu)__237, 238
세베크호테프(Sebekhotep)__272, 284
세벤니토스(Sebennytos)__19
세브니(Sebni)__181
세소스트리스(Sesostris)__22, 226, 228
세소스트리스 2세__218, 232, 233, 248, 253, 256
세소스트리스 3세__213, 223, 233, 234, 236, 237-41, 253, 256, 265
세소스트리스(Sesostris) 1세__208, 213, 229-32, 238, 246, 249-51, 253, 257

세카(Seka)__45
세케넨레(Sekenenre)__278, 286-89
세케넨레 3세__290, 291
세켐레 쿠토웨(Sekhemre-Khutowe)__271
세크멤(Sekmem)__237, 238
세투트(Sethut)__176, 178
세트(Set)__38, 48, 60, 74, 76, 286
세트나크트(Setnakht)__25
세티(Seti) 1세__24
세헤테피브레(Sehetepibre)__213
셈나(Semna)__234, 236, 243
셈어__32, 33
셈족__9, 22, 24, 32, 33, 164, 238, 239, 276, 282, 283
셰숀크(Sheshonk) 1세__25
셰트(Shet)__230
셰프세스카프(Shepseskaf)__157, 160
소말리(Somali)__21, 32, 33, 164
소아시아__24, 115, 239
소카르(Sokar)__60
소페드(Soped)__145
쇠퇴기__26, 28
수단(Sudan)__10, 21, 175, 236
수에즈(Suez)__239
수에즈 지협__145
수에즈만__239, 242
수에즈지협__33
수테크(Sutekh)__278, 286
슈(Shu)__74
슈문(Shmûn)__77
스네프루(Snefru)__99, 145, 147, 148
스완(Suan)__9
스카라베(scarab)__173, 281, 283
스케미오프리스(Skemiophris)__268
스트라보(Strabo)__245, 247, 256
스핑크스의 신전__155
시나이(Sinai)__21, 22, 114, 145, 171, 210, 229, 232, 267
시누헤(Sinuhe)__228, 238, 260

시리아(Syria)__22, 24, 237, 238, 240, 282, 283, 286, 293
시리아-팔레스타인(Syria-Palestine)__210
시리아인__164
시리우스__28, 29, 41, 42
시우트(Suit)__6, 191-93, 207, 215
시우트 노모스__194, 205
시하토르(Sihator)__256, 272
신관서체__120
신드바드(Sindebad)__260
신의 회계담당자__101, 153, 165, 171, 210, 242
실리시아(Cilicia)__115
실실레(Silsileh)__114

(ㅇ)
아누비스(Anubis)__60, 76, 218
아덴(Aden)만__164
아라비아(Arabia) 사막__33
아라비아인__280
아르고(Argo)__273
아르시노에(Arsinoe)__241, 246
아마르(Amarna)나__114
아메넴헤트(Amenemhet)__22, 196, 198, 199, 200, 202, 203, 226-29
아메넴헤트 1세__208, 212, 213, 225, 229, 238, 249, 252, 256, 260, 261
아메넴헤트 2세__231, 232, 253, 256
아메넴헤트 3세__213, 241-43, 245, 247-49, 253, 256, 257, 267
아메넴헤트 4세__253, 268
아메니(Ameni)__206, 209, 229-31
아몬(Amon)__25, 218, 248
아몬-레(Amon-Re)__218
아바리스(Avaris)__23, 277-79, 281, 286-88, 291, 292
아바브데(Ababdeh)__9
아바스(Abbasid) 왕조__275
아버지의 땅__207

아부로아시(Aburoâsh)__153
아부시르(Abusir)__40, 164, 166
아비도스(Abydos)__20, 47, 53, 57, 58, 66,
　　78, 143, 148, 150, 169, 189, 194, 215,
　　219, 220, 232, 237, 249, 272
아비시니아(Abyssinia)__4, 10
아스완(Assuan)__177, 230
아스클레피오스__142
아시리아(Assyria)__26, 28, 279
아시아인__226
아얀(Ayan)__114
아우구스투스(Augustus)__213
아치__123
아크토에스(Akhtoes)__190
아툼(Atum)__77
아트바라(Atbara)__4, 164
아포피스(Apophis)__278, 280, 284-87
아프로디토폴리스(Aphroditopolis)__295
아피스(Apis)__62
아홉 신__75
아홉 활__195
아흐모세(Ahmose)__290, 292-95
아흐모세 펜
　　네크베트(Ahmose-Pen-Nekhbet)__293
아흐모세(Ahmose) 1세__290, 291, 293
알렉산드리아(Alexandria)__7
압샤(Absha)__238
압샤이(Abshai)__238
야곱 헤르(Jacob-her)__283, 284
야루(Yaru)의 밭__83
야루의 땅__222
얌(Yam)__176-79
에게(Aegean) 문명__66, 240
에게해__239
에네크네스
　　메리레(Enekhnes-Merire)__172, 178
에넨케트(Enenkhet)__183
에드푸(Edfu)__6, 47, 77, 226, 249
에라토스테네스(Eratosthenes)__183

에바나(Ebana)__291, 292, 294
에반스(Evans)__281
에브기그(Ebgig)__247
에스네(Esneh)__206, 295
에우세비우스(Eusebius)__19
에위브레(Ewibre)__257, 267
에티오피아(Ethiopia)__26, 28
엔쿠(Enkhu)__284
엘 베르쉐(El Bersheh)__209
엘 카브(El Cab)__43, 48, 57, 237, 249, 267,
　　290, 291, 294, 295
엘레판티네(Elephantine)__5, 141, 169, 177,
　　181, 182, 215, 230
엘레판티네 섬__39, 119, 173
역년__20, 42
열국의 군주__165
열주__136
영혼__82
예루살렘(Jerusalem)__173, 238
오론테스(Orontes)__282
오릭스 노모스(Oryx-nome)__200, 204, 206,
　　208, 209, 229-31
오벨리스크__16, 60, 77, 161, 246, 251, 295
오시리스(Osiris)__60, 64, 66, 74, 76, 78, 85,
　　89, 218-22, 249
오아시스__8, 231, 244
오케아노스(Okeanos)__74
온(On)__77
와디 가수스(Wadi Gasûs)__232, 233
와디 마가라(Wadi Maghâra)__64, 171
와디 알라키(Wadi Alâki)__231
와디 투밀라트(Wadi Tumilat)__226
와디 포아키르(Wadi Foakhir)__115
와디 함마마트(Wadi Hammamat)__165
와디할파(Wadi Halfa)__230, 236
와와트(Wawat)__176, 178, 181, 182, 197,
　　226, 233
와와트족__175
왕의 문서__103

요세푸스(Josephus)__19, 276, 277-79, 284
요셉(Joseph)__296
우니(Uni)__171-74, 176, 178, 233
우니스(Unis)__165, 167, 168
우로나르티(Uronarti)__237
우세르카프(Userkaf)__90, 159, 163, 164
우세파이스(Usephais)__55, 63, 64, 66, 150
위대한 선지자__81
유다(Judah)__293
유럽__16
유프니(Yufni)__271
유프라테스(Euphrates)강__3, 15, 239
율리우스 아프리카누스(Julius Africanus)__19
율리우스 카이사르(Julius Caesar)__43
율리우스력__42
이르테트(Irthet)__176, 178, 182
이리(Iri)__177
이무테스(Imouthes)__142
이세시(Isesi)__162, 165, 166
이스라엘(Israel)__221
이슬람교도__33
이시스(Isis)__74, 76, 78, 141
이안나스(Iannas)__285
이케르노프레트(Ikhernofret)__213, 236
이쿠디디(Ikudidi)__231, 232
이크나톤(Ikhnaton)__24
이트토웨(Ithtowe)__202, 203, 211, 228, 250
이티(Iti)__184
이푸웨르(Ipuwer)__262
인테프(Intef)__192-94, 198, 274
인테프 1세__194
인테프 2세__195
일라훈(Illahun)__253, 256
임호테프(Imhotep)__104, 136, 142, 143, 184

(ㅈ)
자우(Zau)__178

자칼(Jackal) 노모스__208
자히(Zahi)__293
장인들의 최고 지도자__81
장제전__92
재상__102-04, 211, 212
재칼의 신__76
전갈(Scorpion)__46
제1폭포__5, 10, 164, 165, 175, 176, 226, 233, 237, 293
제2폭포__175, 230, 233-35, 237, 239, 271, 293
제3폭포__23
제국__28
제르(Zer)__66, 219
제르 왕비__67
제사실__88
조세르(Zoser)__104, 140-44
중동(中東)__3
중왕국__28, 182
지성소__80, 161
지중해__3, 13

(ㅊ)
청나일(Blue Nile)__4, 10, 11
청나일, 아트바라__164
초서__59
최고 사제__81
최고 회계담당자__101, 210
7대 불가사의__158

(ㅋ)
카(ka)__82, 90
카데시(Kadesh)__282, 283
카롤링거(Carolinger) 제국__169
카르나크(Karnak)__198
카르멜(Carmel)__239
카르투슈(cartouche)__267, 273, 281
카바일(Kabyle)__33
카세켐(Khasekhem)__53, 63

카세켐위(Khasekhemui)__55, 140, 150
카유(Khayu)__45
카이로(Cairo)__11, 149, 280
카카이(Kakai)__160
카파도키아(Cappadocia)__239
카프레(Khafre)__90, 95, 127, 155-57
카프르(Kafr)__151
카훈(Kahun)__218, 240
캄비세스(Cambyses)__27
커다란 원__74
케겜네(Kegemne)__104, 136, 261
케모세(Kemose)__288-90
케쿠레(Khekure)__233, 234
케티(Kheti)__192, 193, 194, 197, 208
케프리(Khepri)__77
켄제르(Khenzer)__284
코루스코(Korusko)__226
코르넬리우스 갈루스(Cornelius Gallus)__213
코세르(Kosêr)__182, 233
코엘레시리아(Coelesyria)__277
콤모두스(Commodus)__275
콥토스(Coptos)__36, 114, 115, 165, 182, 204, 210, 231, 232, 274
쿠시(Kush)__175, 182, 235-37
쿠푸(Khufu)__148, 151, 153, 156, 157, 159, 164
쿰마(Kumma)__231, 234
퀴벨(Quibell)__131
크노소스(Cnossos) 궁전__280
크눔(Khnum)__141, 149
크눔 쿠푸(Khnum-Khufu)__149
크눔호테프(Khnumhotep)__200, 208, 238
크눔호테프 2세__208
크레타(Crete)__247
크레타섬__280
크로코딜로폴리스(Crocodilopolis)__246
크소이스(Xois)__276
큰집__94, 99, 101, 103, 211, 212

키안(Khian)__280, 284

(ㅌ)
타니스(Tanis)__25, 239, 251, 256
타니스·아몬__26, 28
타콤프소(Takompso)__141
타페데트(Tapedet)__226
탑문__16
태양년__41
태양력__27
태양신__74, 76, 83, 159, 218
태음년__59
태음력__41
태음월__59
테메후(Temehu)__178
테베(Thebes)__20, 21, 26, 192-94, 197, 199, 202, 249, 256, 272, 274, 276, 284, 286-89, 291, 295
테베 노모스__205, 206
테시(Thesh)__46
테티(Teti) 2세__170, 171
테프누트(Tefnut)__74
테피비(Tefibi)__193, 194
토리노(Turin) 리스트__267, 274
토리노 파피루스__168, 183, 286
토지사무소__212
토트(Thoth)__60, 76, 162
투트모세(Thutmose) 4세__156
투트모세(Thutmose) 3세__31, 282, 283
투트호테프(Thuthotep)__209, 256
투피움(Tuphium)__206
트로이아(Troia)__114
티그리스(Tigris)__3
티니스(Thinis)__20, 47, 58, 62, 66, 140, 172, 295
티니스 노모스__194
티마이오스(Timaios)__278

(ㅍ)

파라오__16, 18, 21, 28, 78, 81, 92, 94, 159, 162, 184
파이윰(Fayum)__6, 9, 22, 190, 218, 241, 244, 245, 249, 253
파이윰 분지__244
파제드쿠(Pazedku)__291
파피루스__106, 117, 118, 120
팔레르모(Palermo) 비석__29, 31, 59, 65
팔레스타인(Palestine)__24, 25, 173, 238, 239, 277, 282, 283
페(Pe)__43, 57
페니키아(Phoenicia)__21, 118, 146, 164, 277, 293
페니키아인__280
페로(M. Charles Perrot)__134
페르시아(Persia)__18, 27, 28
페리클레스(Pericles)__140
페피 2세__178, 179, 182-84
페피(Pepi) 1세__45, 129, 170-73, 178
페피나크트(Pepinakht)__181, 183
푼트(Punt)__22, 33, 165, 175, 180, 182, 183, 198, 210, 232, 233, 260
프삼티크(Psamtik) 1세__26
프타(Ptah)__62, 78, 81, 162, 250
프타호테프(Ptah-hotep)__104, 136, 162, 261
프톨레마이오스(Ptolemy)__19, 141, 153
프톨레마이오스 왕조시대__233
피그미족__179
피라미드__147, 150, 155, 157, 167, 252, 253, 274
피라미드 텍스트__87, 167
피트리(Petrie)__36, 53, 67, 256

(ㅎ)

下누비아__21, 182
하레(Hare) 노모스__171, 190, 204, 208, 209, 256
하렘__95, 102, 106, 172, 228
하르가(Kharga)__231
하르사페스(Harsaphes)__250
하르조제프(Harzozef)__159
하르쿠프(Harkhuf)__177-81
하르툼(Khartum)__4
하름합(Harmhab)__24
하얀 벽__47, 57, 140, 170
하얀 집__43, 57, 210
하와라(Hawara)__253
하우네부(Haunebu)__239, 240
하토르(Hathor)__62, 75, 78, 82, 145, 153, 242
하트누브(Hatnub)__114, 153, 171, 190
하트셉수트(Hatshepsut)__197, 277, 286, 295
함마마트(Hammamat)__114, 198, 204, 210, 226, 229, 232
헤누(Henu)__197, 198
헤라클레오폴리스(Heracleopolis)__21, 27, 29, 30, 58, 190-94, 249
헤로도토스(Herodotos)__26, 40, 47, 150, 247
헤르메스(Hermes)__77
헤르모폴리스(Hermopolis)__77
헤르몬티스(Hermonthis)__192
헤브라이어(Hebrew)__94
헤브라이인(Hebrew)__24, 263
헤지레(Hesire)__133
헬리오폴리스(Heliopolis)__58, 77, 81, 155, 158, 159, 161, 162, 168, 250
헴세트(Hemset)__127
혈거인__58, 65, 66, 226
호루스(Horus)__43, 46, 48, 51, 60, 62, 76, 77, 78, 159, 161, 190
호박금__165
호테프-세소스트리스(Hotep-Sesostris)__248, 253
홍해__3, 13, 114, 165, 210, 232

히에라콘폴리스(Hieraconpolis)__43, 51, 52, 55, 57, 62, 63, 64, 131, 153
히타이트인(Hittite)__24
히타이트족__239

힉소스(Hyksos)__23, 28, 276, 277, 279, 280, 282-84, 286-89, 291, 293
힉소스인__280